Weinende Mütter, verzweifelte Ehepartner, verstörte Kinder. Seit Beginn des Anti-Terror-Kampfes in Afghanistan gehört der Krieg auch in Deutschland zur Realität in vielen Soldatenfamilien. Doch weder Politiker noch Bundeswehrführung stellen sich dieser Situation. Heimgekehrt von ihrem Einsatz werden die Soldaten mit ihren Ängsten und Traumata und die hinterbliebenen Familien in ihrem Schmerz alleingelassen.

Heike Groos diente als Oberstabsärztin der Bundeswehr viele Monate am Hindukusch. In ihrem Buch gewährt sie als erste deutsche Soldatin einen Einblick in die Welt der Soldaten, Sanitäter und Ärzte. Sie schildert, was in Menschen vorgeht, die in ständiger Bedrohung leben, erzählt auf eindrückliche Weise, wie der Krieg die menschliche Seele verletzt, und kritisiert ein System, das noch keine Wege gefunden hat, seinen Veteranen beizustehen.

Heike Groos, geboren 1960 in Gießen, verpflichtete sich nach dem Studium der Humanmedizin als Zeitsoldatin bei der Bundeswehr. Danach arbeitete sie als selbständige Notärztin und Allgemeinmedizinerin und zog fünf Kinder groß. Mit Beginn des Afghanistan-Einsatzes 2001 wurde sie erneut von der Bundeswehr rekrutiert und verbrachte insgesamt zwei Jahre als Oberstabsärztin in Afghanistan.

Von der Autorin im Krüger Verlag erschienen: »Das ist auch euer Krieg! Deutsche Soldaten berichten von ihren Einsätzen«

Unsere Adressen im Internet: www.fischerverlage.de
www.heikegroos.de

Heike Groos

Ein schöner Tag zum Sterben

Als Bundeswehrärztin
in Afghanistan

Fischer Taschenbuch Verlag

Namen im Buch wurden geändert.

Veröffentlicht im Fischer Taschenbuch Verlag,
einem Unternehmen der S. Fischer Verlag GmbH,
Frankfurt am Main, Januar 2011

© S. Fischer Verlag GmbH, Frankfurt am Main 2009
Satz: Pinkuin Satz und Datentechnik, Berlin
Druck und Bindung: Druckerei C. H. Beck, Nördlingen
Printed in Germany
ISBN 978-3-596-18502-3

Inhalt

Fürchte dich nicht vor deinen Feinden – schlimmstenfalls können sie dich töten.

Fürchte dich nicht vor deinen Freunden – schlimmstenfalls können sie dich verraten.

Fürchte dich vor den Gleichgültigen – denn nur mit ihrer stillschweigenden Zustimmung gibt es Mord und Verrat auf der ganzen Welt.

unbekannt

Prolog

Die Kinder kamen strahlend von der Bushaltestelle zurück. »Mama, die Schule fällt aus!«

»Warum?«, fragte ich. »Woher wisst ihr das?«

»Der Bus ist nicht gekommen, und die Straße ist gesperrt. Die anderen Kinder sind auch wieder nach Hause gegangen!«

Also wurde erstens nichts aus meinem friedlichen Vormittag, zweitens wollte ich wissen, warum die Straße gesperrt war und wie lange das noch dauern würde, und drittens musste ich herausfinden, ob es einen anderen Weg in die Stadt gab.

Ich zog mich also an und ging auf die Straße. Dort stand ein netter Verkehrspolizist und erklärte jedem, der in die gesperrte Straße einfahren wollte, wie man über einen Umweg von fünfundvierzig Kilometer dennoch in die Stadt kommt. Bei den schmalen kurvigen Straßen hier ist das eine Fahrt von zwei Stunden. Das machte keinen Sinn. Bis wir in der Schule ankämen, wäre die Hälfte des Unterrichts sowieso vorbei.

Neugierig fragte ich nach dem Grund für die Straßensperrung. Der Polizist gab mir freundlich eine lange Erklärung, die ich aufgrund der mir noch fremden und ungewohnten Sprache nur teilweise nachvollziehen konnte. Jedenfalls nahm ich an, ich hätte ihn nicht richtig verstanden, als ich hörte, bewaffnete Streitkräfte hätten die Straße gesperrt und würden einen Zugriff auf ein Haus planen. Wie lange das noch dauern würde, könne er nicht sagen. Ich dachte, meine Phantasie spiele mir einen Streich. Schließlich war ich nicht mehr im Einsatz, und dies war ein friedliches Land. Hier konnte es keine

Attentäter geben, und das Militär, so nahm ich an, beschäftigte sich mit Übungen im Busch.

Ich fragte unsere Nachbarin, ob ihre Kinder auch zu Hause bleiben würden, und sie sagte, ja, auch ihr sei der Umweg zu weit. Ich fragte weiter, ob sie wisse, was passiert sei. Sie sagte, sie denke, es sei ein Verkehrsunfall gewesen. Nun erzählte auch mein ältester Sohn, er habe gehört, dass ein Auto in ein Haus gefahren sei. Ich war beruhigt. Ich musste unbedingt die Sprache besser lernen!

Als ich gegen Mittag den Fernseher einschaltete, um die Nachrichten zu sehen, stellte sich heraus, dass ich die Sprache gut genug beherrschte. Ein Großteil der Nachrichten beschäftigte sich mit den dramatischen Ereignissen in unserem kleinen Ort. In einem Haus in der Nachbarschaft habe sich ein bewaffneter Mann verschanzt und mit einem Chemieanschlag gedroht. Das Haus sei von Militär umstellt, die Soldaten hätten bereits Tränengas eingesetzt und zwei Schüsse abgegeben, der Mann habe sich aber noch nicht gestellt. Sobald es Neuigkeiten gäbe, würde sie sich wieder melden, sagte die Reporterin. Ich schaltete den Fernseher aus. Ist es denn zu fassen? Ist es überall auf der Welt das Gleiche? Kann man denn nirgendwo in Ruhe und Frieden leben?

Meine Nachbarin kam zu Besuch. Auch sie war entsetzt. Gewalt und Terror, das war etwas Fremdes in dieser kleinen idyllischen Welt. Sie hatte davon gehört, kannte es aus den Nachrichten, aber nie zuvor hatte es sie persönlich betroffen.

Ich kenne es, nicht nur aus den Nachrichten, und es hat mich persönlich betroffen. Aber das war in einem früheren Leben, und ich dachte, es liege weit hinter mir. Hier habe ich es nicht erwartet. Fast empfinde ich es als persönliche Beleidigung. Ich bin hierhergekommen, um Ruhe und Frieden zu finden. Von früher sind noch so viele Bilder von Elend und Leid in meinem Kopf …

Ich lege meine Tagebuchaufzeichnungen, die ich vor gut einem halben Jahr geschrieben habe, zur Seite. Der Himmel ist ein wenig verhangen, und es ist ein ganz normaler und unscheinbarer

Tag. Ich sitze auf meiner Terrasse und sehe aufs Meer hinaus, das heute auch nichts Besonderes zu bieten hat, keine intensive blaue oder grüne, nicht einmal graue Farbe aufweist, nur einfach Wasser ist, das leise auf den Strand plätschert, nicht wild und schäumend wie manchmal, aber auch nicht glatt und spiegelnd und romantisch wie an anderen Tagen. Ich sehe hinaus aufs Meer, rauche eine Zigarette und denke nach, was ich gemeint hatte mit diesen Bildern von Elend und Leid und darüber, warum ich an dieser Stelle nicht weitergeschrieben hatte. Ich denke zurück an die Zeit, die ich »früher« genannt hatte.

Wie stolz ich damals war, als ich das Studium geschafft hatte, mit zwei kleinen Kindern, auch zu jener Zeit in meinem Leben allein, ohne Mann. Ich hatte keine Ahnung, was mich erwarten würde. Vielleicht war das ja auch gut so, vielleicht hätte ich mich sonst vor lauter Angst gar nicht bewegen können. Man wächst mit den Anforderungen, jede Mutter und jeder Vater weiß das und auch jeder Arzt. Ich bin alles in einer Person und lernte Dinge, von denen ich nicht erwartet hatte, dass ich sie je beherrschen würde.

Eigentlich wollte ich Gynäkologin werden, aber ich gehöre zu den geburtenstarken Jahrgängen und fand keine Stelle. Mein Examen war nicht gerade das beste, ich war froh, dass ich überhaupt bestanden hatte. Eine Doktorarbeit hatte ich zwar angefangen, aber dann, statt sie zu beenden, mein zweites Kind bekommen. So nahm ich die erste und einzige Stelle an, die mir angeboten wurde. Es war eine Assistenzarztstelle für Anästhesie, und dass sie in einem Bundeswehrkrankenhaus war, machte für mich keinen Unterschied. Es lag in meiner Heimatstadt, und ich konnte die Kinder vorher zur Kindertagesstätte bringen. Von Auslandseinsätzen war damals noch keine Rede. Die Bundeswehr war dort in den zivilen Rettungsdienst integriert, ich wurde dafür ausgebildet und ging völlig in dieser Arbeit auf. Dass ich dadurch, ganz nebenbei, Soldat geworden war, hatte ich kaum bemerkt. Ich fuhr Notarztwagen für die Bundeswehr, später für das Deutsche Rote

Kreuz, die Johanniter-Unfall-Hilfe, die Malteser, den Arbeiter-Samariter-Bund, war Notärztin bei Motocross- und Kickbox-Veranstaltungen, machte Rettungsflüge mit Hubschraubern, Learjets und Rückholtransporte für die Lufthansa.

Mein privates Leben wurde durch zwei weitere Kinder bereichert, doch auch ihr Vater blieb nicht. Ich wollte meine Kinder sehen und an ihrem Alltag teilhaben, also arbeitete ich am Wochenende, wenn sie bei ihrer Oma sein konnten, und nachts, wenn sie schliefen.

Nachts, wenn es dunkel ist und kalt. Wenn die Menschen am deutlichsten merken, dass sie allein sind und von innen heraus frieren. Wenn sie verzweifelt sind, kein Licht in der Dunkelheit sehen im wahrsten Sinne des Wortes. Dann wollen sie nicht mehr leben, legen sich einen Strick um den Hals, springen aus dem vierten Stock, werfen sich vor einen Schnellzug. Nachts, wenn sie müde und abgearbeitet sind, dann streiten sie sich mit ihrem Lebensgefährten oder Geschäftspartner und greifen auch mal zum Messer oder zur Pistole. Nachts entdecken sie, dass sie betrogen werden, betäuben ihre Frustration mit Alkohol und Tabletten. Ungefähr um zwei Uhr morgens haben Menschen auch ihren biologischen Tiefpunkt, wachen auf mit Brustschmerzen und bekommen einen Herzinfarkt. Nachts setzen die Wehen ein, oder die Fruchtblase platzt. Nachts wollen sie nach Hause, auch wenn sie betrunken sind und nicht mehr fahren können, und landen im Straßengraben. Ihnen zu helfen, sie zu retten und am Leben zu erhalten, bis sie im Krankenhaus angekommen waren, das war mein Job als Notärztin, und die Bilder, die ich dabei gesehen hatte, prägten sich tief in mein Gedächtnis ein.

Die vielen schmutzigen, nach Mottenkugeln, kaltem Rauch und billigem Alkohol stinkenden Wohnungen, verwahrloste Alte, vernachlässigte Kinder, misshandelte Frauen, Junkies auf schmutzigen Bahnhofstoiletten. Übelriechende Leichen, die erst nach Tagen gefunden wurden, junge Menschen, alkoholisiert mit Motorrädern oder in kleinen alten Autos aus dünnem Blech verunglückt, querschnittsgelähmt, beinamputiert. Die Verzweifelten, die keine Hoffnung mehr sahen, die mit einem Seil um den Hals von der Zimmerdecke oder dem Ast eines Baumes abgeschnitten werden mussten, mit kalten, starren Gliedmaßen und weißen, verzerrten Gesichtern, die nicht einmal im Tod Frieden gefunden hatten.

All die Schwerkranken, denen ich nicht mehr hatte helfen können, Babys, die morgens tot im Bett lagen, Kinder unter Chemotherapie, die mich mit großen Augen aus ihren haarlosen Köpfen heraus vertrauensvoll anschauten. Wie viele Hinterbliebene habe ich getröstet, an wie vielen Sterbebetten Hände gehalten. So viele Bilder von Schmerz und Trauer, hervorgerufen durch Krankheit, Gewalt und Gleichgültigkeit. Und immer wieder, endgültig und unabwendbar, der Tod. Eine zwanzigjährige Tätigkeit als Notärztin hinterließ mir diese Erinnerungen.

Dann begannen die Auslandseinsätze in Afghanistan. In Bosnien und im Kosovo bin ich nie gewesen, auch nicht in Somalia oder in Kambodscha. Aber nach dem 11. September 2001, da haben sie sich an mich erinnert. In meiner Naivität und weil ich dachte, ich hätte schon alles erlebt, mich könnte nichts mehr erschüttern, ging ich hin.

Ich werde oft gefragt, warum ich mich nach Afghanistan schicken ließ, hatte ich denn nichts Besseres zu tun als alleinerziehende Mutter? Die Antwort ist einfach. Es war mein Job. Es war mein Beruf. Und mittlerweile hatte ich ein fünftes Kind bekommen und einen Mann gefunden, der in meinem Leben zu bleiben schien. Er würde sich um die Kinder kümmern, wenn ich weg war. Außerdem müssen meine Kinder essen und wohnen und zur Schule gehen, sie wollen ein Fahrrad und neue Fußballschuhe und ins Kino, und ich war nicht nur Ärztin, ich war Soldat. Ja, Soldat. Als ich bei der Bundeswehr anfing, gab es den Begriff Soldatin nicht, und man erklärte uns, dass wir als Berufsangabe nun »Soldat« zu schreiben hatten. Den Begriff »Oberstabsärztin« gibt es immer noch nicht, unvorstellbar, man sagte etwa Hauptfeldwebelin oder Unteroffizierin oder gar Hauptmännin. Es heißt »Frau Oberstabsarzt« und »Frau Hauptfeldwebel«. Wobei die Tatsache, dass man eine Frau ist oder sogar Mutter, unbedeutend war, irrelevant, abgespalten wurde, nicht gebraucht wurde. Man benötigte nur den Teil von mir, der Arzt war, wollte die jahrelange Erfahrung als Notarzt. Zusätzlich hatte man mir andere Fähigkeiten beigebracht, schießen, funken, ein GPS-Gerät bedienen, man hatte mich anders angezogen, meinen Körper trainiert, mich härter gemacht, durchgeimpft und mir beigebracht, nicht auf Bitten zu reagieren, sondern Befehlen anderer zu gehorchen. Ich war ein Soldat geworden, mittlerweile hatte ich das kapiert und verinnerlicht. Und ich war bereit, meinen Beitrag zu leisten. Die Bundeswehr gab mir Arbeit und soziale Sicherheit, sie verlangte dafür etwas, und ich wollte es geben.

So ging ich. Und ich merkte schnell, ich hatte mich geirrt, als ich gedacht hatte, ich kannte schon alles an Elend und Leid, das einem menschlichen Wesen zustoßen kann. Ich sah Bilder, die ich zu kennen glaubte, wenn auch nur aus dem Fernsehen. Bilder, von denen ich nicht erwartet hatte, dass sie mich erschüttern könnten. Minenunglücke, Bombenanschläge, noch mehr Tod, noch viel mehr Gewalt. Zerfetzte Körper, leere Augen.

Nur, es war anders. Am Bildschirm gesehen, hatten sie keinen Abdruck in meinem Kopf hinterlassen. Da gewesen, dabei gewesen zu sein ließ es real für mich werden. Es betraf mich persönlich und hinterließ Erinnerungen. Erinnerungen bei Tag, Träume bei Nacht.

Ich habe die Bundeswehr verlassen, ich habe sogar das Land verlassen. Ein ruhiges, friedliches Land habe ich mir ausgesucht, um darin zu leben: Neuseeland – weit, weit weg. Eigentlich nicht, um zu flüchten oder davonzulaufen. Eher, um mich zu verkriechen. Weit weg von all den Bildern, irgendwohin, wo mich nichts an sie erinnert und wo ich ganz vorsichtig mal einen Blick zurück riskieren kann.

Meine Erinnerungen haben mich hierher begleitet. Dass sie das tun würden, war zu erwarten. Sie sind ein Teil von mir. Nur, dass ich gedacht, geglaubt, gehofft hatte, aus der Entfernung würden sie irgendwie anders aussehen. Ich hatte erwartet, es wäre weiter weg. Aber das ist nicht so. Manches ist verschwommen, manches jedoch so klar und deutlich, als wäre es gestern gewesen. Manches rührt mich in der Erinnerung, manches freut und wärmt mich noch nachträglich, und manches schmerzt. Auch noch genauso, als wäre es gestern gewesen.

Vielleicht habe ich sie zu schnell weggepackt, meine Erinnerungen. Aber das musste ich ja, es war ja keine Zeit, sie gebührend zu würdigen und zu verarbeiten, es musste ja immer weitergehen. Jetzt verlangen sie danach, zu ihrem Recht zu kommen. Sie lassen mich nicht in Ruhe, sie wollen endlich wahrgenommen und sortiert werden, wollen eingeordnet werden, eingefügt in das Bild meines Lebens. Das Bild meines Lebens, das ich mir vorstelle als großes, buntes Ölgemälde, eingefasst von einem schweren, goldenen, verschnörkelten Rahmen. Wie die überdimensionalen Gemälde von Rubens, die im Louvre in Paris hängen, die so viele Geschichten erzählen, dass man sie tagelang betrachten kann und immer noch nicht alles gesehen hat.

Auf diesem Bild ist mein ganzes Leben aufgezeichnet. Ich schaukele auf dem Kinderspielplatz, so hoch ich nur kann, und anschließend gibt es bei der Nachbarin Eis für alle Kinder, und meine Mutter schimpft, weil ich zu spät nach Hause komme und sie nicht wusste, wo ich war. Da sind meine Verwandten, meine Großmutter in ihrem Haus am Berg mit dem riesengroßen Garten, und ich pflücke Himbeeren in den kleinen grünen Eimer, den sie mir gegeben hat. Da sind meine Kinder, Männer, Freunde und auch meine Hunde zu sehen, und wie ich im Garten Gemüse ziehe und mit meiner Freundin an ihrem Küchentisch Kaffee trinke und wir den ganzen Dorftratsch durchgehen. Mein ganzes Leben eben, ein ganz normales Leben, und man sieht auf dem Bild, wie ich arbeite und esse und schlafe, und man sieht auch, wie ich lache und manchmal auch weine. Wie wir alle eben.

Aber da gibt es ein zweites Bild, einen zweiten Rahmen, dunkler irgendwie und einfacher gearbeitet, ein Bild, das mehr Grautöne und dunkle Farben enthält, aber auch Sonnenstrahlen und Licht und Wärme und Leben und Geschichten. Afghanische Geschichten. Und ich springe zwischen den Bildern hin und her, lebe mal in diesem, mal in jenem und versuche, sie übereinanderzuschieben, sie in Kongruenz zu bringen.

Noch gelingt es mir nicht, noch passen sie nicht übereinander, der Rahmen meines jetzigen Lebens und der afghanische. Auch damals haben sie es nicht getan. Die Rahmen meines Lebens in Deutschland und dieses anderen Lebens in Afghanistan standen nebeneinander, und ich beobachtete mich dabei, wie ich mal in diesem, mal in jenem lebte. Wie ich mal die verantwortungsvolle Mutter war, die Unkraut im Garten zupfte und anständiges Essen auf den Tisch brachte, und mal der Soldat im Kampfanzug, der ständig ein Gewehr trug, keine körperlichen und auch sonst keine Schmerzen kannte und das Unkraut im Garten nicht mal bemerkt hätte, einfach mit dem Panzer drübergefahren wäre.

Ich habe mir ein neues Leben eingerichtet. Meine zwei ältesten Söhne, beschäftigt mit ihrem Studium und ihrer Ausbildung, sind zunächst einmal in Deutschland geblieben. Die jüngsten Söhne und meine Tochter haben mich begleitet. Wir haben ein Haus am Strand gemietet, ein kleines nur, und meine Jungs müssen sich ein Zimmer teilen, das sind sie aus Deutschland von unserem großen Bauernhof nicht gewöhnt. Aber es ist ihnen egal, sie hängen ohnehin zusammen wie Pech und Schwefel. Sie gehen zur Schule, weil sie müssen, und nach der Schule gehen sie in der Brandung surfen, und ihre schönen weichen Haare, der eine blond, der andere rot, die sie hier haben wachsen lassen, weil es cooler ist, werden heller und heller und ihre Haut dunkler, gebräunt von der Sonne. Die Sprache war für die Kinder kein Problem, sie haben schnell Freundschaften geschlossen, und nach vier Wochen konnte ich sie kaum verstehen, wenn sie all die anderen Jungen mitbrachten und im Garten mit ihnen Fußball spielten und unentwegt redeten und lachten.

Meine Tochter tat sich etwas schwerer. Aber auch sie fand Freundinnen, und als ich sah, wie schön sie in ihrem Kleid am Tag ihres Schulabschlussballs war, schlank und strahlend und braungebrannt, mit einem der attraktivsten Jungen der Schule als Begleiter, um den sie ihre Mitschülerinnen glühend beneideten, da wusste ich, dass auch sie es geschafft hatte. Und ich war sehr dankbar.

Tief innen jedoch rührte mich eine leise Wehmut an, und ich erkannte, dass es die Erinnerung war an ihren Tanzstundenabschlussball in Deutschland, den ich nicht hatte miterleben können, weil ich im Einsatz in Afghanistan gewesen war. Jetzt schenkte mir das Leben eine zweite Chance, und die Flut der Fotos, die ich von meiner Tochter an diesem Tag machte, schwemmte die alte Traurigkeit und Enttäuschung darüber hinweg.

Wir hatten es geschafft. Es war nicht leicht gewesen, hier anzukommen in diesem fremden Land, nach einer tagelangen Reise einzutreffen in einem fremden Haus, in dem man vergessen hatte, den Heißwasserboiler anzustellen, so dass wir nicht duschen konnten, nachts und ohne etwas zu essen im Haus. Kalt, frierend, hungrig und erschöpft hatte ich einige Tränen nicht unterdrücken können. Meine Kinder hatten mich liebevoll umarmt, meine fast erwachsene Tochter hatte eine Zigarette für mich gedreht und gesagt: »Mama, jetzt rauchst du erst mal eine, dann geht es dir schon besser. Jetzt ist nicht der Moment, um mit dem Rauchen aufzuhören.« Das hatte ich nämlich gedacht. Ich hatte gehofft, wenn ich den langen Flug überstehen konnte, ohne zu rauchen, konnte ich es auch ganz lassen. Zögernd nickten die beiden jüngeren Buben, die passionierte Sportler sind und auch Nichtraucher bleiben wollen, wenn sie groß sind.

In dieser Situation schien es ihnen wohl das kleinere Übel zu sein, dass die Mama rauchte, als dass sie weinte. Jetzt, wo man sie brauchte, weil man ja am liebsten selbst geweint hätte vor lauter

15

Heimweh und Angst vor all dem Neuen und Schwierigen, über das man am liebsten gar nicht nachdenken wollte. Und ja nicht weinen, weil man ja ein Mann war. Oder werden wollte. Besser, die Mama rauchte, als dass sie weinte.

Rauchen, das tut sie nun, nach gut einem Jahr, immer noch, sehr zum Missfallen der Söhne. Ansonsten ist das Leben besser geworden, es ist stabil geworden. Wir haben ein Haus, ein Auto, ein Bankkonto, Telefon, Surfbretter, Freunde, sogar, zur großen Freude der Jungs, einen Motorroller und einen Flachbildfernseher.

Weinen, das tut die Mama nicht mehr. Das tut sie eigentlich nie. Nur die kleinen Traurigkeiten, eine kleine Wehmut, die überkommt mich ab und an und mahnt mich daran, dass alle Erinnerungen noch unangesehen, unangefühlt sind, und ich denke, dass das Leben mir nicht nur eine zweite Chance gibt, meine Tochter in einem Ballkleid zu sehen.

So sitze ich jetzt auf der Terrasse meines kleinen Strandhauses, blicke aufs Meer hinaus, genieße die Wärme der Sonne, die eben herausgekommen ist, und sehe, wie sie die Wellen zum Glänzen bringt. Ich fühle mich sicher hier, und in dieser Sicherheit könnte ich mich vielleicht endlich getrauen, die Gedanken zurückwandern zu lassen und einmal richtig hinzusehen, die Bilder in meinem Kopf genauer zu betrachten. Jetzt, da ich weiß, dass dieser Tag, obwohl er, von außen betrachtet, unscheinbar, ganz normal und unbedeutend, in Wirklichkeit ein guter, ein schöner Tag ist, wie jeder Tag.

I

Kabul, 7. Juni 2003

Ich kletterte aus der Hintertür des Panzers. Die Luke hatte ich auf Befehl schließen müssen und so nichts von dem sehen können, was sich draußen abspielte oder wohin wir eigentlich gefahren waren. Wir waren mit dem Funkspruch »Blaulicht Charly, Blaulicht Charly«, der bei der Bundeswehr immer einen medizinischen Notfall ankündigt, am frühen Morgen wegen eines Busunglücks mit über zwanzig Verletzten alarmiert worden und mit sechs oder sieben Rettungspanzern ausgerückt. Keine ungewöhnliche Situation. Busse waren ein öffentliches und sehr beliebtes Verkehrsmittel, wurden jedoch hoffnungslos überladen. Selbst auf dem Dach saßen gewöhnlich Passagiere. Bei der rasanten Fahrweise und auf den schlechten Straßen kam es häufig zu Unfällen, und im Rahmen humanitärer Hilfe wurden wir regelmäßig zur medizinischen Unterstützung ausgesandt. An diesem Tag wurde ich als sogenannter Leitender Notarzt mitgeschickt. Das war Routine, wenn mehr als fünf Verletzte zu erwarten waren.

Es würde meine Aufgabe sein, mir einen Überblick über die Lage zu verschaffen, festzustellen, um wie viele Verletzte und welche Art von Verletzungen es sich handelte, und alle Informationen an die Leitstelle im Lager zu geben, damit im Feldlazarett die notwendigen Vorbereitungen getroffen werden konnten. Ich würde die Patienten »sortieren« und entscheiden müssen, wer am dringlichsten behandelt und transportiert werden musste.

17

Triage heißt das im medizinischen Sprachgebrauch, und es stellt sicher, dass die, die am dringendsten Hilfe benötigen, diese auch als Erste bekommen.

Als ich ausstieg, sah ich, dass wir gar nicht weit von unserem Lager entfernt waren. Ich stand in Kabul auf der Jalalabad Road, der großen Straße, die von unserem Camp in die Innenstadt und auf der anderen Seite in Richtung Pakistan führte. Die Straße war breit an dieser Stelle, wenig besiedelt, links von uns war ein großes Feld, dahinter eine Tankstelle. Mein Blick fiel als Erstes auf eine Aluminiumdecke, die mit der Goldseite nach oben den Körper eines Menschen einschließlich des Kopfes bedeckte. Er war ganz offensichtlich tot. Ein breites Rinnsal von Blut kam unter der Decke hervor, lief auf die Straße, sammelte sich etwas weiter in einem Schlagloch zu einer Pfütze und vermischte sich mit dem Staub der Straße. Die dünne Rettungsdecke hatte nicht gereicht, ihn vollständig zu bedecken. Die Hände lugten heraus, beide waren verbrannt, blutig und schwarz. Auch die Füße sahen unter der Decke hervor. Bekleidet mit unseren Kampfstiefeln, mit unserer Tropenhose. Ein deutscher Kampfanzug.

»Seit wann tragen die Afghanen unsere Uniform?«, fragte ich mich. Dann hob ich den Blick, ließ meine Augen im Halbkreis schweifen. Ich suchte nach dem verunglückten Bus, zu dem wir ausgeschickt worden waren. Ich entdeckte ihn, links von mir im Feld, mit den Rädern tief in die weiche Erde eingegraben. Er war unverkennbar oliv. Mit deutschen Kennzeichen. Das war einer unserer Busse!

Er war ein Wrack, total verbeult, alle Fensterscheiben waren kaputt, Blut lief in Streifen an der Karosserie herunter. Ich sah mich um und erkannte, dass alle Verwundeten, die hier lagen oder hektisch umherliefen, deutsche Soldaten waren. Mir stockte der Atem, ich spürte einen Stich in der Brust. Wir waren in der Annahme ausgerückt, zu einem afghanischen Busunglück zu fahren, bei dem es wie immer einige Verletzte und ein großes Chaos geben würde. Was ich hier vor Augen hatte, war ein Szenario ganz anderer Art, und ich weigerte mich zunächst, es zu glauben. Das konnte doch nicht wahr sein. Aber es war Realität.

Überall lagen tote und schwerverletzte deutsche Soldaten, blutüberströmt und voller Dreck. Die Straße war übersät mit zertrümmerten und verbrannten Autoteilen, Glassplittern, Gummifetzen von geplatzten Autoreifen und unidentifizierbaren verbeulten und verbrannten Metallstücken. Die Rucksäcke, die die Soldaten bei sich getragen hatten, waren aufgeplatzt, und die persönlichen Dinge, die sie enthielten, hatten sich über die Straße verteilt. Da war ein Gewimmel von Menschen. Eine Unmenge von Soldaten aller Nationen. Rettungssanitäter, Ärzte, Feuerwehrleute, Sicherungskräfte und Leichtverletzte liefen und rannten durcheinander, und jeden Moment trafen mehr ein. Krankenwagen, Feuerwehrautos, Jeeps und Lastwagen fuhren vor und gaben ihre Besatzung ab, um von dem Chaos aufgesogen zu werden.

Plötzlich und unvermittelt wurden zu den Bildern, die ich sah, Geräusche und Gerüche in mein Bewusstsein eingeblendet. Ein unbeschreiblicher Lärm drang an meine Ohren. Die aufgeregt rufenden Stimmen der Helfer, das Schreien und Stöhnen der vielen Verletzten, die Motorgeräusche der Rettungsfahrzeuge, das Dröhnen der Hubschrauberrotoren über uns. Die Hitze des trockenen Tages brannte auf meiner Haut und in meiner Lunge. Ich spürte den in Kabul allgegenwärtigen Staub in meinem Gesicht, er legte sich wie eine Wolke auf meine Unterarme. Ich roch meinen eigenen Schweiß unter der Splitterschutzweste und den üblen Gestank des Nachkriegskabul ohne Kanalisation, und es roch nach Blut.

Was ich fühlte, kann ich nicht beschreiben. Ich glaube, eigentlich gar nichts. Die Wahrnehmung all dieser Eindrücke hatte nur einige Sekunden in Anspruch genommen. Lange Jahre und über fünfzehntausend Einsätze als Notärztin in Deutschland hatten mich darauf trainiert, zunächst, sofort und zügig, der Situation Genüge zu tun und alles Denken, Fühlen und Bewerten der Ereignisse auf später zu verschieben. Man muss tun, was getan werden muss, muss sich an einstudierten und trainierten Abläufen festhalten und Emotionen auf später verschieben. Man muss professionell sein.

Ich hatte mich bereits in Bewegung gesetzt, um in dem Durcheinander nach meinem Kollegen zu suchen, dem ersten Arzt, der an der Unglücksstelle eingetroffen war. »Hast du dir schon einen Überblick verschafft, eine Triage durchgeführt?«, fragte ich.

Er sah mich hilflos und auch ein wenig schuldbewusst an. »Nein«, sagte er, »ich kann das nicht. Ich muss mich erst um diesen Jungen kümmern.« Wie um Entschuldigung bittend, wiederholte er: »Ich kann das nicht!«

Ich folgte seinem Blick und verstand ihn. Vor uns lag ein junger Mann, vielleicht neunzehn Jahre alt. Eines seiner Beine war zertrümmert, hing nur noch an ein paar Muskeln, blutüberströmt, verbrannt, schwarz. Mit kalkweißem Gesicht, zu schwach, um zu schreien, zu tief im Schock, um Schmerzen zu empfinden, sah er mit leeren Augen zum Himmel.

Ich riss mich los, ich durfte mich jetzt nicht in der Behandlung Einzelner verlieren, konnte ihn getrost den versierten Händen meines Kollegen überlassen. Ich musste meine Aufgabe übernehmen. Ich nahm einen Feldwebel mit und versuchte, einen Überblick über die Lage zu bekommen und über Funk an die Rettungsleitstelle im Camp durchzugeben. Wir richteten Sammelplätze ein, und die Schwerverletzten wurden geborgen.

Es war ein unvorstellbares Durcheinander, und eine Schätzung der Anzahl der Verletzten unmöglich. Die, die noch laufen konnten, ließen sich nicht davon abhalten, nach ihren Kameraden zu suchen, und wollten helfen, blieben nicht auf ihren Sammelplätzen. Ich nahm einen Filzstift und schrieb auf eine unverletzte Stelle ihrer Haut eine Zahl, nummerierte die Verletzten durch – nicht dass es leicht gewesen wäre, unverletzte Haut zu finden.

Noch wussten wir nicht, was genau passiert war. Es konnte kein gewöhnlicher Verkehrsunfall gewesen sein, es musste irgendeine Explosion gegeben haben, die Verletzungen zeigten es. Die Splitterschutzwesten hatten Brust und Bauch einigermaßen geschützt, aber die Gesichter waren nicht nur voller Schnittwunden durch das zersplitterte Glas der Fensterscheiben, sondern schwarz, und auch Arme und Beine waren verbrannt, verstümmelt, amputiert.

Niemand, der in dem Bus gesessen hatte, war unverletzt geblieben. Ein paar Leichtverletzte hatten den Schauplatz bereits verlassen, waren von wohlmeinenden Ersthelfern mitgenommen worden, wohin, ließ sich zunächst nicht feststellen. Die Schwerverletzten wurden auf Tragen gelegt, die Wunden abgedeckt und verbunden, mit Infusionen der Kreislauf stabilisiert, und der Schwere ihrer Verletzungen nach wurden sie mit Rettungsfahrzeugen oder Hubschraubern in die drei zur Verfügung stehenden Militärkrankenhäuser abtransportiert.

Zwei Soldaten hatten so schwere Verletzungen erlitten, dass jede Hilfe aussichtslos war. Bei einem anderen hatte ein Kollege noch Hoffnung. Noch immer reanimierte er ihn, führte mit einem Team von Rettungssanitätern Wiederbelebungsmaßnahmen durch. Ich ging zu ihnen und sah, dass es sinnlos war. Der Junge war tot, hatte schwerste Kopfverletzungen und auch in seinem Körper schien kein Knochen mehr heil zu sein. Die Helfer wollten das nicht einsehen, sie kämpften um ihn. »Komm schon«, sagten sie immer wieder, während sie auf seine Brust drückten und mit einem Beatmungsbeutel Luft über einen Plastikschlauch in seine Lungen pressten. Der Kollege hörte mich gar nicht. »Komm schon, bleib bei uns, gib nicht auf«, sagte er beschwörend immer wieder zu dem toten Soldaten, und zu seinen Sanitätern sagte er: »Weitermachen«, und spritzte noch einmal Adrenalin in die Vene. Ich verließ sie. Alle Schwerverletzten waren versorgt und abtransportiert worden, ich brauchte dieses Team nicht mehr.

Ich ging hinüber zum Sammelplatz der Leichtverletzten. Sie warteten auf die Rückkehr der Krankenwagen, um selbst ins Lazarett gebracht zu werden. Sie saßen zusammen auf einer kleinen Mauer. Ihre Kleider waren mit Blut besprizt, schmutzig und zerrissen, um ihre Hände und Köpfe waren dicke weiße Verbände gewickelt worden. Bis hierher hatte es keine Rolle gespielt, dass wir die Verletzten kannten, mit ihnen noch am Tag zuvor zusammengesessen hatten, ihnen kameradschaftlich verbunden waren. Es war egal. Es waren Patienten, die versorgt werden mussten, da war keine Zeit für Sentimentalitäten.

Jetzt, da mich einer von ihnen ansprach, kam der Stich in meiner Brust wieder. Der Stich, den ich anfangs kurz verspürt hatte, als ich den ersten Toten in unserer Uniform gesehen hatte. Dies waren keine Fremden wie in all den andern Notarzteinsätzen zuvor in meinem Leben. Es waren meine Kameraden, meine Freunde, Angehörige meiner eigenen kleinen Welt, meiner Militärfamilie. Die Uniform hatte das von Anfang an symbolisiert und mir dieses bedrückende Gefühl vermittelt, das mich nun zu übermannen drohte und mir Tränen in die Augen trieb, so dass mir die Stimme versagte, als ich ihm antworten wollte.

»Markus«, sagte ich nur. Mit seinen zugeschwollenen Augen, dem ganzen Gesicht voller Schnittwunden, der weißen Mullbinde um den Kopf hatte ich ihn zunächst gar nicht erkannt. Er war ein stattlicher Mann, der gerne lachte und für jeden immer das richtige Wort fand. Oft hatte er meinen kleinen Alltagsgeschichten und Kümmernissen gelauscht und mich immer wieder mit seiner Lebensfreude angesteckt. Gestern war er noch mein Freund gewesen, und wir hatten zusammen Abschied gefeiert. Heute war er mein Patient. Und heute würde er nicht, wie geplant, nach Hause fliegen. Aber er lebte. Wenn ich auch nach einem Blick auf die Verletzungen in seinem Gesicht wusste, dass er nie mehr so aussehen würde wie früher. Ich setzte mich für einen Augenblick neben ihn auf die Mauer. »Wie geht es dir?«

»Ich glaube gut«, sagte er zögernd und sah sich um, blieb mit dem Blick an der goldenen Rettungsdecke und dem Toten darunter hängen. Ja, verglichen mit ihm ging es ihm gut.

»Ich weiß nicht genau«, dann brach auch ihm die Stimme. Er sah mich hilflos an, blickte wieder um sich, auf das Trümmerfeld um uns, sah wieder mich an. Seine Augen wollten weinen, aber er konnte nicht. Auch ich hätte gern geweint. Aber ich durfte nicht. Ich drückte nur hilflos und wortlos seine Hand. Er hielt sie fest und sagte: »Das hätte ich gestern Abend nicht gedacht, dass ich deine Hand so bald schon wieder drücken würde.« Gestern Abend, das schien Lichtjahre entfernt zu sein.

»Was ist eigentlich passiert?«, fragte er mich einen Moment später.

»Ich weiß es noch nicht genau«, antwortete ich. »Was hast du gesehen?«

»Ich weiß es nicht. Ich habe gerade nach meiner Kamera in meinem Rucksack gesucht. Dann war da plötzlich ein Riesenknall und ein Feuerball, es wurde heiß und hell, und Splitter flogen in mein Gesicht. Mein Kamerad auf dem Sitz neben mir bewegte sich nicht mehr und gab mir keine Antwort. Das Nächste, an das ich mich erinnern kann, ist, dass ich hier auf dieser Mauer sitze, und jemand wickelt einen Verband um meinen Kopf. Die Kameraden haben etwas von einer Bombe erzählt, aber das kann doch nicht sein. Wir wollten doch nur nach Hause.« Und er verstummte wieder.

Ich konnte nicht weiter mit ihm reden, die Rettungsleitstelle meldete sich über Funk und wollte wissen, mit wie vielen Patienten genau noch zu rechnen war. Also lief ich noch einmal die ganze Einsatzstelle ab. Auf der Rückbank eines offenen Jeeps fand ich Paul. Er schien nicht verletzt zu sein, aber er sah mich nicht, nahm mich überhaupt nicht wahr, seine Augen starrten ins Leere. Er war schlank und durchtrainiert, nicht sehr groß, aber nun schien er zerbrechlich, fast durchsichtig zu sein. Ich kletterte auf den Sitz neben ihn und berührte ihn leise und vorsichtig an der Schulter, bemüht, ihn nicht zu erschrecken. Sein Blick fokussierte, er drehte langsam den Kopf und sah mich an.

»Weißt du«, sagte er und wusste nicht, wie weiter, suchte nach Worten.

»Weißt du, es war schrecklich.« Er sprach nicht weiter, verlor den Blick wieder, starrte auf die Straße.

»Ja«, sagte ich nur. Ich wusste nicht, was ich sonst hätte sagen sollen.

»Ich bin als Begleitfahrzeug direkt hinter dem Bus gefahren und habe alles gesehen. Der Bus ist einfach in die Luft geflogen und im Feld gelandet. Ich wollte helfen, aber sie haben alle so geschrien und geblutet, und ich hatte doch nur meine zwei Verbandspäckchen. Es kam mir so lange vor, bis ihr endlich angekommen seid.«

Er zögerte, dann wiederholte er hilflos: »Es hat so lange gedauert.«

»Ja«, sagte ich wieder nur.

Dann meldete sich mein Verstand.

»Paulchen«, sagte ich vorsichtig, »wollen wir später noch mal darüber reden? Du solltest jetzt sehen, dass du ins Lager kommst. Hier kannst du nicht bleiben.« Er wollte eigentlich nicht, aber er ließ es zu, dass ich ihn sachte zu den anderen führte, zu den letzten Leichtverletzten, die noch vor Ort waren. Hinüber zu Markus, der ihn wortlos bei der Hand nahm, ihn zu sich hinunter auf die Mauer zog und ihm den Arm um die Schultern legte.

Nach knapp einer Stunde hatten alle Verletzten die Unglücksstelle im Krankenwagen oder mit dem Hubschrauber verlassen. Ich blieb zurück. Drei Soldaten hatten nicht überlebt. Auch bei dem dritten hatte der Kollege irgendwann seine Bemühungen aufgegeben und war ins Lager zurückgekehrt. Die Leichen hatten mit den Rettungsfahrzeugen nicht transportiert werden können und warteten jetzt auf einen Lastwagen mit Leichenbergesäcken. Ich wollte sie nicht allein lassen. Barbara, eine Notärztin, hatte mir angeboten, bei mir zu bleiben. »Ich komm schon klar«, antwortete ich. »Fahr du zurück und ruh dich aus!«

»Nein, lass mich bitte bleiben«, bat sie. »Du solltest nicht alleine hier sein, und im Lager werden genug Ärzte sein, um die Patienten zu versorgen.« So blieb sie bei mir, und ich war dankbar dafür.

Außer ganz wenigen Sicherheitskräften war niemand mehr

hier. Sie waren auf der anderen Seite der Straße und maßen irgendetwas aus. Was, wusste ich nicht, es war mir auch egal. Sie sollten mich in Ruhe lassen. Mich, Babsi und die Toten. Und ruhig war es jetzt. Die Straße war gesperrt. Keine Autos fuhren. Weit und breit war kein Mensch zu sehen. Wir hatten die drei Toten nebeneinander an den Straßenrand gelegt, sie zugedeckt und uns daneben auf unsere Helme gesetzt. Auch die Splitterschutzwesten hatten wir ausgezogen. Wir wussten, wir hätten das nicht tun sollen, aber es interessierte uns nicht. Uns war heiß, die Sonne brannte gnadenlos auf uns herab, wir waren erschöpft, nicht nur körperlich. Ich hatte die Weste zuerst abgelegt.

»Es ist mir jetzt egal«, sagte ich. »Mir ist heiß, ich kann nicht mehr, ich zieh das blöde Ding jetzt aus. Was soll denn noch passieren?«

»Ja«, antwortete sie, sah mich nachdenklich an und wiederholte: »Was soll uns noch passieren?«

Wir hatten das Schlimmste erlebt. Wir hatten sie sterben gesehen, schreien gehört, ihre Wunden gefühlt, ihr Blut und ihren Angstschweiß gerochen. Jetzt saßen wir neben unseren toten Kameraden. Allein. Damit sie nicht allein waren. Nicht allein in ihrem Tod, der in unseren Augen so sinnlos war, so überflüssig. Und sie waren so jung. Alle drei jünger als wir beide. Fast fühlten wir uns schuldig, noch am Leben zu sein, und dachten darüber nach, was wir gerade gesagt hatten. Ja. Was könnte uns noch Schlimmeres passieren? Gar nichts.

Wir warteten auf den Lastwagen. Er kam nicht. Wir fanden eine Flasche Wasser, die wir schwesterlich teilten. Uns war mittlerweile klar, dass es kein Unglück gewesen war. Die Sicherheitskräfte hatten es uns erzählt, als alle anderen weg waren und wir gefragt hatten. Zunächst hatten wir nur die Patienten und ihre Verletzungen wahrgenommen und zu deren medizinischer Versorgung getan, was getan werden musste. Hatten nicht gedacht, nicht gefühlt, hatten nur funktioniert. Hatten getan, was wir gelernt und worauf wir trainiert worden waren. Tunnelblick nennt man das wohl. Nun aber setzte das Bewusstsein wieder ein und wir wollten wissen, was eigentlich genau passiert war.

Ein einheimischer Selbstmordattentäter hatte mit einem gelben Taxi, die in Kabul zu Hunderten durch die Straßen fuhren, und einer Fünfhundert-Kilo-Bombe an Bord den Bus gerammt und ihn, sich selbst und über zwanzig deutsche Soldaten in die Luft gesprengt. Sie waren, das hatten wir ja gewusst, nach einem sechsmonatigen Einsatz in Kabul auf dem Weg zum Flugplatz, um nach Deutschland zurückzufliegen.

Als wir versuchten, uns die Explosion bildlich vorzustellen, erinnerten wir uns plötzlich auch wieder an den lauten Knall, den wir morgens kurz vor unserer Alarmierung gehört hatten. Wir hatten uns nicht darum gekümmert, es knallte dauernd irgendetwas. Gewehrschüsse, gezielte Sprengungen von alter russischer Munition, Fehlzündungen der schrottreifen einheimischen Fahrzeuge. Je nach Entfernung konnte man es selten identifizieren, und wir konnten nicht zigmal am Tag erschrecken, also hatten wir gelernt, es zu ignorieren. Ab jetzt würde das allerdings wieder schwerer fallen, und in der Erinnerung an den Knall am Morgen liefen uns Schauer über den Rücken. Der Knall wurde lauter und lauter in der Erinnerung, und wir wunderten uns, dass wir morgens noch so gelassen darüber hatten sein können.

Es war kein Unglück, es war ein Anschlag gewesen. Ein Sprengstoffattentat, ein Selbstmordanschlag. Ein Angriff, gegen den man sich nicht hatte wehren können, weil er schon vorbei war, als man ihn wahrnahm, und weil der, den man hätte bekämpfen können, schon tot war, sich freiwillig umgebracht hatte. Der Attentäter war angeblich ein Afghane aus ärmlichen Verhältnissen. Ihm war nun, da er zum Märtyrer geworden war, ein Platz im Paradies, ganz in der Nähe von Allah gewiss. Darüber hinaus, so sagte die Gerüchteküche, sei er mit fünfhundert amerikanischen Dollar entlohnt worden. Wenn das stimmte, würde diese Summe das Überleben seiner gesamten Familie für die nächsten fünf Jahre sichern. Ein Sprengstoffattentat, hatten sie gesagt. Ein feiger

Anschlag, wie es unser kommandierender General später in der Trauerfeier ausdrücken würde. Das war es, was allen anderen anscheinend am meisten zu schaffen machte. Die Gewalt, die Hinterlist. Uns war das egal. Als erfahrene Notärzte waren wir dem Tod gegenüber nicht gerade immun, aber doch daran gewöhnt. Und wir fanden ihn eigentlich oft oder immer ungerecht. Egal, ob es ein Herzinfarkt, Schlaganfall, Verkehrsunfall oder plötzlicher Kindstod war. Es war immer Gewalt, höhere Gewalt. Aber es war unser Job, wir hatten uns daran gewöhnt, taten unsere Arbeit, fuhren heim. Es raubte uns nicht den Schlaf. Dies hier war anders. Unsere Patienten in Deutschland hatten wir nicht gekannt, bevor sie sich freiwillig oder als Notfallpatienten in unsere Behandlung begeben hatten. Diese Toten hier gehörten zu uns, waren welche von uns. Menschen, mit denen wir zugegebenermaßen willkürlich zusammengewürfelt worden waren, Angehörige einer Zweckgemeinschaft, die wir aber in Ermangelung unserer eigenen Familie und Freunde als Ersatz akzeptiert und mit denen wir uns in dieser anderen Welt zumindest ebenso verbunden gefühlt hatten wie mit unserer Familie und unseren Freunden in der Heimat. Mit diesen Kameraden hatten wir am Abend zuvor zusammengesessen und Abschied gefeiert. Jetzt lagen sie neben uns und waren tot. Wir bemühten uns, nicht hinzusehen und doch wurden unsere Blicke wie magisch angezogen. Es war die Uniform, die ein unbehagliches Gefühl in uns auslöste. Irgendwie symbolisierte diese Uniform eine Zusammengehörigkeit mit uns, die kaum zu ertragen war. Das war anders als unsere Notarzteinsätze in Deutschland, und wir wussten nicht, wie wir damit umgehen sollten.

Wir wussten auch nicht, was wir mit den Erkennungsmarken anfangen sollten. Als wir die Toten nebeneinander an den Straßenrand gelegt und ihre Kleidung ordentlich und glattgezogen hatten, so gut es eben ging, hatten wir vorschriftsmäßig die Hälften der Erkennungsmarken abgebrochen. Jetzt wussten wir nicht, was wir damit machen sollten.

»Haben sie das in der Vorausbildung erklärt?«, fragte ich Babsi.

»Nein«, antwortete sie, und wir saßen schweigend nebeneinander und starrten auf die Straße. Ein Konvoi näherte sich. Es war nicht der erwartete Lastwagen für uns. Es war der kommandierende General der deutschen ISAF-Truppen, der den Unglücksort persönlich in Augenschein nehmen wollte.

»Ich weiß jetzt, was wir damit machen«, sagte ich zu Babsi. »Bin gleich wieder zurück.« Und ich ging hinüber auf die andere Straßenseite zum General, stand stramm, grüßte ihn und sagte: »Herr General, hiermit übergebe ich Ihnen die Erkennungsmarken unserer gefallenen Kameraden.«

Er hatte zunächst erfreut gelächelt, wohl gedacht, ich wollte ihm Ehre erweisen, ihn grüßen, aber während meiner Worte schien ihm das Lächeln auf dem Gesicht einzufrieren. Ich weiß nicht, warum er den Schauplatz persönlich hatte aufsuchen wollen. Später wurde mir erzählt, dass man versucht hatte, es ihm auszureden, dass man es für zu gefährlich gehalten hatte. Er jedoch habe sich nicht davon abbringen lassen. Aber er hatte wohl nicht damit gerechnet, dass er gezwungen werden würde, so nahe zu kommen. Sein starrer Glaube an die Gerechtigkeit, der diejenigen kennzeichnet, die über den Tod befehlen, ohne je persönlich betroffen zu sein, war ins Wanken geraten. Er starrte mich an, starrte auf die Blechstücke in meiner Hand. Dann griff er zögernd danach, fasste sie an, aber nahm sie nicht an sich. Und ich ließ sie nicht los. So standen wir eine Weile und hielten die Erkennungsmarken fest. Es spielte plötzlich keine Rolle mehr, dass er ein General und amtierender Oberbefehlshaber und ich nur ein kleiner Oberstabsarzt war. Der Tod hatte zugeschlagen, ohne Rücksicht zu nehmen auf Gerechtigkeit oder Spielregeln oder darauf, wer hier die Befehlsgewalt hatte. Der Tod war sehr nah gekommen und hatte uns alle gleich gemacht, General oder nicht.

Zeit ist eine merkwürdige Sache, und manchmal kann man nicht sagen, wie lange ein Moment dauert. Es kam mir sehr lange vor, wie wir da standen und die Erkennungsmarken hielten und die Sonne unbarmherzig auf uns herabbrannte, bis sich der General einen Ruck gab, die Marken an sich nahm, in die Tasche steckte, mir dankte und mich entließ.

Als ich auf die andere Straßenseite zurückkehrte, sagte Babsi: »Das hast du gut gemacht. Schadet gar nichts, wenn die, die das Kommando haben, auch mal sehen, wie sich das anfühlt.«

»Ja«, antwortete ich, »er schien wirklich betroffen zu sein.« Ein klein wenig versöhnte uns das mit dem Schicksal, es gab uns ein winziges Gefühl der Genugtuung.

Der General verschwand, nicht ohne uns versprochen zu haben, sich nach dem Verbleib des Lastwagens zu erkundigen. Mittlerweile hatten wir zwei Stunden gewartet, es sollte eine weitere vergehen, bis er eintraf. Zwei Feldwebel und ein Hauptgefreiter stiegen aus und legten die Leichen in die mitgebrachten schwarzen Säcke. Es gab ein scharfes Geräusch beim Zuziehen der langen Reißverschlüsse. Einer der Feldwebel und der Hauptgefreite kletterten auf die Ladefläche und zogen die Säcke hoch, die der dritte anreichte. Der erste Sack, dann der zweite. Schwarze Säcke, unten grau vom Staub der Straße, oben blutverschmiert. Beim zweiten Sack wurde der Hauptgefreite plötzlich blass. »Weißt du eigentlich, was wir hier tun, was in diesen Säcken drin ist?«, fragte er den Feldwebel.

»Klar weiß ich es.«

»Wie kann man so etwas machen?«, und er fing an zu zittern, atmete heftig, wurde noch bleicher, Schweißperlen bildeten sich auf seiner Stirn. Neunzehn Jahre war er alt. Der Feldwebel schaute hoch, packte ihn an den Armen, schüttelte ihn und, da er nicht aufhörte, verpasste ihm eine heftige Ohrfeige. Der Hauptgefreite erschrak, blickte ihn vorwurfsvoll an, hörte aber auf zu zittern, und die Farbe kehrte in sein Gesicht zurück.

»Wir reden später«, sagte der Feldwebel, »jetzt lass uns weitermachen, damit wir hier wegkommen.«

Der zweite Feldwebel packte den dritten Sack am Kopfende wie die beiden anderen zuvor. Nur, da war kein Kopf, da waren nur Schultern. Er konnte es nicht wissen, aber der Kopf war durch die Explosion abgerissen worden. Entsetzt ließ er den Sack fallen. Mit einem hässlichen Klatschen landete er auf der Ladefläche. Es gab noch einen vierten Sack. Babsi und ich hatten darin die Leichenteile des Selbstmordattentäters eingepackt. Wir konnten sie ja nicht einfach auf der Straße liegen lassen. Mit zwei Paar Handschuhen und mit abgewandtem Gesicht, angeekelt und Übelkeit bekämpfend, hatten wir sie mit spitzen Fingern aufgesammelt und in einen Sack fallen lassen. Die Feldwebel sagten nur: »Aber …«, sprachen nach einem Blick in unsere Gesichter nicht weiter und warfen den Sack auf die Ladefläche, in die hinterste Ecke, weit weg von den andern. Genau da, in der hintersten Ecke, landete er auch in unserem Kühlcontainer. Der Spieß hatte allerdings nicht nur »aber« gesagt, sondern seinem Temperament entsprechend weit mehr. Er hatte sich jedoch davon überzeugen lassen, dass wir ihn hatten mitbringen müssen und dass wir auch nicht zustimmen würden, seinem ersten Antrieb folgend, den Sack einfach über die Mauer des Lagers oder auf die Müllkippe zu werfen. Dass der Sack relativ unsanft auf dem Boden des Containers landete, konnten wir jedoch nicht verhindern.

Dem Chef des Hauptgefreiten, der geholfen hatte, die Leichensäcke abzuholen, und der nicht zu unserer Kompanie gehörte, ließen wir ausrichten, dieser habe für diesen Tag genug getan und solle vielleicht frei bekommen. Wir haben ihn nie mehr wiedergesehen, nur gehört, dass er zwei Wochen später nach Hause geschickt wurde. Das Aufklatschen des Sackes war wirklich ein hässliches Geräusch gewesen.

Als die Leichen im Kühlcontainer verwahrt waren, streiften Babsi und ich hilflos und fassungslos auf der Suche nach einer sinnvollen Tätigkeit im Lager umher. Es war ein Gewirr und Chaos von Verletzten, Ärzten, Krankenschwestern, Köchen, die Suppe und Tee anboten, und solchen wie uns, deren eigentliche Arbeit als Notärzte und Sanitäter getan war, die die Patienten den Ärzten des Krankenhauses übergeben hatten und nun zur Hilflosigkeit verdammt waren. Vor dem Feldlazarett stand eine Schlange von Soldaten, bereit, Blut zu spenden. Der Laborarzt hatte alles im Griff, er brauchte uns nicht. Im Truppenarztbereich wurden Wunden leichtverletzter Patienten genäht, und in allen Fluren und Operationssälen des Lazarettes wurden Patienten versorgt und operiert. In ihren grünen Plastikschuhen standen die Operateure in zentimeterhohen Blutlachen. Aber auch hier seien genug Ärzte aller Nationen da, und wir sollten uns ausruhen, ließ man uns wissen. Das Bewusstsein war plötzlich erwacht, dass noch einmal etwas passieren könnte, und dann würden wir mit unseren Rettungspanzern wieder rausfahren müssen.

»Sie haben recht«, sagte ich zu Barbara. »Leg dich hin, du musst dich ausruhen.«

»Ich kann nicht«, antwortete sie, »schau dich doch um, wie kann ich mich ausruhen, hier ruht sich keiner aus, wir müssen doch helfen.«

Und so ließ sie nicht locker und zerrte mich weiter auf der Suche nach jemandem, der uns helfen lassen würde.

Wir fanden uns im Betreuungszelt wieder, in dem Notbetten aufgestellt worden waren und ein Soldat verzweifelt nach einem Kameraden suchte. Er lief rastlos auf und ab und hatte sich nicht beruhigen lassen. Wir standen plötzlich diesem einen Menschen gegenüber, der seinen Freund suchte. Alles andere war auf einmal ausgeblendet. Ich hörte keine anderen Geräusche mehr, sah nichts anderes mehr, außer diesen einen jungen Mann, kaum älter als mein ältester Sohn. Um uns herum war es totenstill, wir waren wie unter einer Glocke, unter die nichts anderes drang, nur wir drei.

»Nach wem suchst du, wer ist dein Freund?«

Er sagte es uns. Babsi und ich sahen uns an, erinnerten uns an die Erkennungsmarken, die wir abgebrochen hatten, an die Namen, die darauf gestanden hatten. Wir legten ihm die Hände auf die Schultern und sagten: »Du brauchst nicht mehr zu suchen.«

Er sah uns an, von einer zur andern, fragend, zweifelnd, nicht wahrhaben wollend, ungläubig. Als wir nickten, wurde es dunkel in seinen Augen, die Hoffnung starb. Wir sprachen kein Wort. Er ließ sich auf ein Bett niedersinken, einzelne Tränen liefen, zu erschöpft, zu verzweifelt, um zornig zu sein. Tiefe Traurigkeit breitete sich um ihn aus. Babsi sah mich an. Ihr Blick traf mich bis ins Mark. In ihren Augen lag neben Entsetzen, Fassungslosigkeit, Hilflosigkeit dieselbe Traurigkeit. Traurigkeit, die so groß war und so schrecklich, dass wir sie nicht völlig empfinden konnten. Es wurde taub in ihm, in mir, in uns. Wir weigerten uns, die große Traurigkeit zu fühlen, hatten Angst. Angst vor dem Schmerz, Angst davor, nicht zu wissen, wie wir weiterleben sollten, Angst davor, zu entscheiden, was wir im nächsten Moment tun oder sagen sollten. Und so sagten und taten wir nichts. Saßen nur da. Sahen uns an, sahen ihn an, blickten hilflos zu Boden. Er weinte jetzt. Wir ließen ihn los, trauten uns nicht, ihn weiter anzufassen, so greifbar war plötzlich die Einsamkeit um ihn. Wir wussten nicht, was wir hätten sagen können, fanden in uns keine Worte. Und wir wussten nicht, ob es in Ordnung war, wenn wir auch weinten. Wir waren doch die Ärzte, die Profis, die Souveränen, die eigentlich wissen müssten, was zu tun war. Aber wir wussten es nicht. Also weinten wir auch.

Als später am Tag und in den nächsten Tagen die Psychologen, Psychiater und Pfarrer kamen, um zu fragen, ob sie helfen könnten, sahen wir sie nur an, als kämen sie aus einer anderen Welt, von einem anderen Stern. Was wollten sie von uns? Helfen? Wie denn? Was denn? Sie wussten doch nichts. Gar nichts. Nichts davon, wie es gewesen war, dort draußen auf der Straße. Nichts davon, wie es ist, wenn man seinen Freund sucht, und er ist nicht mehr da. Nichts davon, wie es ist, wenn das Auge fehlt, das Bein, die Seele. Nichts davon, wie es war, als wir tagelang Patrouillen gefahren waren, uns kameradschaftlich aufeinander verlassen konnten, nächtelang die Sterne betrachteten und uns unterhielten. Über unser Leben, unsere Pläne, unsere Träume. Darüber, was wir vorhatten, wenn wir wieder zu Hause waren. Sie wussten auch nichts darüber, wie schön wir es zuweilen gehabt hatten. Davor.

Als wir noch nichts wussten. Als wir noch nicht wussten, was passieren würde. Wir hatten uns wie im Urlaub oder im Pfadfinderlager gefühlt. Wir saßen abends zusammen, tranken nach unserer Rückkehr von den Patrouillen Pulver-Cappuccino aus Plastikbechern, betrachteten unsere unterwegs gemachten Fotos, freuten uns gemeinsam über jedes Päckchen, jeden Brief. Wir litten gemeinsam unter der Hitze und dem Heimweh. Jetzt wussten wir, wie schön auch das gewesen war. Sie wussten es nicht.

Sie konnten auch nicht wissen, wie viel Freude es uns gemacht hatte, die Einheimischen in ihren Krankenhäusern und Kinderheimen zu besuchen und ihnen zu helfen. Denen, die jetzt unsere Kameraden ermordet hatten. Aber das alles konnten wir ihnen nicht erklären, denen, die uns helfen wollten. Sie waren nicht dabei gewesen, sie gehörten nicht zu uns. Es gab uns Kraft, dieses Wir-Gefühl. Es war das Einzige, das wir hatten.

Eine Ausnahme bildete unser lieber katholischer Pfarrer. Er hatte schon vorher zu uns gehört. Er hatte uns jeden Tag besucht, jede einzelne Kompanie. Er wünschte uns einen schönen Morgen, trank einen Kaffee und rauchte eine Zigarette mit uns. Er sah schon an der Tür, wenn es mir nicht gutging, wenn ich erschöpft oder deprimiert war. Er sagte: »Na, mein Mädchen, was ist denn los?«, und nahm mich in den Arm.

Manchmal hatte ich dann erzählt. Von meinem Heimweh, meinem stressigen Tag, von jemandem, über den ich mich geärgert hatte. Manchmal hatte es auch einfach ausgereicht, dass er gefragt hatte. Da war jemand, den es interessierte, wie es mir ging. Plötzlich war ich nicht mehr so allein, und alles war nicht mehr hoffnungslos.

Jetzt kam er natürlich auch zu uns. Und zum Glück sagte er nicht, dass es Gottes Wille war oder für irgendetwas gut, nur wir könnten noch nicht erkennen, für was. Er sprach aus, was wir alle dachten, dass es eine große Scheiße war und eine Riesensauerei. Und er redete auch nicht von Nächstenliebe oder Verzeihen oder die andere Wange hinhalten, wenn wir nun alle Afghanen hassten und aus dem Raum gingen, wenn unsere einheimischen Putzkräfte kamen, die wir vorher gerne gehabt hatten und denen wir T-Shirts und alte Turnschuhe geschenkt hatten. Wir konnten sie jetzt nicht ertragen. Sie waren für uns alle gleich geworden.

Später habe ich verstanden, dass man so Kriege macht. Wenn man es schafft, alle gleich zu machen. Alle hassen alle anderen, und man ist bereit, die anderen zu töten, um selbst am Leben zu bleiben. Die üblichen Gründe, aus denen Kriege angezettelt werden, Geld, Öl, Macht, Land, Religion, dafür interessiert sich wohl an der Front kein Schwein.

»Schwein«, so schreibe ich und denke, hätte ich wohl »Mensch« sagen sollen? Aber der Begriff kann nicht ausdrücken, was der Landser empfindet, wenn er in stockdunkler Nacht bei Eiseskälte auf der Patrouille überlegt, ob er die Lederhandschuhe anziehen soll, damit ihm die Hände nicht festfrieren an dem kalten Metall des Gewehres, oder ob er sie auslassen soll, weil er mit dem dicken grauen Leder an den Händen den Abzug nicht betätigen kann. Er ist eine Dreck fressende Kampfsau voller Scheißangst. Dass er eine Kampfsau ist, gibt ihm ein Gefühl der Stärke, dass er gemeinsam mit den anderen den Dreck der Straße frisst, ein Gefühl der Verbundenheit, und die Angst macht ihn wachsam und vorsichtig. Sich das alles einzugestehen und dann noch vornehme Worte dafür zu finden würde ihn weich machen, und das kann man nachts im Dunkeln auf der Patrouille nicht brauchen. In manchen Situationen kommt man ohne eine drastische Wortwahl nicht aus. Und manchmal gibt es gar keine Worte, die angemessen wären, oder man findet sie nicht schnell genug.

Als der erste Afghane, ein Kaufmann, der einen Stand im Lager hatte, sich bei mir entschuldigte für das, was seine Landsleute uns Deutschen angetan hatten, blickte ich ihn verständnislos an und ging einfach wortlos weg, ohne zu antworten. Später schämte ich mich dafür, lernte wieder, Unterschiede zu machen und zu erkennen, dass es überall Gut und Böse gibt. Aber es dauerte, bis es so weit war.

Paul hatte ich nicht mehr gesehen, nachdem ich ihn aus dem Jeep am Einsatzort geholt und ins Camp geschickt hatte. Ich fand ihn gegen Abend vor dem Fernseher. Ich setzte mich neben ihn. Es liefen schon die ersten Reportagen über den Anschlag, und gebannt und schaudernd schauten wir uns die Bilder an. Es sah noch viel schrecklicher aus, als wir es in Erinnerung hatten, und das ganze Ausmaß der Tragödie wurde uns jetzt erst klar. Ein Blutbad, ein sinnloses Gemetzel. Paul war blass, aber gefasst.

»Funktioniert das Telefon eigentlich wieder?«, fragte er.

Daran hatte ich noch gar nicht gedacht. Direkt nach dem Anschlag hatte es eine Telefonsperre gegeben. Ich selber hatte noch keine Zeit gehabt und hatte noch gar nicht versucht, zu Hause anzurufen. Wenn es aber nun schon im Fernsehen gezeigt wurde, dann sollten wir ganz schnell telefonieren und Bescheid geben, dass es uns gutgeht.

»Ich weiß nicht«, antwortete ich und zog mein KB-Impuls-Handy aus der Hemdtasche. »Nein, kein Empfang«, stellte ich fest. Bestürzt schauten wir wieder auf den Bildschirm. Wie würden sie sich ängstigen daheim, wenn sie das sahen und nicht wussten, wie es uns ging, ob wir betroffen waren oder nicht.

»Sie schicken mich heim«, teilte mir Paul mit, das Thema wechselnd. »Und ich will doch gar nicht.«

»Was meinst du?« Ich verstand nicht, wovon er sprach.

»Als ich im Lager ankam, musste ich sofort zum Truppenarzt. Und der hat gesagt, er schickt mich heim. Ich will aber doch mindestens bis zur Trauerfeier bleiben. Am liebsten würde ich den gesamten Einsatz zu Ende machen, das wären noch zwei Monate. Aber der Doc hat gesagt, das kommt nicht in Frage. Jeder, der dabei war, muss heim.«

»Das tut mir leid«, sagte ich. »Aber wer weiß, wofür es gut ist!«, versuchte ich hilflos zu trösten.

»Nein«, sagte er entschieden. »Das ist ganz und gar nicht gut. Siehst du, es ist so ähnlich, wie wenn man vom Pferd gefallen ist. Man muss sofort wieder aufsteigen, oder man kann es nie mehr. So sehe ich das. Ich muss den Einsatz beenden, gerade weil ich jetzt Angst habe. Nur so kann ich sie überwinden. Und wenn er mich trotzdem heimschickt, werde ich mich sofort wieder freiwillig melden und versuchen, sobald wie möglich zurückzukommen.« Ich sah ihn erstaunt an. Das war nicht Paulchen, der hilflose, traumatisierte Junge, den ich erwartet hatte. Das war Paul, ein Mann, der genau wusste, was er wollte und wie er sich einzuschätzen hatte. Er machte es übrigens wahr. Direkt nach der Trauerfeier flog er heim. Die Bitte, daran teilnehmen zu dürfen, hatte man ihm dann doch gewährt. Drei Monate später war er wieder da, stand plötzlich vor mir, grinsend, und nahm mich in den Arm.

»Wie geht es dir?«, fragten wir gleichzeitig, und nun erlebte ich zum ersten Mal dieses Gefühl der Verbundenheit, das uns allen, die »dabei waren«, erhalten bleiben sollte. Der forschende, tiefe Blick in die Augen, das wortlose Abfragen. Wie geht es dir, wie lebst du damit? Die Erkenntnis, nein, der andere hatte nicht vergessen, der Schmerz war noch zu sehen, abgemildert, fast vernarbt, aber nicht vergessen. Ein Schulterzucken, das ebendies zum Ausdruck brachte, nein, ich habe es nicht vergessen, aber ich komme klar, einigermaßen. Ein aufmunternder Schlag auf den Rücken, wir werden es schon schaffen. Es war noch da, dieses »wir«, dieses merkwürdige, ganz bestimmte »wir«, das sich in den Stunden und Tagen nach dem Anschlag bei uns eingestellt hatte, und es würde bleiben. Wir brauchten dafür keine Worte. Es war eine Erleichterung. Bei all den Debriefings, therapeutischen Sitzungen und, wie wir fanden, vergeblichen Versuchen, den anderen, die nicht dabei gewesen waren, zu erklären, wie es gewesen war, fühlten wir uns nie verstanden, fühlten uns in eine Schublade gesteckt, begutachtet, abgeschätzt, beurteilt, abgehandelt, abserviert.

Ich glaube, die meisten hörten gar nicht richtig zu, und an der großen Nachbesprechung einige Tage später, zu der alle eingeladen waren, die in irgendeiner Form geholfen hatten, nahmen einige wohl nur teil, weil es anschließend Freibier gab. Auch im Zweiergespräch mit den Therapeuten, zu denen einige von uns befohlen wurden, fühlten wir uns unsicher. Sagten wir zu viel, riskierten wir, als traumatisiert und behandlungsbedürftig eingestuft zu werden. Sagten wir nichts, hatten wir ein schlechtes Gewissen, dass wir nicht angemessen um unsere toten Kameraden trauerten. Unter uns brauchten wir uns nichts zu erklären, wir verstanden uns, wir wussten. Dazu brauchten wir keine Worte. Wir entwickelten uns zu einer eingeschworenen Gemeinschaft. Wir sind noch immer in Kontakt, wenn auch nicht regelmäßig, aber wir wissen dennoch immer ungefähr, wo die anderen gerade sind, was sie so machen.

Bis heute erhalte ich gelegentliche E-Mails, Briefe, Postkarten, nicht nur von den Patienten, sondern auch von anderen, die »dabei waren«. Manchmal wünschte ich, sie würden es nicht mehr tun, würden aufhören, mir zu schreiben. Das tun sie nicht. Ich kann es nicht ändern, ich war ja dabei, ich werde zu dieser Gruppe, zu dieser Gemeinschaft, gehören bis an mein Lebensende, auch wenn es verblasst ist, zurückgetreten hinter dem täglichen Leben. Es ist noch da. Das Erlebnis wurde zu einer Erinnerung, der Schmerz der Seele zu einer Narbe.

Aber auch Narben können schmerzen.

Die nächsten Abende verbrachten der Spieß und ich vor meinem Zelt, betrachteten die Sterne und unterhielten uns leise. Das Betreuungszelt war wieder geöffnet, aber wir fühlten uns nicht danach, dort hinzugehen. Wir saßen lieber ruhig da und leckten unsere Wunden. Zumindest versuchten wir es. Aber wir waren die Chefin und der Spieß, wir mussten stark sein. Und Ruhe war uns nicht vergönnt. So wie die Motten vom Licht angezogen werden, gesellten sich andere Kameraden zu uns, und wir saßen und redeten und tranken und redeten. Der Spieß und ich trösteten, beruhigten sie, gaben ihnen Tee, Kaffee, Stärkeres.

»Es gibt ein passendes Getränk für jede Situation«, hatte der Spieß immer gesagt. »Und es ist die Aufgabe des Spießes, das Richtige zu finden und parat zu haben.«

Bekam jemand eine schlechte Nachricht von zu Hause, war das eine Cognac-Situation. Bei dienstlichen Besprechungen floss Kaffee literweise, abendliche Doppelkopfrunden verlangten nach Dosenbier, Geburtstage nach Rotkäppchensekt, und für ganz schlimme Fälle hatte er eine Flasche mitgebracht, deren geheimen Inhalt sein Nachbar daheim in der Garage aus Birnen und Äpfeln destilliert hatte und von der man nicht mehr als zwei kleine Schlucke zugeteilt bekam. Diese flossen brennend die Kehle hinunter, trieben einem Tränen in die Augen und beschlossen, im Magen angekommen, dort nicht zu bleiben und den Rückweg anzutreten. Wenn es dann gelang, sie dennoch bei sich zu behalten, war der erste Schock bekämpft, abgetötet von diesem Gebräu, das bei höherer Dosierung vermutlich zur Erblindung führen würde. Raketentreibstoff nannten wir das.

Bei diesen abendlichen Runden hatte aber selbst der Raketentreibstoff versagt und außer Magenschmerzen nichts bewirkt. Wir waren zu Kaffee und Tee zurückgekehrt. Wir hätten uns gerne einmal betrunken, aber wir wollten nicht riskieren, die Kontrolle zu verlieren. Wir konnten nicht aufhören, an das zu denken, was wir gesehen hatten, und durchlebten es in Gedanken immer und immer wieder.

Nach ungefähr zwei Wochen konnte ich es nicht mehr ertragen. Ich rief einen Kameraden an und fragte, ob er Zeit habe, ich müsse mal reden. Ein merkwürdiges Ansinnen ausgerechnet an ihn. Er war Kompaniechef einer Fallschirmjägereinheit und führte dort mit eiserner Hand ein strenges Regiment. Immer hatte er uns Sanis belächelt, wenn wir uns jeder kleinen Sorge unserer Leute angenommen hatten. »Ihr verzärtelt sie«, hatte er immer zu mir gesagt.

Er hatte seine Soldaten regelmäßig rausgeworfen, wenn sie mit ihren kleinen und großen Problemen zu ihm kamen. »Ihre privaten Probleme kann ich nicht lösen. Wegtreten, Problem lösen, wiederkommen!«, so hatte er sie beschieden und gesagt, sie müssen härter werden. Natürlich hatten sie schnell aufgehört, sich an ihn zu wenden.

Ihn hatte ich angerufen. Von ihm hatte ich hören wollen, dass wir endlich aufhören sollten, zu jammern, dass wir uns zusammenreißen und zur Arbeit zurückkehren sollten. Auf meine Bitte hin hatte er sich unserer abendlichen Runde angeschlossen, eine Flasche Rum auf den Tisch gestellt und uns eine Weile zugehört, wie wir zum wohl hundertsten Mal die Ereignisse Revue passieren ließen und uns fragten, wann wir das Entsetzen und den Schrecken vergessen würden, wann das Leben für uns endlich wieder normal sein und die Anspannung sich lösen würde.

Irgendwann fragte er, ob wir eigentlich verrückt wären, total bescheuert. »Warum könnt ihr nicht akzeptieren, dass ihr etwas Schreckliches erlebt habt und dass es euch noch eine Weile beschäftigen wird. Ihr werdet es nie vergessen, aber ihr müsst es akzeptieren, und ihr dürft und müsst auch traurig sein.«

Ich sah ihn an und war enttäuscht. »Von dir hätte ich eine andere Härte erwartet. Ich hatte erwartet, dass du uns den Kopf zurechtrückst, so wie du auch deine Männer behandelst.«

»Das ist doch etwas ganz anderes. Kleine Alltagskümmernisse gegenüber Terror und Tod. Und ihr Sanis dürft auch ein wenig weicher sein als Fallschirmjäger, müsst es vielleicht sogar. Von euch wird Mitgefühl erwartet, von uns Härte. Jeder auf seinem Platz. Aber dass ihr erwartet, die Ereignisse ziehen spurlos an euch vorüber, und ihr könnt sie einfach so vergessen, weitermachen, als ob nichts gewesen wäre, das ist wirklich dumm. Ihr müsst es akzeptieren, dürft euch nicht wehren gegen den Schmerz, müsst ihn annehmen, damit er heilen kann. Schließlich wird er vernarben, und mit den Narben werdet ihr dann leben können.«

Dumm fand er uns also. Ich grinste und war irgendwie erleichtert. Er hatte ganz anders reagiert, als ich gehofft hatte, aber unerwartet den Druck, der auf uns lastete, verringert. Wir nahmen jeder einen Schluck von dem Rum. Nur einen kleinen Schluck, nicht einmal einen Finger hoch im Glas, das war genug. Vielleicht würden wir ja doch damit leben können.

2

Neuseeland, Februar 2008

Ich saß nur da. Hinter dem Haus in einem alten Sessel auf dem
Rasen. Die beiden gelben Sessel waren irgendwann im Regen
draußen vergessen worden und, da sie nun sowieso ruiniert waren, dort stehen geblieben. Dort saß ich, tat sonst nichts, saß nur.
Ich konnte mich nicht bewegen. Konnte nur sitzen. Versuchte
nur, am Leben zu bleiben, zu überleben. Wie das Krokodil.

Das Krokodil war von Männern gefangen worden. Sie hatten
ihm, wie es üblich ist bei Krokodilfängern, erst das Maul zu-
gebunden und dann die Füße hinter dem Rücken gefesselt. Aus
irgendeinem Grund hatten sie es dann vergessen und im seichten
Wasser am Ufer des Flusses liegen gelassen. Es lag dort für sechs
Monate. Es kämpfte nicht, zappelte nicht, versuchte nicht, sich
zu befreien, bekam keine Panik. Es lag nur ganz ruhig da und tat
nichts. Außer zu überleben. Das war alles, was es tat, alles, auf was
es seine Sinne richtete. Am Leben bleiben, überleben. Sonst tat es
nichts. Im Laufe der Monate stieg das Wasser im Fluss und sank
wieder. Das Krokodil hatte sich nicht bewegt, nur die Nase etwas
höher aus dem Wasser gereckt, um zu atmen. Vielleicht hatten
sich die Stricke um sein Maul etwas gelockert, so dass kleine Fische oder Algen hineinschwimmen konnten und es nicht ver-
hungerte. Als man es nach sechs Monaten fand, war es am Leben.
Abgemagert, aber lebendig. Weil es stillgehalten, sich nicht gewehrt hatte in seinen Fesseln.

Genauso fühlte ich mich. Zwar sah ich keine Stricke, aber etwas hielt mich, band mich, zwang mich, verursachte, dass ich mich nicht bewegen konnte. Ich saß nur da und versuchte, am Leben zu bleiben. Ich starrte auf den alten grauen, verwitterten Holztisch, der vor mir auf der Wiese stand, und versuchte, mich zu erinnern, was passiert war. Ich konnte nicht denken, konnte mich nicht erinnern. Mein Gehirn, mein Kopf, meine Brust, mein ganzer Körper, alles fühlte sich leer an. Ich hatte das Gefühl, irgendetwas Schreckliches war passiert, aber ich konnte mich an nichts erinnern. Ich konnte mich nicht an die Worte erinnern, die gesprochen worden waren. Ich konnte gar nicht in Worten denken. Eigentlich konnte ich überhaupt nicht denken. Alles, was ich konnte, war sitzen. Sitzen und auf die grauen Tischbeine starren und mich nicht bewegen. Ich versuchte zu fühlen, wie es sich anfühlte in mir, wie ich mich fühlte. Ich konnte nichts fühlen. In mir war die große Stille. Eine Leere, in der nichts war, keine Gedanken, kein Geräusch, nur Stille, sonst nichts. Es tat nicht weh. Aber nur, wenn ich mich nicht bewegte. Wenn ich auch nur einen Finger krümmte, war da ein großer Schmerz in meiner Brust, in meinem Bauch, in meinem ganzen Körper. Also bewegte ich mich nicht, saß nur da.

Dann versuchte ich aufzustehen. Es ging nicht. Meine Beine fühlten sich an wie Pudding, wie gelähmt. Zu schwach, meinen Körper zu tragen. Ich ließ mich auf den Sessel zurücksinken. Saß. Starrte auf den Tisch. Ich versuchte, mir eine Zigarette anzuzünden. Es funktionierte. Ich versuchte, einen Schluck Wasser zu trinken. Auch das funktionierte. Also tat ich das. Saß da und rauchte und trank Wasser.

Ich saß ungefähr eine Stunde da, ohne mich zu bewegen. Nur ab und zu zündete ich mir eine Zigarette an. Es war gut, dass ich das konnte. Ich konnte also nicht tot sein. Tote sitzen nicht da und rauchen Zigaretten. Ich hätte gerne mit jemandem geredet. Aber ich konnte nicht aufstehen, konnte nicht telefonieren. Ich musste jetzt geduldig sein mit mir, mir Zeit geben. Eine weitere

Stunde später versuchte ich noch einmal aufzustehen. Dieses Mal ging es besser. Ich war schwach und zittrig auf den Beinen, aber es ging.

Langsam und vorsichtig ging ich die alte Holztreppe hinauf in das obere Stockwerk. Ich zog mich mit der Hand am Geländer hoch, konzentrierte mich. Jeder Schritt kostete unendlich viel Energie, aber es funktionierte. Oben angekommen, fiel mein Blick auf das Telefon. Ich nahm es, und wählte Petrus' Nummer, ohne eigentlich zu wissen, was ich sagen wollte.

Petrus, mein Arbeitskollege, ein Freund. Zumindest hoffte ich, er wäre mein Freund. Ich hatte ihn nie zuvor gebraucht, ihn nie um etwas gebeten. Aber wenn ich krank wäre, einen Herzinfarkt hätte, dann würde ich zu ihm gehen. Ich musste es wenigstens versuchen.

Nach dem vierten oder fünften Klingeln wollte ich gerade wieder auflegen, wollte vielleicht doch lieber nicht reden, als er abnahm und sich meldete.

»Hallo, hier ist Petrus.«

Er war ein wenig atemlos, und ich stellte mir vor, wie er mit seinem Buch auf der Terrasse seines alten braunen Holzhauses mit den grünen Fensterläden oben auf dem Berg in seinem Klappstuhl gesessen hatte, wo man einen atemberaubenden Blick über das ganze grüne Tal hatte, dunkelgrüner Busch und hohe Bäume, so weit das Auge reichte, und daneben sah man das Meer und die kleine bucklige Insel darin, die so geheimnisvoll war, weil sie aus Naturschutzgründen niemand betreten durfte.

Ich sah ihn förmlich vor mir, wie er, als er das Klingeln des Telefons hörte, nach drinnen geeilt war und nun auf dem kleinen roten Sofa saß, die Füße mit den Badeschlappen daran gemütlich auf den Glastisch gelegt, den Hörer am Ohr, freundlich und aufmerksam wie immer. Petrus war Arzt wie ich, und wir arbeiteten zusammen in der Notaufnahme des Krankenhauses in dem kleinen Ort, in dem wir nun lebten. Auch er war hier eingewandert, aus Südafrika, ein Land, so sagte er, in dem es auch nach der Apartheid nicht besser geworden war, weder für Weiße noch für Schwarze. Er war weiß, klein und zierlich, fast grazil, und ich dachte immer, mit seinen feinen Gesichtszügen hätte er eigentlich ein Mädchen werden sollen. Die schwarzen Bartstoppeln und das dunkle, gewellte, schwer zu bändigende und darum kurz geschnittene Haar sprachen allerdings dagegen, und da war auch ein ganz entschiedener Zug um das Kinn. Die dunklen braunen Augen blickten immer sanft, schienen nie etwas zu erwarten, beobachteten nur, wurden manchmal nachdenklich, und manchmal, da leuchteten sie auf und glänzten und wurden ganz hell.

An diese Augen dachte ich nun, als ich nach meiner Stimme suchte und probierte, mit ihm zu sprechen. Diese Augen, das wusste ich, würden mich nur ansehen, nichts verlangen, nichts erwarten, nichts erzwingen.

»Wie geht es dir, wie kommst du mit dem Lernen voran?«, fragte ich höflich in dem Versuch, etwas Normales zu tun und zu sagen. Etwas Harmloses. Etwas Ungefährliches.

»O gut, ich habe ungefähr die Hälfte von dem gelesen, was ich für das Examen brauche. Und wie geht es dir?«

Da war die Frage. Die gefährliche Frage. Wie ging es mir? Ich hatte Angst, genau hinzusehen. Aber die Antwort kam wie von allein aus meinem Mund, ohne dass ich darüber nachdenken musste. Ich hörte mich selbst reden, als ich antwortete: »Ich habe einen Schock.«

Als ich mir dabei zuhörte, dachte ich, ja, das ist genau, was es ist. Ein Schock. Deshalb konnte ich nicht denken, hatte ich mich nicht bewegen, nicht aufstehen können. Alles Blut war in mir versackt, wurde gebraucht, um die lebenswichtigen Organe zu versorgen. Damit ich atmen und damit mein Herz schlagen konnte. Nachdenken war zum Überleben nicht wichtig.

Tapfer fragte ich: »Kannst du herkommen, später, wenn du fertig bist?«

»Natürlich«, antwortete er. Er fragte nicht, warum, nicht, was passiert sei. »Lass mich nur eben das Kapitel fertig lesen, ich würde dann so um vier Uhr da sein.«

Ich warf einen Blick auf die Uhr an der Wand. Es war zwei.

Er fügte hinzu: »Oder möchtest du, dass ich jetzt rüberkomme?«

Etwas in mir wollte flehen: »Ja, bitte, komme jetzt, lass mich nicht allein sein«, aber das kam mir so schwach vor, so armselig. Ich musste es auch alleine schaffen, und ich antwortete: »Ich weiß es nicht, ich weiß es wirklich nicht.« Er kannte mich. Er wusste, es ging mir nicht gut, aber er wusste auch um meinen Stolz, alles allein bewältigen zu wollen. Sanft sagte er: »Pass auf, ich beeile mich und versuche es ein bisschen eher zu schaffen, in Ordnung?«

»Ja«, sagte ich und legte auf. Wenn ich jetzt noch nicht tot war, würde es mich wahrscheinlich auch nicht umbringen, noch ein wenig zu warten.

Nur, was sollte ich jetzt tun? Die Kinder waren am Strand, und ich hatte gesagt, ich würde ein wenig später nachkommen. Ich betrachtete meine wackligen Beine und wusste, ich würde die zweihundert Meter bis zum Strand nicht schaffen.

Langsam ging ich die Treppe wieder hinunter in den Garten und setzte mich auf den Sessel. Er hatte abgewetzte senffarbene Polster aus Cordstoff, ein wenig kratzig, das nahm ich jetzt wahr. Auch mein Blick reichte nun ein wenig weiter als bis zu dem Holztisch, und ich sah die Wäsche hinten im Garten auf der Wiese an der Leine hängen. Sie war trocken und konnte abgenommen werden. Sollte ich es versuchen?

Ich stand auf, ging zwei Schritte in Richtung Wäscheleine und merkte, ich konnte nicht weiter. Es war zu anstrengend. Ich hatte nicht genug Kraft. Ich setzte mich wieder hin, langsam und vorsichtig. Nur nicht zu viel bewegen. Keinen Schmerz verursachen. Stillhalten.

Was sollte ich tun, solange ich auf Petrus wartete? Das Einzige, von dem ich sicher wusste, dass ich es bewältigen konnte, war, die

Treppe nach oben zu gehen, die zehn Stufen hochzusteigen. Das war das Einzige, das mir einfiel, das Einzige, bei dem ich mich sicher fühlte, überzeugt war davon, dass ich es konnte. Weil ich es gerade schon einmal getan hatte.

Also ging ich die Treppe hoch. Langsam. Die Treppe war aus Holz, grau und verblichen von der salzigen Meeresluft. Jede Stufe war mit grauem Teppichboden belegt. Grau in Grau. Ich nahm jeden einzelnen Schritt wahr, sah und fühlte, wie sich meine Beine bewegten, die Knie sich beugten, meine Hand sich am Geländer festhielt, das auch grau und verblichen war und glatt von den Händen vieler Jahre, beobachtete, wie mein Körper sich nach oben bewegte. Das Erklimmen dieser zehn Stufen wurde zum Selbstzweck, zum Lebensinhalt, zum Einzigen, das zählte und wichtig war in diesem Moment.

Ich wunderte mich, dass es möglich war, und schöpfte Vertrauen aus der Erkenntnis, dass ich es konnte. Ich war nicht tot, ich war nicht einmal gelähmt. Ich konnte laufen, ich konnte Treppen steigen.

Oben angekommen, wusste ich nicht weiter. Ich ging in mein Schlafzimmer und setzte mich aufs Bett. Sollte ich mich hineinlegen und die Decke über den Kopf ziehen, wie ich es als Kind getan hatte?

Ich konnte es nicht. Das war ja nicht einmal mein eigenes Bett. Verzweifelt schlug ich mit der Faust auf das Kopfkissen. Nicht einmal mein eigenes verdammtes Bett hatte ich! Dieses Haus, alle Möbel, dieses Bett, alles war nur gemietet. Nichts hier gehörte mir, nichts erinnerte mich auch nur annähernd an etwas, das ich kannte, an etwas Vertrautes. Nichts hier gab mir Kraft, nichts tröstete mich.

Ich ging die Treppe wieder hinunter, setzte mich wieder auf den Stuhl, rauchte eine weitere Zigarette. Das waren die Dinge, die ich im Moment tun konnte, zu denen ich fähig war. Sitzen, rauchen, die Treppe hinauf- und hinuntergehen. Ich versuchte es noch einmal mit der Wäsche. Dieses Mal klappte es besser. Ich ging langsam hinüber zur Wäscheleine, nahm ein paar Socken ab, dann ein T-Shirt, dann noch eins. Es funktionierte, ich konnte es. Langsam, viel langsamer als normalerweise. Meine Bewegungen fühlten sich an wie in Zeitlupe, aber es funktionierte. Ich funktionierte. Immerhin.

Ich legte die Wäsche auf den Tisch und setzte mich wieder hin. Wie sollte ich weitermachen mit meinem Leben? Was sollte ich tun mit der nächsten Woche, dem nächsten Tag, der nächsten Stunde?

Jetzt kam der Schmerz in mir hoch. Überwältigend, wie eine Flutwelle überspülte er mich, wurde stärker und stärker und drohte mich zu vernichten. Ich konnte es nicht aushalten. Ich wollte schreien, aber das konnte ich auch nicht. Der Schmerz wuchs noch immer, größer und größer. Ich konnte nichts dagegen tun, ich hatte keine Kraft, um überhaupt irgendetwas zu tun.

Ich erinnerte mich, dass es nicht ganz so weh tat, wenn ich mich nicht bewegte. So saß ich wieder ganz still, regungslos, und der Schmerz ebbte ab. Plötzlich verstand ich, was ein Freund mir kürzlich erklären wollte. Vor meinem Zusammenbruch, oder wie nannte man das, wie hieß das, was hier mit mir passierte? Egal, was es war, vielleicht wäre es nicht passiert, wenn ich verstanden hätte, was er versucht hatte mir zu erklären.

Wir hatten über unseren Lebensweg gesprochen. Darüber, dass mir dieser oft erscheint wie im Nebel liegend, in einem so dichten Nebel, dass ich nicht weiß, wohin ich meinen Fuß für den nächsten Schritt setzen muss. Er hatte gesagt: »Dann verhalte dich doch so, wie du es im richtigen Leben auch machen würdest.« Ich muss ihn wohl verständnislos angesehen haben. »Überleg doch mal! Stell dir vor, du gehst hier durch den Busch, und es ist neblig. So neblig, dass du keinen Schritt weit sehen kannst. Was würdest du tun?«

Zögernd fragte ich: »Stehen bleiben?«

»Genau«, antwortete er. »Du würdest stehen bleiben, denn

genau vor dir kann eine Klippe sein und ein tiefer Abgrund, und wenn du auch nur einen Schritt weiter gehst, fällst du hinunter, vielleicht hundert Meter tief. Also bleibst du stehen. Egal, wie lange es dauert, irgendwann lichtet sich der Nebel, das tut er immer, und du kannst den Weg wieder sehen. Dann kannst du weitergehen.«

Ich erinnere mich, dass ich gefragt habe: »Aber wie mache ich das im richtigen Leben? Wie kann ich einfach stehen bleiben?«

Aber entweder hatte er nicht geantwortet, oder ich hatte die Antwort nicht verstanden. Und anscheinend war ich in dem Bestreben, mein Leben zu ändern und Dinge, die ich verloren, dem alten Leben zugehörig geglaubt hatte, zu ersetzen, zu schnell durch den Nebel gegangen, hatte den Weg verloren und war dabei abgestürzt. Mindestens hundert Meter tief.

Jetzt verstand ich, wovon er gesprochen hatte. Auch wenn er es sich wohl anders für mich gewünscht hatte, kontrollierter irgendwie. Jetzt zwang und lehrte mich das Leben, zu tun, was ich zuvor nicht vermocht hatte. Stehen bleiben. Einfach gar nichts tun. Nur hier sitzen.

Und für die nächsten Schritte bedeutete es, dass es sie nicht geben würde. Keine Entscheidungen. Nicht zu viel nachdenken. Auch das hatte er gesagt, mein Freund. »Du denkst zu viel.« Auch das hatte ich merkwürdig gefunden. Es war mir falsch vorgekommen, es nicht zu tun. Jetzt erkannte ich, dass es mich nicht weitergebracht hatte, das Nachdenken, das Grübeln. Jetzt, da mein Körper, mein Gehirn sich ohnehin verweigerten. Also wenn überhaupt Schritte, dann kleine Schritte. Ganz kleine. Oder keine. So wie er gesagt hatte, mein Freund. Aber ich hatte es nicht verstanden. Jetzt verstand ich. Wie das Krokodil. Einfach stillhalten, nichts tun, nur überleben.

Zur Arbeit gehen, essen, schlafen. Die freie Zeit mit den Kindern verbringen. Sonst nichts. Nur überleben. Es kam mir auf einmal so einfach vor, und ich wunderte mich, dass ich es vorher nicht verstanden hatte. Abwarten, bis sich der Nebel auflöste und ich so weit sehen konnte, dass ich den Fuß für den nächsten Schritt sicher aufsetzen konnte.

Schlafen, essen, arbeiten, Kinder. Wie ein Mantra wiederholte ich diese Worte, auf meinem Stuhl sitzend, bis Petrus eintraf. Er setzte sich neben mich in den anderen gelben alten Sessel.

»Denken Krokodile eigentlich?«, fragte ich ihn.

Er sah mich an. Wie ich es vorausgesehen hatte, sah er mich nur freundlich an, seine braunen Augen waren warm, und ich wusste, er würde nur zuhören, nicht unterbrechen, nicht bewerten, nicht verurteilen. Nur zuhören.

»Erzähl«, sagte er ruhig. »Was ist passiert?« Und auf einmal erinnerte ich mich wieder und erzählte es ihm.

In dem Krankenhaus, in dem wir beide in der Notaufnahme arbeiteten, war ich ins Sekretariat gegangen, um den Beamer abzugeben, den ich für meine Präsentation benutzt hatte. Wie jeden Donnerstag stand für alle Ärzte ein gemeinsames Mittagessen mit anschließender Weiterbildung auf dem Programm, und ich war gebeten worden, einen Vortrag über Afghanistan zu halten.

Ich hatte nicht nur einen kurzen Abriss über die politischen Ereignisse, die Auslandseinsätze der Bundeswehr und einen kleinen Einblick in das Lagerleben gegeben, sondern auch Bilder gezeigt und von den Verletzungen erzählt, mit denen wir konfrontiert gewesen waren. Kriegsmedizin, so nennt sich das ganz sachlich.

Es war auch ganz gut angekommen. Auf dieser kleinen abgelegenen Insel nimmt man dergleichen mit Staunen hin, bedankt sich freundlich, freut sich, dass man hier so friedlich leben kann, und geht seiner Wege.

Auch ich war gegangen. Froh, dass ich es überstanden hatte. Ich rede nicht gerne vor vielen Menschen. Jedenfalls ist das die offizielle Variante. Die Wahrheit ist, dass es mich noch immer sehr berührte, an Afghanistan zu denken oder darüber zu reden. Besonders mit Menschen, die nicht dabei waren. Sie können nicht verstehen, ich verstand ja selber nicht, warum ich noch immer so betroffen war.

Ich bin eine Frau, die mit beiden Beinen fest auf dem Boden steht. Fest und schwer. Es war immer mein großer Kummer, dass ich nach meinem letzten Kind mein altes Gewicht, meine schlanke Figur nicht wiedererlangen konnte. Pragmatisch nahm ich es hin, so wie ich es hinnehme, dass ich mit Männern kein Glück in meinem Leben hatte.

Ich liebe meine Kinder, wir halten fest zusammen, und ich gehe fleißig arbeiten, damit sie auch etwas werden können im Leben, damit sie eine gute Ausbildung bekommen. Nicht, dass sie das sehr zu schätzen wüssten. Die beiden Älteren und die beiden Jüngeren sind Jungs und nicht sehr davon überzeugt, dass es im Leben weiterhilft, wenn man in der Schule gut ist, jedenfalls nicht, wenn man dafür Anstrengungen unternehmen muss. Meine Tochter allerdings, die mir sehr ähnlich ist, ist etwas schlauer und eine gute Schülerin.

Ich habe meinen großen schönen Garten in Deutschland geliebt, und jetzt habe ich mir einen Kübel gekauft und eine Rose hineingesetzt. Sie ist noch klein, aber ich habe gelernt, die kleinen Dinge zu schätzen. Es ist ein Anfang. Ich habe keine allzu großen Erwartungen an das Leben, bin im Großen und Ganzen zufrieden.

»Das Leben ist kein Ponyhof«, ich weiß nicht, wer diesen Spruch geprägt hat, aber wir haben ihn im Auslandseinsatz oft benutzt. Er zeugt von dem Pragmatismus der Menschen mit einem dicken Fell. So wie mich meine Freunde einschätzen. Praktisch, stabil, zuverlässig, ein Genie im Organisieren wie die meisten alleinerziehenden Mütter. Illusionslos, angstfrei, alles im Griff habend, geht man nach Fehlschlägen weiter, dreht sich nicht um. »Der Not gehorchend, nicht dem eignen Triebe«, macht man das Beste daraus. Die moderne, starke, selbständige Frau, die sich durchsetzt in Männerwelten.

Wenn man Zeit hätte, und man würde sie für sich selbst verwenden, würde man vielleicht feststellen, dass man Federn gelassen hat. Aber man hat keine Zeit, und wenn, verbringt man sie nicht mit sich selbst. Sonst würde man vielleicht Angst bekommen. Angst vor dem, was dort lauert. Vor dem, was man dort fest verschlossen hält hinter einer dicken Tür aus massivem Holz. Nur manchmal, da läutet ganz leise eine kleine Glocke, ein zarter, weicher Gong, eine Türklingel.

Das Wort Afghanistan alleine läutete in mir diese kleine Glocke. Ich hörte sie, aber der Gedanke daran, daraufhin die Tür zu öffnen und herauszufinden, wer oder was dahinter wartet, jagte mir einen Schauer über den Rücken. Es war, als ob tief in mir etwas lauerte, etwas, das ich nicht beschreiben, nicht definieren konnte und auch nicht wollte. Wie ein wildes Tier, das ich hinter dieser dicken Holztür eingesperrt hatte, weil ich nicht wusste, ob ich es würde kontrollieren können, wenn ich es herausließ. So wagte ich nicht, es anzusehen, ihm einen Namen zu geben. Es war besser, die Erinnerungen zu lassen, wo sie sind. Im hintersten Winkel meines Kopfes und auf der Festplatte meines Computers.

Ich hatte meinen Vortrag beendet und entschlossen den Computer heruntergefahren. Im Sekretariat saß eine ältere Dame von kräftiger Statur mit blond gefärbten Haaren und rosa Lippenstift. Ich kannte sie gut. Gleich bei unserer Ankunft hatte sie uns fürsorglich unter ihre Fittiche genommen. Sie war mir bei der Haussuche behilflich gewesen, bei der Einrichtung eines Bankkontos, des Telefonanschlusses, hatte mich losgeschickt, um meiner Tochter ein Mobiltelefon zu kaufen, ohne welches diese hier keine Freunde finden könne, wie sie mir überzeugend versichert hatte. Sie war warmherzig, hatte für jeden immer ein offenes Ohr, sie war eine Seele von Mensch. Sie konnte aber auch resolut werden und fürchtete sich vor gar niemandem. Sie sei zu alt für falsche Rücksichtnahme, sagte sie immer. Schon einige Male hatte sie mich getröstet, wenn das Heimweh mich übermannt hatte, mir die Eingewöhnung schwergefallen war, die fremde Sprache mich verwirrt hatte, die Kinder Schwierigkeiten in der Schule hatten, ich erschöpft und deprimiert war, den Tränen nahe, überlegt hatte, ob ich mir nicht zu viel vorgenommen hatte mit dieser Auswanderung.

An diesem Tag aber weinte ich nicht und wollte nur schnell den Projektor abgeben. Sie sah mich forschend an und sagte freundlich: »Na, meine Liebe, was ist denn mit dir los?«

»Gar nichts«, sagte ich voller Überzeugung und wunderte mich. Was sollte los sein? Es ging mir gut. Ich hatte doch gerade mit Erfolg meinen Vortrag gehalten!

»Komm schon«, sagte sie und nahm mich in den Arm: »Ich sehe doch, dass etwas nicht stimmt mit dir.«

Ich brach in Tränen aus. Ich hatte keine Ahnung, warum. Hatte ich mich nicht gerade eben ganz normal gefühlt? Geradezu stolz, dass ich so professionell und sachlich von den Ereignissen in Afghanistan berichten konnte? Jetzt plötzlich riss es mir den Boden unter den Füßen weg. Meine Selbstdisziplin, meine Haltung, mein ganzer Widerstand, meine sorgsam gehütete Fassade, alles brach zusammen. Ich schluchzte hemmungslos, konnte nicht aufhören und fühlte mich vollkommen hilflos.

»Was ist denn los?«, wiederholte sie freundlich, und ich versuchte mit aller Kraft, mich zusammenzunehmen und ihr zu antworten.

Aber was war denn eigentlich mit mir los? »Ich weiß nicht«, schluchzte ich. »Es geht mir gut, oder eigentlich ging es mir gerade eben noch gut«, sagte ich.

»Nein, es geht dir überhaupt nicht gut«, erwiderte sie mit entschiedener Stimme. »Und jetzt ist es auch genug. Du bist ausgebrannt, erschöpft, müde, es war alles zu viel in der letzten Zeit.«

Sie wusste von Afghanistan, von meiner Scheidung und von meinem Versuch, mit meinen Kindern ein neues Leben anzufangen.

»Es ist ja auch kein Wunder. Sieh mal, was du alles hinter dir hast. Und alles bewältigst du allein. Wann hast du eigentlich das letzte Mal Urlaub gemacht?«

Ich wollte nicht, dass sie recht hatte. Ich war stark. Jeder hatte das immer gesagt. Aber da war auf einmal dieser furchtbare, quälende Druck auf meiner Brust. Das wilde Tier, das in mir lauerte, hatte genug, kam heraus, machte sich selbständig und zwang mich, es anzusehen, es zu erkennen. Es sagte seinen Namen. Es hieß Schmerz.

Der Schmerz brach sich unkontrolliert und vehement Bahn und drohte mich zu erdrücken, zu ersticken. Ich versuchte festzustellen, woraus er bestand. War es Heimweh, Einsamkeit, Angst? Erinnerungen? Was tat mir da so weh? Ich konnte es nicht identifizieren, wusste nur, dass sich plötzlich alle Probleme, Sorgen und Befürchtungen der letzten Zeit in mir zusammenballten wie ein Riesenberg, der mir unüberwindlich schien.

»Ich weiß nicht mehr, wo vorne und hinten ist und wo ich anfangen soll. Ich bin so müde, habe keine Kraft mehr.«

»Eben«, sagte sie freundlich und mitfühlend, aber doch energisch. »Ich sage ja, du bist vollkommen fertig.« Sie reichte mir eine Schachtel Kleenex. Dankbar nahm ich ein paar Tücher, wischte mir die Tränen ab, putzte mir die Nase und sagte: »Es geht schon wieder.«

»Nein«, sagte sie, »es geht nicht schon wieder. Es reicht, es ist genug. Ich will, dass du nach Hause fährst und dich ausruhst. Und ich will, dass du mit jemandem redest. Du musst jetzt reden, du musst es rauslassen, was auch immer es ist.«

»Ja«, sagte ich, »vielleicht kann ich ein paar Tage Urlaub nehmen. Vielleicht würde mir das wirklich guttun.«

»Nein«, antwortete sie freundlich. »Du hast mich nicht richtig verstanden. Du bist nicht in der Lage, zu arbeiten. Du fährst jetzt nach Hause und ruhst dich aus.«

»Wie«, sagte ich entsetzt. »Was soll das heißen? Du schickst mich heim, jetzt?«

»Ja«, sagte sie. »Allerdings. Du kannst so nicht arbeiten.«

»Doch, ich kann«, protestierte ich. »Zumindest kann ich meine Schicht zu Ende bringen und dann ein paar Tage Urlaub nehmen.«

»Nein«, wiederholte sie, und ihre Stimme ließ keinen Zweifel daran, dass Widerstand zwecklos war und ihre Entscheidung endgültig.

»Du brauchst deinen Urlaub nicht zu nehmen. Wir werden dich krankschreiben. Du brauchst dich deswegen nicht schlecht zu fühlen. Das haben wir doch alle schon mal erlebt. Manchmal ist das Leben eben so. Du brauchst jetzt Ruhe und jemanden zum Reden. Wenn es dir wieder bessergeht, kommst du zurück zur Arbeit. Ich werde mich um alles kümmern.«

Und das tat sie. Sie nahm die ganze Sache in die Hand. Telefonierte, kommandierte alle möglichen Leute herum, und nach zehn Minuten war ich krankgeschrieben, von meiner Schicht abgelöst und hatte einen Termin bei einer Psychotherapeutin. Ich saß da und beobachtete fassungslos, wie mein Leben über mir zusammenstürzte. Ich konnte nichts dagegen tun. Selbst mein schwacher Protest, ich hätte noch einen Patienten, dessen Röntgenbild begutachtet werden müsse, und ich wäre durchaus in der Lage, das zu erledigen, wurde einfach mit einer Handbewegung vom Tisch gewischt und ein anderer Arzt geschickt, um sich darum zu kümmern.

Sie begleitete mich in den Umkleideraum, erlaubte nicht einmal, dass ich mich umzog, sondern sagte freundlich, aber bestimmt: »Meinst du nicht, es ist besser, du fährst in deiner Arbeitskleidung heim und nimmst deine Sachen einfach mit?«

Ich wusste, dass sich Widerstand nicht lohnte, und brachte die Energie dafür nicht auf. Fremdbestimmt, nun wusste ich, wie sich das anfühlte. Ich ließ es zu, dass sie mich zur Hintertür begleitete und mich sanft zu meinem Auto schob. »Du fährst jetzt heim und ruhst dich aus, ich ruf dich später an.« Das sagte sie, und ehe ich es mich versah, war ich auf dem Weg nach Hause.

Auf meinem Heimweg musste ich einen Berg überqueren. Ganz oben auf dem höchsten Punkt lag ein Aussichtspunkt, eine hölzerne Plattform mit einem wunderbaren Blick über das liebliche grüne Tal und auf das weite Meer. Dort hielt ich an und stieg aus. Wie viele Male zuvor lehnte ich mich an das Geländer, blickte an den Palmen vorbei auf den leuchtend blauen Ozean hinaus und zündete mir eine Zigarette an. Ich sah, wie sich die Wellen am Strand brachen, und ich sah, dass die Luft so klar war, dass man die vorgelagerten kleinen Inseln deutlich erkennen konnte. Ich sah es, aber das Staunen und der Frieden, der mich sonst immer angesichts der überwältigenden Schönheit der Natur an diesem Platz überkam, blieben aus. Ich versuchte nur, zu begreifen, was mit mir passierte. Der Schmerz war so groß, so tief und überall. Ich versuchte ihn zu lokalisieren, es ging nicht. Der ganze Körper tat mir weh, und ich wusste nicht, wovon. Aber noch schlimmer war die Traurigkeit. Noch nie in meinem Leben war ich so traurig gewesen. So sehr traurig, weit jenseits von Tränen.

Alles erschien mir vollkommen sinnlos. Das strahlende Blau des Meers vor mir fühlte sich grau an. Ich wusste nicht, woher der Schmerz und die Traurigkeit kamen. Was ich wusste, war, dass ich es nicht aushalten konnte. Aber ich hatte keine Kraft, etwas dagegen zu tun. Dennoch erschien mir der Gedanke absurd, nach Hause zu fahren und mich auszuruhen, so wie es mir aufgetragen worden war. Was würde das ändern? Ich fühlte mich so rastlos, ich wollte nicht ausruhen, konnte nicht. Ich wusste ja nicht einmal, was mit mir geschah. Eins wusste ich jedoch. Ich war im Begriff, meine Arbeit zu verlieren. Man hatte mich gerade eben nach Hause geschickt, mitten aus der Schicht. Sie dachten, ich bin zu krank, um in ihrem Krankenhaus zu arbeiten.

Meine Arbeit. Die mir und meinen Kindern ermöglichte, hier zu leben. In diesem Land und nicht mehr in Deutschland, nicht mehr für die Bundeswehr. Wie sollte ich zur Arbeit zurückkehren, wie gesund werden, wenn ich nicht mal gewusst hatte, dass ich krank war, geschweige denn, warum? An diesem Punkt hatten meine Gedanken ausgesetzt. Ich kann mich nicht mehr erinnern, wie ich es nach Hause geschafft habe und wie ich in den abgewetzten alten Sessel gekommen bin, denselben, in dem ich so lange reglos und erstarrt gegessen hatte und in dem ich nun auch wieder saß, Petrus neben mir.

Petrus hatte mir bis hierher geduldig zugehört, mich nicht unterbrochen.

»Erzähl mir von Afghanistan«, sagte er leise und freundlich.

Und weil ich das zuerst nicht konnte, nicht von dem, was wirklich war, erzählte ich von dem gleißenden Licht Afghanistans, den hohen, schneebedeckten Bergen, den vielen bunten Märkten. Dann sprach ich von meinem Spieß, von den Kameraden, von Markus, Paul und von Babsi. Ich zögerte, stockte und dann auf einmal fing es an zu fließen. Und ich erzählte ihm von dem Busanschlag auf der Jalalabad Road, den Toten, den Wunden, dem Blut, den Schreien. Ich erzählte von der Willkür, der Gewalt, dem Terror und auch von der Hilflosigkeit, dem Ausgeliefertsein, davon, dass man sich nicht wehren kann, und auch davon, dass man sich gerne rächen möchte und es doch nicht darf, weil es eine Friedensmission ist.

Ich kam von einem zum nächsten, konnte gar nicht mehr aufhören, war ganz versunken in meinen Erinnerungen, ich weiß nicht, wie lange ich erzählt hatte. Petrus sah mich an. Geduldig, freundlich, mitfühlend, aber nicht fragend. Die Kinder waren schon lange vom Strand zurück, hatten von weitem einen Blick auf uns geworfen, gesehen, wie vertieft wir in unser Gespräch waren, und sich nach drinnen vor den Fernseher verzogen.

Nachdem ich aufgehört hatte zu erzählen, erschöpft und traurig, hatten wir noch eine Weile schweigend dagesessen. Vor meinem inneren Auge hatte ich noch die schneebedeckten, in der Sonne weiß glitzernden Berge des Hindukusch, so wie ich sie von der kleinen Terrasse meines Zeltes aus täglich gesehen hatte.

Petrus' nachdenkliches Gesicht verbarg mittlerweile wohl Gedanken ganz anderer Art, denn er sagte plötzlich: »Lass uns mal reingehen und etwas zu essen kochen, die Kinder werden Hunger haben. Und ich ehrlich gesagt auch.« Fast hätte ich gelacht. Aber nur fast. Und allein der Gedanke an Essen drehte mir den Magen um. Dennoch, ich wusste, dass er recht hatte. Auch ich sollte versuchen, etwas zu essen.

Nach dem Essen saßen wir noch bei einem Glas Rotwein auf der Terrasse. Die Kinder waren im Bett, die Nacht war dunkel und die Luft lau. Ich war unruhig. Nun, da ich einmal angefangen hatte zu reden, drängte es mit Macht aus mir heraus. Petrus schien es zu merken. »Erzähle ein wenig mehr«, sagte er, »wie ging es weiter?«

Und so tauchte ich wieder ein in meine Erinnerungen.

3

Kabul, Juni 2003

Am Morgen nach dem Anschlag war die gesamte Kompanie ab vier Uhr schon wieder auf den Beinen. Unser Auftrag lautete, die Verletzten an den Flugplatz in Kabul zu verbringen, von wo aus sie mit zweimotorigen Transportmaschinen, die mit Intensivpflegeeinheiten aufgerüstet worden waren, nach Usbekistan und von dort mit dem Sanitätsairbus der Bundeswehr in deutsche Militärkrankenhäuser verlegt werden sollten.

Man war sehr vorsichtig geworden. Wir sollten zügig durch die Stadt fahren, nirgends anhalten und auch am Flugplatz jegliche Wartezeit vermeiden.

Der Spieß und ich hatten lange darüber nachgedacht, ob ich mitfahren oder im Lager bleiben sollte. Es war die alte Frage. Die Führungsfähigkeit der Kompanie sicherstellen oder durch die eigene Anwesenheit untergeordnetes Personal motivieren, Angst bekämpfen. Ein erneuter Anschlag war natürlich nicht auszuschließen. Wenn »die« gewusst hatten, wann unser Bus mit den Abfliegern zum Flughafen fuhr, würden »die« auch wissen oder sich denken können, dass wir unsere Verletzten nach Hause bringen würden. Auch wenn wir nicht genau wussten, wer »die« waren. Am Ende fuhr ich mit, übernahm einen der Panzer als Notärztin. Es war keine Frage der Angst, sondern der Verantwortung. Die Überlegung, dass sowieso fast meine gesamte Kompanie unterwegs sein würde und im Falle eines Unglückes für die verbleibenden Soldaten der Spieß als Chef genügen würde, hatte die Angelegenheit entschieden.

So wurde ich Augenzeuge der Wiedervereinigung der Verletzten mit ihrem Kompaniechef. Er war zum Glück nur leicht verletzt worden. Um die Kapazitäten der Lazarette für die Schwerverletzten frei zu halten, waren einige der Leichtverletzten in die Sanitätsbereiche der Engländer, Türken und Kanadier in anderen Camps in Kabul gebracht worden, darunter auch er. Den ganzen Tag über hatten seine Männer nach ihm gefragt. »Wo ist unser Hauptmann?«, und sie hatten bedrückte und enttäuschte Gesichter gemacht, wenn wir ihnen sagen mussten, dass sie ihn erst am nächsten Morgen am Flugplatz treffen würden. Nun warteten sie gespannt auf ihn, geradezu sehnsüchtig. Auf die Stabilität, die Kontinuität, die er ihnen geben würde. Darauf, dass wenigstens etwas noch so sein würde wie früher. Dass ihr Chef ihnen sagen würde, alles wird wieder gut.

Als er aus dem Sanitätsfahrzeug der Engländer stieg, blieb er stehen und sah sie der Reihe nach an, seine Männer, seine Jungs, die sich im Halbkreis um ihn versammelt hatten. Er sah sie lange an. Sah ihre Gesichter, ihre Augen voller Traurigkeit, die ihn so erwartungsvoll und bittend ansahen. Sein Blick schweifte über ihre Verbände, ihre Gehstützen, ihre geborgten und geschenkten Kleidungsstücke. Er schien in den wenigen Sekunden um Jahre zu altern. Der Hauptmann und die ihm anvertrauten Soldaten sahen einander an. Ein Team waren sie gewesen, eine Familie für sechs lange Monate. Nun waren vier von ihnen tot, die anderen übel zugerichtet. Er war der Chef, er hatte die Verantwortung. Aber es war noch mehr. Sie hatten ein ausgesprochen gutes Verhältnis zueinander gehabt, diese Männer und ihr Chef. Ich wusste es, war oft genug bei ihnen eingeladen gewesen. Hier hatte nicht nur Befehl und Gehorsam regiert, sondern Vertrauen, ja Freundschaft bestanden.

Langsam setzte er nun einen Fuß vor, dann brachten ihn drei schnelle Schritte in die Mitte seiner Männer. Er wollte etwas sagen, öffnete den Mund. Es kam nichts heraus. Er schloss den Mund wieder und nahm den ersten Soldaten in den Arm, klopfte ihm auf den Rücken. Nun war der Bann gebrochen, einen nach dem anderen umarmte er und konnte nun auch die Worte sprechen, auf die alle so sehnlich gewartet hatten.

»Alles wird wieder gut.« Was mögen ihn diese Worte gekostet haben? Er wusste, dass es nicht wahr war. Für vier seiner Männer würde nichts mehr gut werden. Drei waren gleich tot gewesen, einer war im Feldlazarett gestorben. Das würden sie nun nie mehr vergessen können. Die Narben in den Gesichtern seiner Männer und in seinem eigenen würden dafür sorgen. Die Narben im Gesicht und die Narben auf der Seele. Die Augen seiner Männer sagten, dass sie wussten, dass nichts wieder so werden würde wie früher. Aber diese Augen sagten auch »Danke. Danke, dass du es trotzdem sagst, danke, dass du jetzt bei uns bist, dass wir uns nicht mehr so allein fühlen.«

»Und jetzt fliegen wir heim«, sagte er, und sie nickten, getröstet für einen Augenblick. Auch uns Sanitäter und Ärzte umarmten sie und bedankten sich bei uns, bevor sie in die Flugzeuge einstiegen. Nun durften auch ein paar Tränen fließen. Frauen und Sanis, das ist etwas anderes. Da kann man für ein paar Sekunden Gefühl zeigen, weich sein.

Als die Maschinen gestartet waren, fuhren wir hinüber zum Lazarett der Holländer, das sich auf dem Flughafengelände befand. Von dort sollten wir unseren Augenarzt zurück mit ins Camp nehmen. Der Oberstabsarzt hatte den ganzen Nachmittag und Abend in unserem Feldlazarett operiert. Fast alle Verletzte waren an den Augen verwundet worden. Er hatte Splitter herausgezogen, gerettet, was zu retten war. Abends war er dann in das niederländische Krankenhaus gefahren und hatte die ganze Nacht hindurch die dortigen Patienten operiert.

Augenärzte operieren unter dem Mikroskop, eine unglaublich anstrengende Tätigkeit. Selten führen sie mehr als drei oder höchstens vier Operationen hintereinander aus. Er jedoch hatte fast zwanzig Patienten nacheinander operiert, einen Tag und eine Nacht lang. Viele Augen, die nach dem langen Flug nach Deutschland vielleicht nicht mehr hätten gerettet werden können. Einigen Soldaten hatte er aber erklären müssen, dass er eines ihrer Augen entfernen musste. All das hatte er unspektakulär irgendwo im Flur mit nur einer Assistentin erledigt, vollkommen unbeachtet von allen anderen, die mit großen Operationen, Bluttransfusionen und wichtigen organisatorischen Dingen beschäftigt waren und ständig mindestens ein Ohr am Telefon im Kontakt mit Deutschland hatten.

Patient für Patient hatte er gesehen und untersucht und wieder und wieder entschieden, dass ein nicht wiedergutzumachender Schaden für das Augenlicht entstehen könne, wenn die Operation auf später in Deutschland verschoben werden würde. Auch bei den Patienten, deren Augen nicht mehr gerettet werden konnten, hatte er beschlossen, es sofort zu tun. Gleich, solange die Betäubung des Schocks noch anhielt. Vielleicht wollte er keine Hoffnungen wecken, die später nicht erfüllt werden konnten.

Als wir ihn fanden, stand er gelassen an einen Laternenpfahl gelehnt, genoss ganz offensichtlich die Sonne und zog genüsslich an einer Zigarette. Ich musste lachen. Ich hatte erwartet, ihn erschöpft und deprimiert vorzufinden. Aber er sagte nur schlicht: »Es musste doch gemacht werden.« Ich hatte ihn immer schon gemocht mit seiner ruhigen, bescheidenen Art und seinem trockenen Humor. Nun wuchs er zu einem wahren Helden in meinen Augen. Einer, dem man die höchsten Medaillen anhängen sollte, die es gibt. Aber wahre Helden wirken immer ein wenig unscheinbar, von weitem betrachtet. Ich hatte mich vorher manchmal gewundert, warum wir einen Augenarzt auf dieser Mission dabeihatten. Jetzt sah ich. Sah mit dem Herzen, obwohl meine Augen gar nicht verletzt waren. Keine Augen, keine Tränen. Ohne Tränen weinen ist schwerer.

»Ich bin müde«, sagte er, und wir fuhren zurück, schickten ihn ins Bett. Wir hätten ihn auch zum Mond gefahren, wenn er das gewollt hätte.

Im Lager wartete ein Problem auf mich. »Chefin, Sie müssen mal mitkommen, der Spieß hat gesagt, ich soll Sie holen, Sie sollen sich das ansehen!« Es war einer unserer Fahrer, ein normalerweise fröhlicher, immer gutgelaunter Hauptgefreiter. Jetzt schien er besorgt, war auch offensichtlich zu verwirrt, um militärische Formalitäten einzuhalten, wollte mir aber nicht sagen, um was es ging.

»Sie wissen doch, wo der Spieß ist, bei den ...«, er zögerte, probierte es noch einmal, »was er macht ...«, sprach nicht weiter.

Ja, das wusste ich. Er war zusammen mit dem Spieß der Klinikkompanie und einigen freiwilligen Soldaten dabei, die Leichen einzusargen. Und mein junger Soldat hier, er wusste nicht, wie er sie nennen sollte, seine toten Kameraden, konnte die Worte Leichen oder Tote nicht aussprechen. Er war hilflos, fürchtete sich, wusste nicht, wie er es richtig machen sollte. Dankbar und erleichtert verzog er sich, als ich ihm sagte, ich würde allein hingehen, er brauche mich nicht zu begleiten.

Die Leichen mussten gewaschen, angekleidet und in die Särge gelegt werden. Auf den Särgen wurden die Deutschlandflagge und der Kampfhelm befestigt. Da der Kühlcontainer zu klein war, um darin zu arbeiten, hatte der Spieß befohlen, das angrenzende Zelt zu räumen.

Im Zelt empfing mich Geschäftigkeit und eine merkwürdige Stimmung. Ich blieb einen Moment am Eingang stehen, um die Eindrücke in mich aufzunehmen. Zwei Soldaten waren dabei, mit einer Bohrmaschine Löcher in einen Sargdeckel zu bohren, um dann mit Draht den Helm darauf zu befestigen. Es klappte nicht richtig, der Helm saß schief, und ich sah ihnen an, dass sie gerne geflucht hätten, sich aber mit einem Seitenblick auf die zugedeckte Leiche nicht trauten. Drei andere hielten eine Deutschlandflagge hoch, um herauszufinden, wie man sie am besten auf dem Sarg anbringen konnte, so dass sie ihn bedeckte.

Die Flagge hatte ein Loch, und wie man sie auch drehte und wendete, es war nicht zu verbergen und blieb doch immer zu sehen. Es entfachte eine lebhafte Diskussion, die aber sofort wieder erstarb, als ob die Soldaten überlegten, ob Lebendigkeit in dieser Situation angebracht war. Sie waren gewohnt, zusammenzuarbeiten, sich dabei zu unterhalten und zu lachen. Nun waren sie unsicher, wollten die Würde der Toten nicht verletzen, wussten aber nicht, wie das geht, was man dabei tun und sagen darf und was nicht.

Das makaberste Bild bot unser Oberfeldarzt, der auf dem Boden saß und mit beiden Füßen, die in Kampfstiefeln steckten, fest gegen die Seite eines Sarges trat, während zwei andere Soldaten versuchten, den Deckel zu schließen. Jetzt sah mich der Spieß, folgte meinem Blick und sagte: »Genau deswegen habe ich dich rufen lassen. Sieh dir das an! Die verdammten Särge sind zu klein, sie gehen nicht zu.«

Er hatte keine Hemmungen, hier zu fluchen. Er war ein kleiner, stämmiger, muskulöser Mann mit kurz geschorenen Haaren, der das Herz auf der Zunge trug. Altgedient, erfahren, immer einen Spruch auf den Lippen, konnte man mit ihm Pferde stehlen.

»Müssen noch aus dem Zweiten Weltkrieg stammen oder kennst du eine Vorschrift, die besagt, der deutsche Soldat darf nicht größer sein als einen Meter achtzig?« Er war völlig aufgebracht. »Ich war schon beim Nachschub, und nun sieh dir an, was sie mir gegeben haben! Ich pack doch die Kameraden nicht in so einen Schuhkarton! Das sollen sie selber machen, die Herren Generäle! Stell dir nur die Angehörigen vor, wenn ihre Söhne, ihre Männer, in Afghanistan ums Leben gekommen, wie ein toter Goldhamster in einem Pappkarton nach Hause geschickt werden!«

Er war außer sich, und da ich ihn gut kannte, wusste ich, dass es ihm das Herz brach. Ich folgte seinem Zeigefinger, der in eine Ecke zeigte. Da standen große Sperrholzkisten, nackte Wände, keine Verzierungen. Der Vergleich mit einem Schuhkarton war angebracht.

Ich lachte. »Mensch, das ist doch nur die Verpackung!«, sagte ich erleichtert.

»Mach die Kisten auf, da werden die Särge drin sein.« Er sah mich vorwurfsvoll an. »Ich bin doch nicht bescheuert, natürlich habe ich sie aufgemacht, da ist nichts drin. Wir sollen die Jungs in diese Kartons packen. Nur über meine Leiche, da können sie gleich noch so eine Kiste schicken, das mache ich nicht.«

Ich versuchte ihn zu beruhigen. »Also jetzt mal langsam.«

Der Oberfeldarzt hatte seine Bemühungen, den Sarg zu schließen, aufgegeben und war zu uns herübergekommen.

»Der Spieß hat recht«, sagte er ruhig und steckte sich eine Zigarette in sein bärtiges Gesicht.

»Zwei der Soldaten haben in die Särge gepasst und sind eingesargt, die anderen zwei sind zu groß. Man hat uns daraufhin die Kisten geschickt. Jetzt können wir sie entweder benutzen oder den Toten die Füße brechen und sie in die richtigen Särge legen.« Er zog an seiner Zigarette und sah nachdenklich den Rauchschwaden hinterher, wie sie in den durch den Zelteingang hereinfallenden Sonnenstrahlen davonzogen. Er war ein ruhiger, bedächtiger Mensch, aber seine dunkelbraunen Augen zeigten einen Ausdruck, der mir den Magen umdrehte.

Der Gedanke daran, die Füße zu brechen, damit die Toten in die Särge passten, verschlug mir den Atem. Füße brechen. Ich wusste, dass Leichenbestatter so etwas machen, wenn Leichen schon kalt und steif sind in einer Position, in der sie nicht in die Särge passen. Aber das war hier nicht der Fall. Sie waren einfach zu groß. Und die Leichenstarre hatte in dieser Hitze noch gar nicht eingesetzt.

»Aber das geht doch nicht«, sagte ich hilflos.

Dann fiel mir etwas ein, ein offizieller Grund. »Außerdem werden die Verstorbenen doch bestimmt obduziert. Dann werden wir das erklären müssen.«

Das war dem Spieß egal. Er sagte es, brüllte es. »Das ist mir scheißegal, dann müssten wir es eben erklären. Aber es kommt nicht in Frage. Ich breche den Kameraden nicht die Füße; und ich lege sie auch nicht in diese Sperrholzkisten wie ein Stück Vieh. Lass dir gefälligst was einfallen.«

»Ich kümmere mich drum«, versprach ich.

In unserem Lager waren Soldaten verschiedener Nationalitäten untergebracht, jedes Land in einem eigenen Bereich. Ich lief von Nation zu Nation und fragte, ob man uns mit Särgen aushelfen könnte. Manche Nationen benutzten gar keine Särge, sondern brachten ihre Toten in Plastiksäcken nach Hause und betteten sie dort um. Andere hatten gar nicht daran gedacht, welche mitzubringen. Oder, so wie wir, alte Restbestände, die dem heutigen groß gewachsenen und kräftigen Soldaten nicht mehr angemessen waren. Ich fand es ziemlich gedankenlos. Andererseits, wie hätten wir uns gefühlt, wenn man uns bereits mit dem passenden Sarg zusammen auf die Reise geschickt hätte?

Ich lief so eine Stunde kreuz und quer durch das Lager und suchte. Ich wusste auch nicht genau, wie und wen ich fragen sollte. In einem Lager mit über zweitausend Soldaten, das sich in einem Krisengebiet befindet, nach zwei Särgen zu fragen, ist wohl eines der blödesten Dinge, die man tun kann.

Aber ich hatte Glück. Die Holländer hatten in der hintersten Ecke ihres Lagers welche. Zwei Stück. Aus dem Sportzelt kannte ich einen der Soldaten, die dort arbeiteten, er zeigte sie mir und sie waren groß genug. Richtige, anständige Särge aus schönem hellem, poliertem Holz, keine Kisten. Ich ging zu ihrem Kommandeur, um darum zu bitten. Er stellte keine Fragen, wusste wohl, zu viel Anteilnahme würde die Fassade zum Einsturz bringen. Aber seine Augen wurden dunkel, als ich ihm erklärte, dass die unseren zu klein seien, und er sagte: »Natürlich könnt ihr die beiden Särge haben. Ich lasse sie sofort rüberbringen.«

Als ich auf dem Weg zurück in das Zelt an ihrem Materiallager vorbeiging, war der Gabelstapler bereits am Werk, um die Särge hervorzuholen. Kaum eine halbe Stunde später fuhr ein Lastwagen vor. Zwei holländische Soldaten sprangen herab und lehnten jede Hilfe ab. Sie luden die Särge alleine ab und trugen sie vorsichtig, fast ehrfurchtsvoll in das Zelt, wandten sich zu den Verstorbenen, standen stramm und salutierten. Wir dankten ihnen, sie nickten nur hilflos und gingen. Sie waren schon fast wieder an ihrem Fahrzeug, als sie sich umdrehten, zurückkehrten und mich wortlos umarmten, die Augen voller Tränen.

»Es tut uns so leid«, sagten sie mit ihrem niederländischen Akzent.

Am nächsten Morgen meldete mir der Spieß, es habe noch ein wenig Ärger gegeben. Wenn er die Formulierung »ein wenig« benutzte, sank mir immer das Herz in die Hose. Die Generalitäten hätten die Kühlkammer inspiziert und sich darüber mokiert, dass sie dort zwei Modelle von Särgen entdeckt hätten. Die niederländischen Särge hatten eine andere Form als unsere. Das würde kein einheitliches Bild ergeben, und bei der Ankunft in Deutschland wäre ein großer militärischer Empfang geplant. Man wollte, dass die Soldaten in die Sperrholzkisten umgebettet würden. Ich wunderte mich, dass er mir das so ruhig erklärte.

»Was hast du gemacht?«, fragte ich misstrauisch.

»Ich habe mich mit dem Ausdruck tiefsten Bedauerns entschuldigt, dass ich dann wohl einen Fehler gemacht hätte, und das jetzt leider nicht mehr möglich sei.«

»Welchen Fehler?«, fragte ich ungeduldig. »Mensch, jetzt sag schon, was hast du angestellt?«

»Wir hatten die Särge schon zugelötet, es ist unmöglich, die hier wieder aufzumachen.« Seine Stimme klang total zerknirscht, aber seine Augen zwinkerten dabei verschmitzt.

Petrus hatte gespannt und auch teilweise berührt, aber nicht sehr beeindruckt zugehört. Er hatte in Südafrika in verschiedenen Krankenhäusern gearbeitet. Als weißer Südafrikaner in Krankenhäusern, die aufgeteilt waren in Bereiche für weiße und schwarze Patienten, war er an Gewalt, schreckliche Verletzungen, an Kriegsmedizin und Tod gewöhnt. Er wusste, dass der Tod alle gleich macht, und er wusste, dass man sich als Arzt nicht jeden einzelnen Patienten zu Herzen nehmen konnte. Nun aber war er doch betroffen.

»Ich hatte nie Zeit für den Gedanken, was nach dem Tod kommt«, sagte er langsam. »Da war immer sofort der nächste Patient, die nächste Schussverletzung, die nächste Messerstecherei, der nächste Aidskranke. Aber natürlich kann man die Würde des Menschen auch nach dem Tod noch verletzen …«, seine Stimme stockte.

»Genug für heute«, sagte er dann entschieden. »Ich fahre jetzt nach Hause, und du solltest versuchen, ein wenig zu schlafen.«

Das tat ich. Ich legte mich ins Bett und schlief sofort ein. Ich schlief wie ein Stein, tief und traumlos, aber als ich morgens gegen sechs Uhr erwachte, fühlte ich mich nicht erholt. Ich fühlte mich, als hätte ich eine Schlaftablette genommen, als wäre ich betäubt gewesen, hätte eine Narkose gehabt. Von dem einen Glas Wein konnte das nicht sein. Ich hatte erwartet, schlecht zu schlafen nach den Ereignissen des Vortages und den wiedererweckten Erinnerungen. Hatte Träume erwartet, Albträume sogar. Aber ich hatte keinen einzigen Traum gehabt, hatte geschlafen wie eine Tote.

Es war der Grund, dass ich nach vier Wochen schließlich wieder zur Arbeit gehen durfte, der Maßstab, mit dem sie mich maßen. »Isst du und schläfst du?«, so fragte die Therapeutin, fragte die Arbeitsmedizinerin. Ich wollte wieder arbeiten gehen und war froh, dass ich nicht lügen musste. Ja, ich schlief. Dass mir der Schlaf keine Erholung brachte, sagte ich nicht. Danach hatten sie mich nicht gefragt. Es sollte für eine Weile, einige Wochen so bleiben. Sobald mein Kopf das Kissen berührte, fiel ich in tiefen Schlaf. Ich konnte nicht einmal eine Seite in meinem Buch lesen. Manchmal fragte ich mich, ob das normal oder gesund war. Gar keine Träume zu haben. Verarbeitet man nicht im Traum seine Erlebnisse? Wenn Schlaf der Zustand ist, in dem man träumt, war es ja auch gar kein Schlaf. Eher ein Ausschalten meines Denkens und Wachseins, eher eine Art Bewusstlosigkeit.

Und dann war da der Schmerz. Jeden Morgen um fünf oder sechs Uhr wachte ich schweißgebadet und wie zerschlagen auf. Der Schmerz lauerte schon auf mich. Wie ein schwarzer Panther im Dunkeln, so dass ich ihn nicht sehen konnte, aber er war da, wartete nur darauf, dass ich die Augen aufschlug, um sofort und erbarmungslos zuzuschlagen.

In meiner Zeit im zivilen Rettungsdienst war ich jedes Mal, wenn der Melder gepiepst hatte, sofort und unvermittelt wach und glasklar. So war es jetzt auch. Es gab kein langsames Erwachen, kein Hinein- und Herausdämmern aus dem Schlaf.

Wie in Afghanistan. Da gibt es auch keine Zwischentöne. Dort ist es gleißend hell oder stockdunkel, eiskalt oder unerträglich heiß. Ich war entweder hellwach oder bewusstlos. Es war furchtbar anstrengend. Der Schmerz war ein körperlicher Schmerz, der mir den Atem nahm, meine volle Aufmerksamkeit verlangte. Ein- und ausatmen, das war alles, auf das ich mich dann konzentrierte. Manchmal versuchte ich, zu weinen, weil ich hoffte, es würde mich befreien. Wenn es überhaupt gelang, brachte es keine Linderung, sondern Verkrampfung, mehr Schmerz. Irgendwie hatte ich vergessen, wie man weint. Ich hatte es mir wohl abgewöhnt, dort in Afghanistan zwischen den hohen Bergen des Hindukusch. Ich lag im Bett, zusammengekrümmt wie ein Embryo und fühlte mich unendlich schlecht. Kraftlos wusste ich nicht, warum ich hätte aufstehen sollen. Nach einer Weile fand ich heraus, dass der Schmerz aus Traurigkeit bestand, ganz tiefe, dunkle Traurigkeit, deren Ursache ich nicht herausbekam, die mich aber lähmte und alles so sinnlos erscheinen ließ.

Aber ich greife meiner Geschichte vor. Die nette Dame im Krankenhaus hatte, als sie mich nach Hause schickte, gesagt, sie würde mich anrufen. Das tat sie nun. Sie hatte für mich einen Termin bei einer Therapeutin vereinbart. Ich brauchte nicht zu überlegen, ob ich hingehen sollte oder nicht. Es wurde erwartet, war Teil der Anteilnahme an mir mit dem Ziel, meine Arbeitskraft wiederherzustellen. Vielleicht interessierten sie sich auch wirklich für mich, wer weiß. Ich nahm den Termin wahr. Ich betrat einen kleinen Vorraum. Da war ein Tisch, ein Stuhl, Zeitschriften. An der Tür zum nächsten Raum hing ein Schild: »Bitte nehmen Sie Platz und warten Sie. Ich werde Sie gleich aufrufen.«

Ich setzte mich, nahm aber keine Zeitschrift. Stattdessen wollte ich mir endlich überlegen, was ich hier eigentlich sagen sollte. Ich war ja gewissermaßen nicht freiwillig hier. Dennoch sah ich ein, dass mir Hilfe nicht schaden konnte. Es ging mir ja wirklich nicht gut. Aber noch immer wusste ich nicht warum, also über was sollten wir reden? Ich hatte früher eine Zeit lang in der Psychiatrie gearbeitet. Ich verfüge über eine wenn auch kurze Ausbildung in psychosomatischer Medizin. Ich bin Fachärztin für Allgemeinmedizin, führte zwei Jahre lang eine eigene Praxis, ich hatte genügend therapeutische Gespräche mit Patienten geführt, um zu wissen, dass mir hier keine Lösungen serviert werden würden. Ich würde reden müssen. Aber über was?

Über meine Bundeswehrzeit? Meine Zeit davor als zivile Ärztin? Die Zeit während des Studiums, als ich schon zwei kleine Kinder hatte und mit ihnen allein war? Oder musste ich noch weiter zurückgehen in meine Kindheit? Die Beziehung zu meiner Mutter aufarbeiten? Oder ging es hier um meine Auswanderung, die ich allein in Angriff genommen hatte, nachdem mein Mann kurz zuvor ausgestiegen war aus unserem Plan, aus unserem Leben? Welche Zeit in meinem Leben war es, die mich so angeschlagen hatte, dass ich es jetzt nicht bewältigen konnte? Oder war es etwas ganz anderes? War es alles in allem irgendwann einmal einfach zu viel?

Die Antwort kam dann überraschend von allein. Die Therapeutin hatte mich hereingebeten, freundlich gelächelt, gesagt: »Hallo, ich bin Debbie, ich freue mich sehr, dich kennenzulernen. Möchtest du Tee oder Kaffee?« Sie hatte mich auf einem bequemen Sofa platziert, mir eine Tasse Tee in die Hand gedrückt und mich erwartungsvoll angesehen. Sie trug ein langes Baumwollkleid im Folklorestil, dünne Sandalen, die Haare waren halblang und wallend. Sie war ungeschminkt, aber wirkte irgendwie sauber und frisch und ganz natürlich. Ihr Gesicht strahlte, ohne zu lächeln, und ich dachte, dass es vielleicht doch gut war, dass ich hergekommen war.

Sie sah mich an. Fragte nichts, sagte nichts. Nahm einen Schluck von ihrem Kaffee, sie fühlte sich offensichtlich wohl dort, mir gegenüber, auf ihrer Couch. Ich stellte meinen Tee auf den Tisch, ohne davon zu trinken, und ungewollt, ohne zu denken, kamen die Worte aus mir heraus.

»Ich habe mich verloren«, sagte ich.

»Ich kann meine innere Stimme nicht mehr hören. Es geht mir schlecht, und ich weiß nicht, warum. Ich stehe neben mir und beobachte mich, aber ich erkenne nichts.« Sie nickte nur. Offenbar verstand sie, was ich nicht verstand. Sie schien auf nähere Erklärungen zu warten. So suchte ich nach weiteren Worten. »Es gab oft schwere Zeiten in meinem Leben, aber ich war immer stark, wusste immer genau, was ich zu tun hatte und wie ich weitermachen konnte. Dabei habe ich mich selten auf meinen Verstand verlassen, sondern immer auf mein Bauchgefühl, auf meine innere Stimme. Jetzt kann ich sie nicht mehr hören, kann sie nicht mehr fühlen. Es ist, als ob ich im Nebel wandere, und ich kann nicht sehen, wohin ich den Fuß für den nächsten Schritt setzen soll.«

Jetzt sprach sie. »Du hast sie nicht gefüttert, deine innere Stimme. Körper, Seele und Geist, sie bilden eine Einheit. Wenn du einen Teil davon nicht versorgst, verkümmern die andern auch.«

»Und wie füttert man sie?«, fragte ich.

»Du musst Geduld mit dir haben. Tue Dinge, die gut für dich sind. Verwöhne dich mit einer Massage, nimm ein Schaumbad. Iss etwas Gutes, schlafe regelmäßig, du wirst sehen, sehr bald kannst du deine innere Stimme wieder hören.«

Ich hatte es ja gleich gedacht. Mit mir und einer Therapeutin, das hatte keinen Sinn. Außerdem hatte ich gar keine Badewanne. Sie hatte noch ein paar andere schlaue Dinge zu mir gesagt: »Du musst kein Opfer sein«, und: »Du musst wieder ins Leben zu-rückfinden, es ist dein Leben, und du musst die Kontrolle wieder-erlangen.« Ich hörte die Worte, ich wusste, dass sie recht hatte, aber es half mir nicht, mich besser zu fühlen. Außer einen Moment lang, in dem ich es genoss, dass jemand nett zu mir war, sich für mich interessierte, hatte es mich nur noch trauriger gemacht.

Meine Therapeutin war jemand, die wusste, wie es geht, wie es funktioniert, dass man ein erfolgreiches, glückliches Leben hat. Es war ganz offensichtlich, wie sie da saß auf ihrer Couch in ihrem schönen Büro, umgeben von Bildern an den Wänden und Büchern im Regal, so zufrieden, so klug und so überlegen. Nicht absichtlich natürlich, sie war wirklich sehr nett, aber allein die Tatsache, dass sie nun die Expertin war, bei der ich Rat suchte, zeigte mir ja, dass sie wusste, wie man es machte, das »zufrieden sein und sein Leben im Griff haben«, und ich, ich wusste es nicht.

Ich fuhr nach Hause, und in Ermangelung einer besseren Idee legte ich mich ins Bett, um mich auszuruhen. Es überraschte mich nicht, dass ich mitten am Tag nicht einschlafen konnte. Ich hatte nie tagsüber geschlafen, auch nach dem Nachtdienst nicht. Nicht nur wegen der Kinder, sondern weil ich nicht so viel vom Leben verpassen wollte. Ich versuchte zu lesen, aber ich konnte mich nicht konzentrieren. So lag ich da und starrte an die Decke. Ich spürte, dass ich Fieber bekam. Ich wunderte mich. Ich hatte keine Erkältung, keine Infektion, und außerdem bekam ich nie Fieber. Wenn aber, dann richtig. Dann konnte ich überhaupt nicht mehr aufstehen, delirierte. Vielleicht dreimal hatte ich in meinem Leben Fieber gehabt, und ich hatte es in schlimmer Erinnerung. Aber ich konnte es nicht bekämpfen, konnte nichts dagegen tun. Ich spürte, wie mein Kopf heißer und heißer wurde, wie alles um mich herum verschwamm. Als die Kinder nach Hause kamen, waren sie ganz besorgt. »Warum bist du nicht auf der Arbeit, Mama? Bist du krank?«

Ich hatte es noch nicht fertiggebracht, ihnen zu erzählen, was am Tag zuvor passiert war, dass man mich von der Arbeit heimgeschickt, mich krankgeschrieben hatte. Nun aber konnte ich guten Gewissens antworten: »Ja, ich bin krank, es geht mir nicht gut.«

Sie waren rührend, brachten Tee, das Allheilmittel in unserer Familie, und ließen mich dann allein. Ich wartete darauf, dass das Fieber mich überwältigte und ich den Zustand des Deliriums und der damit verbundenen Betäubung erreichte, den ich kannte. Er kam nicht. Mir war abwechselnd heiß und kalt, aber meine Gedanken schalteten nicht ab, drehten sich im Kreis, verwirrten mich, ängstigten mich. Unruhig und rastlos, aber zu antriebslos, um aufzustehen und etwas Sinnvolles zu tun, lag ich im Bett. Strampelte die Decke von mir, angelte sie der Kälte wegen wieder zu mir, drehte mich von einer Seite auf die andere.

Mir fiel unser Pfarrer aus dem Konfirmandenunterricht ein. Er ließ uns unsere kleinen Sünden auf ein Stück Papier schreiben. Anschließend durften wir ein Feuer machen und die Zettelchen verbrennen. Es war ein Symbol dafür, dass sie uns vergeben worden waren, dass wir sie los waren.

Petrus kam vorbei, wie jeden Tag jetzt, um nachzusehen, wie es mir ging. Er setzte sich neben mich auf die Bettkante, und ich erzählte ihm, was mir über den Pfarrer eingefallen war. Er sagte langsam: »Ich würde mich sehr freuen, wenn du sie mir erzählen würdest, all deine Geschichten, und es wäre mir eine Ehre, wenn du deine Erinnerungen mit mir teilen würdest.« Dann stand er auf, ging hinaus und ließ mich allein.

Es rührte mich, und ich überlegte kurz, ob das seine eigene persönliche rücksichtsvolle Art war, anderen Menschen mit Respekt zu begegnen, dieselbe, mit der er mir auch immer die Autotür aufhielt und mir immer und überall den Vortritt ließ, oder ob es ganz allgemein die konservative Höflichkeit der Südafrikaner war.

Aber das war ja vollkommen egal, und ich schob den Gedanken beiseite. Er wollte es hören, und ich wollte es loswerden. All die Geschichten, meine Geschichte, meine Erinnerungen, all das wollte heraus. Das Fieber wollte keine Bakterien vertreiben, sondern Erinnerungen ans Tageslicht bringen. Vielleicht würde die Helligkeit sie verblassen lassen. Ich wollte nicht für den Rest meines Lebens im Bett liegen, mit der Decke über dem Kopf. Ich wollte wissen, wie es im Hellen aussah, bei Licht betrachtet. Ich zog mich an und ging nach draußen. Petrus saß schon mit zwei Tassen Kaffee auf der Terrasse. Er sagte nichts, sah mich nur kurz an, nicht prüfend, nicht auffordernd, sah mich einfach nur an und schob mir eine Tasse zu, blickte dann wieder aufs Meer hinaus.

Ich setzte mich und nahm einen Schluck. Ich wusste nicht genau, wie und wo ich anfangen sollte, überlegte auch kurz, gewissermaßen als letzte Ausflucht, ob er das wirklich alles hören wollte. Dann beschloss ich, weil es sein musste, weil ich leben wollte und weil es dazu herausmusste, es zu wagen, ihm zu trauen, ihn beim Wort zu nehmen, und gab mir einen Ruck. Ich fing ganz einfach am Anfang an. Am Anfang meiner Geschichte aus Afghanistan.

4

Kabul, 2002

Die Hitze Kabuls prallte wie eine Wand gegen mich, als ich aus dem Flugzeug stieg. Die Sonne stand hoch am strahlend blauen Himmel und brachte den Asphalt der Landebahn zum Flirren. Es war gleißend hell, die Sonne schien nicht nur Hitze auszustrahlen, sondern auch mehr Licht als in Deutschland, so viel Licht, das sich an vielen kleinen durch die Luft tanzenden Staubteilchen brach. Es roch nach orientalischen Gewürzen und gleichzeitig irgendwie modrig, nach altem Schafstall und totem Tier.

Später erfuhr ich, dass es in der großen Stadt keine Kanalisation mehr gab, sie war durch die Taliban im Krieg zerstört worden, und dass die Fäkalien der Einwohner einfach durch ein Loch in der Hauswand auf die Straße gefegt wurden, wo sie vertrockneten. Das gab den schwebenden Staubteilchen, die sich innerhalb weniger Minuten als feine Schicht auf die Uniform und die freien Unterarme legten, eine ganz andere Dimension.

Der Lärm war unbeschreiblich. Von Eseln gezogene Karren holperten über die löchrigen Straßen. Klapprige alte Autos hupten, und Fahrradfahrer klingelten, um sich freie Bahn zu schaffen. Kleine Kinder spielten und riefen oder weinten, Hunde bellten. Überall spielten Radios, dazwischen tönte der Ruf des Muezzins. In einem langgezogenen Singsang, auf- und abschwellend, klang er weit durch die Stadt. Allah il Allah. Die Triebwerke eines abfliegenden Flugzeuges von Ariane Airlines übertönten für kurze Zeit alle anderen Geräusche und brachten sie zum Schweigen, dann setzten die Stimmen Kabuls wieder ein.

Fasziniert sah ich aus dem Fenster des Busses, der uns ins Lager brachte. Da gab es kein einziges Haus, das nicht beschädigt war. Überall Ruinen, alles war voller Staub, Schutt und Asche. In den einigermaßen benutzbaren Erdgeschossen und davor auf den Straßen waren Marktstände aufgebaut, an denen Obst und Gemüse verkauft wurden. Leuchtend gelbe Mangos, grüne Melonen, rote Zwiebeln. Frauen in ihren blauen Burkhas, die ihre Babys in Umhängetüchern trugen, Männer in Pumphosen mit kleinen goldbestickten Kappen auf dem Kopf, die Esel an Stricken führten. Bunte Farben des Lebens vor grauen Relikten des Krieges.

Die Menschen waren sehr geschäftig. Überall herrschte ein emsiges Treiben. An allen Ruinen wurde gebaut und renoviert. Es wurde nicht einfach irgendwie und lieblos zusammengeflickt, sondern man konnte erkennen, dass sie sich große Mühe gaben, die alte orientalisch verschwenderische Schönheit wiederherzustellen. Säulen, Bögen und Ornamente wurden wieder angebracht, weiß und golden angemalt, und in der Mitte der großen Hauptstraßen waren Blumenstreifen liebevoll angelegt und bewässert worden. In allen Farben leuchteten die Blumen in der Sonne, unbeeindruckt von dem Verkehrschaos rings um sie her.

Ein bizarres Bild inmitten der Ruinen und Trümmer. Aber irgendwie rührte mich dieser blühende bunte Blumenstreifen am meisten an. Diese Menschen liebten ihr Land und ihre Stadt, und sie wollten die einstige, vergangene, mit brutaler Gewalt zerstörte Schönheit mit ihren hängenden Gärten und grünen Oasen wiederherstellen. Zwar hatten sie gerade wieder genug zu essen, und wenn es auch nur drei Mal am Tag trockener Reis war, aber sie pflanzten Blumen und teilten mit ihnen das Wasser, das mühsam aus den Brunnen geholt und in Eimern und Plastikkanistern weit getragen werden musste. Sie hatten Hoffnung, und sie hatten noch Kraft. Die Kriege hatten ihren Stolz nicht brechen können. Sie hatten nicht aufgegeben. Blumenstreifen, ein Symbol für Hoffnung und Stärke, für das Leben, dafür, dass sie überlebt hatten. Es gefiel mir, und die Stadt war mir sympathisch.

Ich schwitzte in meiner Splitterschutzweste, die ich im Bus hatte anlegen müssen, und war müde, aber auch fasziniert und aufgeregt. Die Fahrt dauerte lange, und ich wunderte mich, wie weit das Lager vom Flughafen entfernt war. Was musste das für ein Riesenaufwand sein, mehrmals wöchentlich nicht nur die ankommenden Soldaten, sondern auch Ausrüstung, Nachschub, Post und Verpflegung vom Flughafen abzuholen. Es wurde alles eingeflogen, außer Baustoffen wurde so gut wie nichts im Land gekauft.

Nach ungefähr einer halben Stunde, in der ich in dem Bus auf den holprigen Straßen ordentlich durchgeschüttelt worden war, erreichten wir das Lager. Es beherbergte einen Teil der ISAF-Truppen. International Security Assistance Forces, ein Verbund militärischer Einheiten verschiedener Länder, nach Afghanistan gesandt, um nach dem Krieg den Frieden zu bewahren und zu stabilisieren, humanitäre Hilfe zu leisten, Waffen einzusammeln. Erst später wurde es ein NATO-Einsatz.

Die ISAF-Truppen waren in verschiedenen Lagern über die ganze Stadt verteilt. Das Hauptquartier befand sich mitten in der Stadt, aber der größte Teil der deutschen Truppen und die deutsche Sanitätseinheit, mein Bestimmungsort, waren in einem großen Lager am Stadtrand untergebracht. Schon von weitem war die riesige Zeltstadt zu sehen, von einer hohen, stacheldrahtbewehrten Mauer umgeben. Alles oliv, aber staubbedeckt, Grau in Grau. Wir fuhren durch die Wache, die Wachposten in Splitterschutzweste, mit Helm, Gewehr und Pistole standen stramm. Hinter dem Bus schloss sich die Schranke, und ich wurde vor dem einzigen festen Gebäude inmitten der Zelte, das sich als das Stabsgebäude herausstellte, abgesetzt. Ein Oberstabsfeldwebel kam auf mich zu, stellte sich als Spieß der MedEvac-Kompanie vor und brachte mich zum Gefechtsstand, dem Sitz des Kompaniechefs und des Spießes. Auch das war ein Zelt, eingerichtet als Büro.

Irgendwie hatte ich erwartet, nun duschen und mich in meiner neuen Unterkunft einrichten zu können, wurde aber enttäuscht. Als Erstes galt es Papiere auszufüllen und zu unterschreiben. Reisekostenantrag, Sicherheitsbelehrung, Dienstpostenbeschreibung, Alarmordnung, Lagerordnung. Obwohl das Camp in Kabul erst vor einigen Monaten bezogen worden, der Einsatz noch frisch war, die gute alte deutsche Bürokratie war schon da, und es dauerte ungefähr eine Stunde, die Papierberge zu bewältigen.

Dann kam der Lagerrundgang. Auf den holprigen, mit grobem Kies aufgeschütteten Schotterwegen, die sich endlos durch das riesige Lager zogen, war er in der sengenden Sonne eine Strapaze. Küchenzelt, Sportzelt, Betreuungseinrichtung, Stabsgebäude, Instandsetzung, alles wurde mir ausführlich vorgeführt. Ich musste mich fotografieren lassen, damit ein Ausweis hergestellt werden konnte, eine Pistole und meine persönliche Splitterschutzweste empfangen. Als ich die ungefähr zwanzig Kilo schwere Weste anprobierte, das Waffenkoppel um die Hüfte geschlungen, den Helm auf dem Kopf, fragte ich mich, wie ich mit alldem fertigbringen sollte, einen auf der Straße liegenden Patienten zu versorgen, ich konnte mich ja selbst kaum bewegen. Die schweren Keramik- und Kevlarplatten in der Weste waren nicht ergonomisch geformt oder nur für Männer gedacht, jedenfalls war da kein Platz für eine Frauenbrust, und sie drückten. Damit die Oberweite einigermaßen passte, hatte man mir eine größere Weste gegeben, die natürlich länger war und beim Bücken und Hocken empfindlich in die Leisten einschnitt. Schwerverletzte haben die Angewohnheit, auf dem Boden zu liegen, und es war mir schleierhaft, wie ich zu ihnen niederknien und sie versorgen sollte. Ich konnte es mir zu diesem Zeitpunkt noch nicht vorstellen, aber ich sollte mich daran gewöhnen. In den Situationen, die kamen, würde ich die Weste gar nicht wahrnehmen. Ich würde mich nicht nur mit ihr bücken, sondern auch rennen, Patienten schleppen und dabei noch Anweisungen geben können. Unvorstellbar jedoch in diesem Moment, an diesem Tag, bei dieser Hitze.

Der Rundgang endete beim Marketender, eine Bretterbude, eingerichtet als kleiner Laden, in dem man notwendige Dinge wie Zahnpasta und Duschgel erwerben konnte, aber auch Süßigkeiten, Zeitschriften und natürlich Alkohol in jeder Form und Qualität. Alles war viel teurer als in Deutschland, und das Angebot sehr eingeschränkt. Mein prüfender Blick erfasste gleich, nein hier gab es keine Slipeinlagen, auch keine Tampons und keine Haarspülung. Das würde ich mir also aus Deutschland schicken lassen müssen. Irgendwie war die Bundeswehr immer noch nicht auf Frauen eingestellt, und für sechs Monate hatte ich nicht genügend mitnehmen können. Das Gepäck war auf eine Kiste, einen Seesack und einen Rucksack limitiert und reichte für die umfangreiche Ausrüstung gerade aus. Für private Dinge war kaum Platz, und ich hatte mich für einige Bücher und CDs entschieden.

Mir war schon aufgefallen, dass die meisten Männer hier mit fast oder gänzlich kahl geschorenen Köpfen herumliefen. Das würde ich auf gar keinen Fall tun, meine schönen langen Haare, auf die ich so stolz war, dem Einsatz opfern. Bei der Hitze und dem Staub würde ich sie also pflegen müssen. Ich verschob diese Überlegungen auf später und sah mich weiter um. In dem selbstgebauten Holztresen war eine Glasplatte eingefügt worden, unter der zollfreie erwerbbare Uhren, Feuerzeuge und Schmuckstücke ausgestellt waren. Sie wirkten so unpassend an diesem Ort, aber der Hauptgefreite hinter der Theke berichtete mir stolz, dass die Italiener bei ihrem Marketender ein viel größeres Angebot an zollfreier Ware hätten, da gäbe es sogar Stereoanlagen und Fernsehgeräte. Es erschien mir merkwürdig, Tampons gab es keine, aber Hi-Fi-Anlagen, und der Gedanke schoss mir durch den Kopf, dass der Krieg letzten Endes eben doch nur ein Geschäft ist, ein Geschäft, aus dem jeder irgendwie versucht seinen Gewinn zu ziehen.

Mittlerweile war der Spieß verschwunden, ich hatte der Hitze und Müdigkeit wegen auf dem Rundgang die Orientierung verloren, fragte irgendjemanden, verlief mich trotzdem zweimal im Lager und war total erschöpft, als ich endlich das Zelt gefunden hatte, das für die nächsten sechs Monate mein Zuhause sein würde, meine Bleibe, die ich, wie sich herausstellte, mit fünf anderen Frauen teilte. Es gab nur zwei Frauenzelte, die ganz pragmatisch vom Spieß eingeteilt worden waren, eins für Offiziere, in diesem Fall Ärztinnen und Apothekerinnen, und das andere für Unteroffiziere und Mannschaften, Krankenschwestern, Rettungssanitäterinnen und Arzthelferinnen.

Ich war also zusammen mit der Truppenärztin, der Zahnärztin, der Kompaniechefin, der Apothekerin und der Internistin untergebracht. Sie hatten zwei Trennwände eingezogen, so dass immer zwei gemeinsam ein Abteil bewohnten. Aber zunächst einmal war niemand da, sie waren wohl alle an ihren verschiedenen Arbeitsplätzen, als ich nachmittags dort eintraf. Doch selbst wenn sie frei gehabt hätten, hätten sie sich hier wohl kaum aufhalten wollen. Zwar waren Tarnnetze als Schattenspender über den aus Holzpaletten bestehenden Wegen zwischen den Zelten und auch über den Zelten angebracht worden, aber dennoch schätzte ich die Temperatur im Zelt auf weit über vierzig Grad. Genau habe ich es nie herausgefunden, auch wenn ich später mehrmals versucht habe, sie zu messen. Alle Thermometer sind direkt geplatzt.

Ich stellte die eben empfangene Ausrüstung und meinen Rucksack auf dem Boden ab. Mein Gepäck war noch nicht eingetroffen, und ich wusste nicht, was ich mit meiner Zeit anfangen sollte. Probehalber legte ich mich auf mein Feldbett, um zu prüfen, wie hart es war. Mit einem Seufzer der Erleichterung legte ich die Füße hoch, machte mir nicht die Mühe, die Stiefel auszuziehen, muss aber auf der Stelle eingeschlafen sein, denn das Nächste, an das ich mich erinnere, ist, dass mich jemand energisch und wie ich fand, absolut nervtötend und lästig, heftig an der Schulter rüttelte.

»Wach uff, verdammt nochmal, mach endlich de Oogen uff!«, berlinerte eine mir unbekannte Stimme. Ich hatte nicht die Absicht, Folge zu leisten. Ich war müde und benommen und wollte nicht aufstehen. Das Geschüttel jedoch hörte nicht auf, und so öffnete ich unwillig die Augen. Es drehte sich alles um mich, mein Mund war papiertrocken, mein Körper klebrig von getrocknetem Schweiß, aber offenbar schwitzte ich gar nicht mehr, sondern war vollkommen ausgetrocknet.

»Mensch, du kannst dir doch nich mitten am Tag ins Zelt legen«, schimpfte eine Frau mit Oberfeldarztschulterklappen. »Dat glob ick ja nich, wenn ich jetzt nich rinjekommen wär, wärst de hier glatt verdörrt wie 'ne Backpflaume!« Wie sich herausstellte, war das die Internistin, die ihre nachmittägliche Sprechstunde beendet hatte und zum Zelt gegangen war, um ihr Sportzeug zu holen.

Mühsam setzte ich mich auf. Sie half mir nach draußen, denn um mich drehte sich alles, und alleine hätte ich es wohl nicht geschafft. Dort verabreichte sie mir erst mal zwei große Wasserflaschen, drei Liter insgesamt, und gab keine Ruhe, bis ich nicht innerhalb kürzester Zeit beide ausgetrunken hatte. Nun ging es mir besser, mein Kopf wurde wieder klar, und ich konnte mich bedanken, mich überhaupt erst mal vorstellen und sie genauer betrachten.

Sie hieß Sabine, und war eine sehr nette Frau, vor allem angesichts der Tatsache, dass sie mir wohl gerade eben das Leben gerettet hatte. Aber sie erwies sich auch im weiteren Verlauf des Einsatzes als treue und immer gutgelaunte Kameradin. Lockige, blonde halblange Haare und eine etwas kräftigere Figur, wohlproportioniert und nicht wirklich dick, aber genau wie ich war sie von dem Wunsch durchdrungen, es einmal zu einer solchen Figur zu schaffen, dass man nicht immer und bei jeder Hitze einen BH tragen müsste. Sie war einsatzerfahren, war schon in jedem Bundeswehr-Auslandseinsatz dabei gewesen, wusste, wie man sich am ersten Tag fühlt, und gab mir wertvolle Tipps. Sie hatte es sich zur Regel gemacht, jeden Abend nach der Sprechstunde im Sportzelt eine Stunde Fahrrad zu fahren. Erstens, so sagte sie, kommt es der Figur zugute, und zweitens tut die Routine der Seele gut wie eine Stütze, etwas, an dem man sich festhält, wenn einen das Heimweh übermannt oder sonstige Probleme zu bewältigen sind. Sie war so, wie man sich eine waschechte Berlinerin vorstellt, handfest, mit gesundem Menschenverstand und nicht auf den Mund gefallen, Lachfalten im Gesicht, mitten im Leben stehend. Zum Glück war sie auch diskret und erzählte niemandem von meinem blöden Anfängerfehler, in dieser Hitze in dem stickigen Zelt einzuschlafen. Sonst wäre ich gleich als Tapsi eingestuft und ordentlich belacht worden. So wurden alle Neuen generell bezeichnet. Tapsi: Total ahnungslose Person sucht Information – einer der humorvollen Auswüchse der Abkürzungswut der Bundeswehr. Aber ich kam mir schon selbst dumm genug vor, und war froh, wenigstens vom Spott der anderen verschont zu werden.

Jetzt schickte sie mich erst mal zum Duschen. Es war gerade halb sechs Uhr abends, ich hatte den ganzen Nachmittag verschlafen. Es gab noch keine festen Duschcontainer. Die Dusche befand sich im sogenannten »Gardenazelt«. In einem ganz normalen Zelt waren oben an der Decke Gartenschläuche verlegt, an denen in festen Abständen Duschköpfe angebracht waren, die uns an diese Gardena-Garten- oder Campingduschen erinnerten. Da es bisher nur das eine Zelt gab und obendrein Wasserknappheit herrschte, waren feste Duschzeiten eingerichtet worden, morgens und abends jeweils eine halbe Stunde für Frauen und eine halbe Stunde für Männer. Die Frauen kamen immer vor den Männern dran. Das war zwar morgens unangenehm früh, ich fand es aber aus hygienischen Gründen irgendwie appetitlicher als die Vorstellung, nach den Männern in die von ihnen hinterlassenen Pfützen treten zu müssen, die bei der Bundeswehr obligatorischen Badeschlappen hin oder her.

Nach dem Abendessen fand die abendliche Besprechung des BAT-Zuges statt, dessen Mitglied ich nun war. BAT ist die Abkürzung für Beweglicher Arzt-Trupp, ein motorisiertes Team, bestehend aus einem Arzt, einem Rettungssanitäter und einem Fahrer, ausgerüstet mit einer kompletten Sanitätsausrüstung, Tragen, Beatmungsgerät, Sauerstoff, Defibrillator, Medikamente, Verbandmaterial. Eine rollende Intensivstation, ein Notarztwagen in einem geländegängigen olivgrünen Lastwagen oder in einem Panzer Typ Fuchs. Der Zug bestand aus zehn solcher Trupps und einigen Rettungssanitätern, die allein und ohne Arzt die Patrouillen begleiteten. Sie gingen zu Fuß oder saßen in einem Patrouillenfahrzeug auf, bewaffnet mit einem riesigen Rettungsrucksack. Bei der Besprechung wurde ich als Neuzugang vorgestellt und lernte mein Team kennen.

Ein schlaksiger junger blondhaariger Mann, wenn überhaupt kaum älter als mein ältester Sohn, war mein Fahrer, ein junges, zart gebautes Mädchen, irgendwo aus dem ehemaligen Osten Deutschlands, durch den Akzent nicht zu verleugnen, die Rettungsassistentin. Mit diesen beiden würde ich nun die nächsten Monate zusammenarbeiten, mit ihnen viel Zeit verbringen. Drei vom Schicksal zusammengewürfelte Figuren, weit weg von daheim, wie würden wir uns wohl vertragen?

Der Dienstplan für den nächsten Tag wurde bekannt gegeben und wieder war keine Zeit, mich einzugewöhnen oder zu akklimatisieren. Gleich am nächsten Morgen um sechs Uhr begann eine Patrouille, für die unser BAT als Begleitung eingeteilt worden war. Keine Gelegenheit also, an diesem Abend noch irgendwelche Bekanntschaften zu schließen. Ich machte mich noch mit der Einrichtung »unseres« Panzers bekannt und ging zu Bett. Das heißt zu Feldbett im Schlafsack.

Mittlerweile war es schlagartig dunkel geworden und genauso plötzlich beißend kalt. Ich lag in meinem Schlafsack mit eiskalten Füßen und fühlte mich furchtbar. Ich war müde, fror, hatte Heimweh und vermisste meine Familie schrecklich. Unwillkürlich kamen mir die Tränen, und ich weinte leise in meinen Schlafsack. Was sie wohl gerade machten? Ob sie gemeinsam um den großen Tisch beim Abendessen saßen und sich erzählten, was sie tagsüber so getan hatten? Vielleicht gab es Spaghetti mit Sahnesoße, das mochten sie am liebsten, und das bekamen sie immer, wenn ein kleiner Balsam für die Seele notwendig war. Ich hatte nicht einmal zu Hause anrufen können, um ihnen mitzuteilen, dass ich gut angekommen war. Zwar hatte ich mittags beim Lagerrundgang die Gelegenheit wahrgenommen, bei KB-Impuls, einer Vertragsfirma der Bundeswehr, die Telefon- und Internetverbindung in allen Auslandseinsätzen der Bundeswehr sicherstellt, eine SIM-Karte zu erwerben. Es würde aber drei Tage dauern, sie freizuschalten. Ich hatte daheim schon angedeutet, dass so etwas passieren könne, eins der Dinge, die man uns während der Vorausbildung mitgeteilt hatte. Aber ich hätte so gerne ihre Stimmen gehört. Hätte so gerne zugehört, wie sie mit ihren noch hohen Kinderstimmen erzählten, dass sie nach der Schule mit ihren Freunden auf dem Fußballplatz gespielt haben und meine Tochter wieder mal nicht pünktlich zum Essen heimgekommen war. Die ganz normalen kleinen Alltagsereignisse eben, die ich nun verpasste, weil ich nicht da war. Und ich konnte nicht einmal anrufen. Wieso dauerte so etwas drei Tage? Das konnte ich nicht verstehen. Es muss doch möglich sein, diese Karte gleich freizuschalten! Über dem Zorn darüber vergaß ich ein wenig meine Traurigkeit, konnte aber nun erst recht nicht einschlafen. Wegen der Skorpione und Schlangen bestanden meine Kolleginnen darauf, dass die Reißverschlüsse unseres Zeltes zu jeder Zeit zugezogen waren. So kam kein Windhauch hinein, und ich fühlte mich, als würde ich keine Luft bekommen. Energisch rief ich mich zur Ordnung. Ich wollte doch nicht schon gleich am ersten Tag hysterisch werden, und drehte mich zur anderen Seite. Als ich gerade am Eindämmern war, kamen die Truppenärztin und die Kompaniechefin herein. Obwohl sie sich bemühten, leise zu sein, und sich nur flüsternd unterhielten, war ich nun wieder wach. Ähnliches wiederholte sich darauf mit der Internistin, die noch lange ihre kleine Leselampe anhatte und alle paar Minuten die Seiten ihres Buches umblätterte. Auch sie bemühte sich, dies leise zu tun. Aber irgendwie ist es ja immer besonders laut, wenn man sich bemüht, leise zu sein. Genauso wie wenn man neben jemandem liegt, der schnarcht, ist man ganz auf dieses Geräusch fixiert. Irgendwann aber verlangte der Körper dann doch sein Recht, und ich schlief ein. Die Zahnärztin habe ich nicht mehr hereinkommen gehört.

Am nächsten Morgen um sechs Uhr fuhren wir los. Ich stand im Panzer, mit dem Oberkörper aus der hinteren Luke ragend. In diesem hinteren Teil des Sanitätspanzers befanden sich zwei Tragen für Patienten, zwei Klappsitze, unsere gesamte medizinische Ausrüstung in Koffern, Metall- und Plastikkisten, Sauerstoffflaschen, zwei Kisten Wasser und unsere Ruck- und Schlafsäcke. Wir nahmen immer genügend Wasser, Verpflegung und Ausrüstung mit, um notfalls drei Tage durchhalten zu können. Mein Team saß vorne in der Fahrerkabine, über den Funk im Kopfhörer mit mir verbunden. Es war noch dunkel, und der Fahrtwind schnitt mir eiskalt ins Gesicht oder in das, was davon an der Luft war. Über meinem Feldanzug trug ich eine gefütterte Steppweste, darüber die Feldjacke und darüber die Splitterschutzweste. Auf dem Kopf die Kopfhörer, um den Hals ein einheimisches kariertes warmes Tuch, das ich über Mund und Nase hochgezogen hatte, darüber die Panzerschutzbrille wegen des Staubes und natürlich Lederhandschuhe. Dennoch drang mir die Kälte bis in die Knochen, aber ich achtete nicht darauf. Auch nicht auf meinen knurrenden Magen. In der Küche hatte es Toast gegeben, der aber noch gefroren war. Toaster waren noch keine geliefert worden, und so hatten wir ein paar Scheiben eingepackt und mitgenommen. Wenn die Sonne aufging, würde es bald glühend heiß sein, und das Brot würde schnell auftauen, hatte unser Fahrer gesagt.

Ich war von der Landschaft um mich herum gefangen und gebannt. Unser Konvoi, dessen vorletztes Fahrzeug wir waren, hatte die Stadt verlassen und war aufs Land gefahren. In der Dunkelheit bei unserer Abfahrt hatte ich die Silhouetten der Bäume und Häuser am Wegrand nur erahnen können. Dann war plötzlich und unvermutet, ohne Ankündigung und ohne vorausgehende Dämmerung die Sonne über einem der Bergkämme aufgetaucht. Wie auf Knopfdruck war alles in ein goldenes Licht getaucht. Die Lehmwände der Häuser sahen aus wie frisch gebackenes Weißbrot, Bäume und Gras waren saftig grün wie frisch gewaschen, und der Himmel leuchtete intensiv und strahlend blau. Die schneebedeckten Berggipfel des Hindukusch glitzerten orange, und darüber färbte sich der Himmel rosa. Es verschlug mir den Atem vor so viel Schönheit, ich hatte das Gefühl, plötzlich tiefer durchatmen zu können, und ein wenig Anspannung der letzten Tage fiel von mir ab.

Im Funk war es ruhig geworden, anscheinend waren alle so wie ich ein wenig still und andächtig geworden angesichts dieser Eindrücke und Bilder. Es dauerte nur ein paar Minuten, dann war es gleißend hell, die Farben verblassten, und die Lehmwände wurden wieder schmutzig graubraun. In diesem Land gibt es keine Zwischentöne. Keine Dämmerung, keinen Frühling und keinen Herbst. Es ist entweder hell oder dunkel, kalt oder warm. Als ob man einen Lichtschalter drückt, springt es von einer zur anderen Sekunde um.

Mit der Sonne kam jetzt sofort auch die Hitze, und ich verschwand unter der Luke, um ein paar Kleidungsstücke auszuziehen, legte dann die Weste wieder an und tauchte aus der Luke auf. Draußen begann sich langsam etwas zu regen. Barfüßige Mädchen in bunten Kleidern gingen mit ihren Eimern und Kannen zum Brunnen, um Wasser zu holen. Frauen in blauen Burkhas balancierten große Platten mit frisch gebackenen Fladenbroten auf dem Kopf. Männer in Pumphosen und Kaftanen darüber führten mit Waren beladene Esel an Stricken zum Markt, andere trieben mit Holzstecken kleine struppige, magere Schafe vor sich her.

Die Straße folgte einem Fluss in einem grünen Tal, links und rechts erhoben sich die Bergketten des Hindukusch, bis halb zum Tal hinunter von strahlend weißem unberührtem Schnee bedeckt. Das Tal war flach und grün bis an den Fuß der Berge. Am Fluss entlang standen Bäume, manchmal vereinzelt, manchmal ganze Alleen. Hin und wieder sah man ein einzelnes Anwesen, gelegentlich durchquerten wir ein Dorf. Die Häuser waren aus Lehm erbaut mit flachen Dächern, von Mauern umgeben und strahlten mit ihren Innenhöfen und fremdartigen Bäumen darin ein mediterranes Flair aus, in dem sich die flachen Fladen aus Kameldung, die als Brennstoff aufbewahrt und in Stapeln gelagert wurden, für meine europäischen Augen eigenartig ausnahmen.

Der Konvoiführer brachte über Funk die Fahrzeuge zum Stehen, und es gab eine kleine Pinkelpause. Die Männer hatten natürlich keine Hemmungen und stellten sich an den Feldrand. Ich zündete mir eine Zigarette an und überlegte, ob ich wirklich so dringend musste, dass ich mich hier vor aller Augen an den Straßenrand hocken würde. Es gab keine Bäume, hinter denen ich mich hätte verstecken können, und wenn, wusste man nicht genau, ob irgendwo Minen lagen. Unsere Befehle lauteten auf jeden Fall ganz klar, nie die Wege zu verlassen und keinesfalls ungerodetes, unbebautes Land zu betreten. Für dieses Mal entschied ich, noch warten zu können, und derselben Meinung war auch meine Rettungsassistentin. Nach zehn Minuten ging es weiter, und nach einer weiteren Stunde erreichten wir unser Ziel. Ein kleines Dorf irgendwo im Nirgendwo.

Der Malik, der Bürgermeister, hatte sich an eine der vorherigen Patrouillen gewandt, mit der Bitte, eine Rakete zu entsorgen, die als Blindgänger in einem seiner Felder gelandet war und seit vielen Jahren dort schon lag. Das kam häufig vor, aus dem Krieg gegen die Russen befanden sich noch viele sogenannte *explosive devices* überall im ganzen Land. Die Minenräumeinheiten der verschiedenen internationalen Streitkräfte der ISAF-Truppen versuchten immer, sie auf einen außerhalb der Stadt eingerichteten Sprengplatz zu verbringen und dort unter kontrollierten Bedingungen zu sprengen. Manchmal waren die Objekte jedoch alt, verwittert und verrostet, so dass der Transport zu gefährlich erschien, und sie wurden an Ort und Stelle gesprengt. Heute waren wir als Sanitätsbegleitung dem italienischen Minenräumdienst zugeteilt worden. Das bedeutete für uns eine zusätzliche Schwierigkeit, denn obwohl sie sehr nett und freundlich waren, viel lachten und scherzten und mit Händen und Füßen mit meiner Rettungsassistentin flirteten, hatten wir ein Verständigungsproblem, denn sie sprachen kein Deutsch und nur sehr schlecht Englisch, und wir sprachen kein Italienisch.

Aber wir kannten unsere Aufgabe und wussten, was zu tun war. Das war im Wesentlichen, uns weit entfernt von ihnen aufzuhalten und sie bei einem eventuellen Sprengunfall oder wenn sie sich sonst bei ihrer Arbeit verletzt hatten, medizinisch zu versorgen. Die Italiener waren mit dem Malik zu einem Erkundigungsgang verschwunden. Wir waren mit unserem Sanitätspanzer am Ortseingang stehen geblieben und mittlerweile von zwanzig bis dreißig Kindern umgeben, die uns anfangs ein wenig schüchtern beobachtet hatten, mittlerweile aber johlend im Halbkreis umstanden, uns betrachteten wie Affen im Zoo und jedes Mal in Gelächter ausbrachen, wenn wir uns unterhielten oder versuchten, mit unseren paar Brocken Dari aus dem kleinen Militärsprachführer mit ihnen Kontakt aufzunehmen. Ein älterer Dorfbewohner mit weißem Haar nahm das Geschrei zum Anlass, sie mit einem Stock und befehlsgewohnten Worten davonzujagen. Meine Rettungsassistentin und ich bedankten uns, ergriffen die Gelegenheit beim Schopf und fragten schüchtern nach einer Toilette. Zum Glück ist das Wort auf Dari sehr ähnlich, und nachdem er unser Begehr verstanden hatte, zog mit einem langgezogenen »Aaahhh« ein Grinsen über sein Gesicht, und er bedeutete uns, ihm zu folgen. Er führte uns um ein paar Ecken, durch ein paar kleine Gassen und blieb schließlich vor einem Haus stehen, das aussah wie alle anderen. Mit seinem Stock klopfte er an die Tür und rief laut ein paar herrische Worte. Kaum eine Minute später erschien eine ältere Frau, ein schwarzes Kopftuch weit ins Gesicht gezogen. Sie nahm demütig seine Befehle entgegen, blickte dabei zu Boden, hob den Blick nicht, auch nicht, um uns anzusehen. Der alte Mann verschwand, und schüchtern winkte sie uns herein. Sie führte uns durch das Haus in den Innenhof zu einem kleinen Lehmhäuschen mit einer alten morschen Holztür, wies mit der Hand darauf und sprach ein paar Worte, die wir nicht verstanden.

Meine Kameradin, die drei Wochen vor mir in den Einsatz gekommen war und schon ein paar Patrouillen hinter sich hatte, sagte zu mir, das sei die Toilette, und drückte mir ein paar Blätter Klopapier in die Hand, die sie aus ihrer Beintasche gezogen hatte. Drinnen stank es bestialisch, es gab keine Schüssel oder einen Sitz. Nur gestampfter Lehmboden, in der Mitte ein Loch. Millionen von Fliegen umschwirrten mich und setzten sich, sofort nachdem ich meine Hose heruntergezogen und mich über das Loch gehockt hatte, überall auf meine Haut. Ich dachte an mein gepflegtes, wohlriechendes Badzimmer daheim und beeilte mich, hinauszukommen. Ich wurde von meiner Rettungsassistentin mit einem Grinsen empfangen. »Wirst dich dran gewöhnen!«, sagte sie zu mir.

Die ältere Frau, die uns hergeführt hatte, bedeutete uns, ihr zu folgen, und führte uns ins Haus in einen Raum, dessen Boden mit Teppichen bedeckt war. Entlang der Wände lagen Matratzen, andere Möbelstücke gab es nicht. Fünf Frauen unterschiedlichen Alters begrüßten uns mit aufgeregtem Geschnatter, sichtbar erfreut. Sie wollten, dass wir uns auf den Matratzen niederhockten. Nach einer kurzen Blickverständigung kamen wir der Bitte nach. »Es wäre unhöflich, abzulehnen«, flüsterte mir meine Kameradin zu. »Wir müssen ja nicht lange bleiben!«

Eine der jüngeren Frauen verschwand durch den Vorhang, der am Eingang des Raumes hing, und kehrte mit einem Tablett voll Teegläsern und Rosinen zurück. Skeptisch schaute ich auf die schmierigen Gläser, nahm aber nach einem weiteren Blick auf meine Gefährtin ein Glas. Der Tee war heiß, aber trotz der Hitze wohltuend. Die Frauen strahlten uns an, etwas schüchtern zunächst, freuten sich aber ganz offensichtlich darüber, dass wir ihrer Einladung nachgekommen waren, und versuchten nun, mit Gesten und Worten mit uns in Kontakt zu kommen. Sie wollten unsere Haare sehen, die wir dem damaligen Befehl entsprechend mit einem olivgrünen Kopftuch bedeckt hatten, und berührten unsere Unterarme. Dann hatte ich die Idee, ihnen die Fotos meiner Kinder zu zeigen, und sie freuten sich und lachten. Eine von ihnen verschwand und kehrte mit einem Baby zurück. Es war mit weißen Tüchern wie eine Mumie auf ein Brett gewickelt, was mir im ersten Moment merkwürdig erschien, bis ich mich erinnerte, dass es auch bei uns früher üblich war, Babys fest einzuwickeln, um ihnen Sicherheit und Geborgenheit zu suggerieren. Es schien zu funktionieren. Dieses hier schlief selig und sah so goldig aus mit seiner olivfarbenen Haut und den flaumigen schwarzen Härchen auf dem Kopf. Man musste es einfach bewundern, und nachdem wir dies gebührend getan hatten, was den Frauen große Freude bereitet hatte, dachten wir, es sei an der Zeit, zu unserem Fahrzeug zurückzukehren.

Dort empfing uns unser Fahrer, aufs höchste aufgebracht. »Mensch, wo seid ihr denn so lange gewesen, seid ihr denn verrückt geworden. Ich hab mir Sorgen gemacht!« Wir lachten ihn erst aus. »Wir haben nur mit den Frauen einen Tee getrunken!«, waren aber dann doch betroffen und ein wenig beschämt, als wir seine ernste Besorgnis spürten, und dachten, dass er vielleicht gar nicht so unrecht hatte und wir vielleicht ein wenig zu vertrauensselig gewesen waren. Aber wir hatten uns sehr willkommen und absolut sicher gefühlt.

Mittlerweile waren unsere Italiener von ihrer Erkundung zurückgekehrt und berichteten uns mit Händen und Füßen, dass es sich in diesem Fall bei dem zu entsorgenden Objekt nicht um eine kleine Rakete, sondern um eine fünfhundert Kilo Sprengstoff enthaltende Bombe handeln würde und man diese nicht transportieren, sondern direkt sprengen würde. Sie lag in einem Feld, ungefähr zwei Kilometer entfernt, so dass wir mit unserem

BAT an Ort und Stelle stehen bleiben konnten. Würde ihnen etwas passieren, würden wir es hören. Außerdem waren wir über ein Handfunkgerät miteinander verbunden.

Die Italiener beluden sich mit ihrem Material und ihrer Ausrüstung. Jetzt begann unser Job: Warten. Die meiste Zeit im Rettungsdienst, sei es zivil oder militärisch, verbringt man mit Warten. Neunzig Prozent der Zeit ist Warten auf den Einsatz. Die anderen zehn Prozent sind Stress, für manche Hektik, für manche Panik. Auf jeden Fall keine Routine. Jeder Einsatz ist anders, jeder Unfall ist anders, jeder Patient ist anders. So warteten wir. Im Panzer war es zu heiß, um sich darin aufzuhalten, also suchten wir draußen einen schattigen Platz. Weit und breit gab es nur einen Baum, wir setzten uns darunter in den Schatten, den er auf den Boden warf, und warteten. Die Sonne wanderte, der Schatten wanderte, wir folgten ihm. Wir unterhielten uns. Wir hatten so viel Zeit. Meine Rettungsassistentin erzählte von ihrem kleinen Sohn, der für die Zeit ihres Einsatzes bei den Großeltern war, vom Vater war sie getrennt. Sie vermisste ihr Kind sehr. Aber sie war Stabsunteroffizier, wollte Berufssoldat werden, da konnte sie sich der Aufforderung, in den Einsatz zu gehen, schlecht widersetzen. Unser Fahrer, ein Hauptgefreiter, machte sich Gedanken um seine Freundin. Er hatte sie erst drei Monate vor dem Einsatz kennengelernt. Würde die kurze Beziehung der Trennung standhalten? Er zog ihren letzten Brief aus der Tasche und las uns einige Abschnitte vor.

»Mein liebster Schatz, ich vermisse Dich so sehr. Dein T-Shirt, das Du am Tag Deiner Abreise getragen hast, nehme ich jede Nacht mit ins Bett. Gestern war ich mit den anderen aus der Clique in der Disco, aber ohne Dich macht es nicht so richtig Spaß. Ich zähle die Tage, bis Du wiederkommst, hab Dich ganz doll lieb.« In diesem Stil ging es weiter, und es sorgte ihn sehr. Er jedenfalls, so sagte er, würde nicht ohne sie mit den anderen ausgehen. Die Clique bestünde fast nur aus seinen Kumpels, was zieht sie jetzt mit denen herum, sagte er trotzig.

»Mensch, was soll sie denn sonst machen?«, entgegnete unsere Rettungsassistentin. »Was würdest du denn machen, wenn sie sechs Monate weg wäre?«

»Sport würde ich machen, Sport bis zum Umfallen und ab und zu einen trinken. Das würde ich machen, aber nicht mit anderen Frauen herumlaufen. Ich kenne sie ja erst kurz, aber ich weiß genau, sie ist die Richtige für mich.«

Wir wussten nicht so recht, wie wir ihn trösten sollten. »Das wird schon wieder«, sagten wir lahm und waren froh, als wir endlich einen lauten Knall hörten und in der Ferne auf dem Feld einen Rauchpilz sahen, der uns anzeigte, dass die Italiener ihr Werk beendet hatten. Wenig später kehrten sie gutgelaunt zurück, die Bombe war gesprengt, der Auftrag erfüllt, wir konnten heim.

Heim, so nannten wir schon nach kurzer Zeit unser Lager, und in der Tat fühlte es sich so an. Jeden Abend, wenn ich von den Patrouillen zurückkehrte, warteten die Kollegen auf mich oder umgekehrt. Ich war der einzige weibliche Notarzt, und so war auf der Holzpalettenterrasse des Zeltes der Männer unser Treffpunkt, dort hielten wir uns auf, wann immer wir eine freie Minute hatten. Der Wasserkocher wurde in Betrieb genommen, Pulvercappuccino angerührt, eine Zigarette angesteckt, und dann hieß es, erzähl mal. Wir bauten einen Laptop auf, überspielten die vielen Fotos, die wir tagsüber gemacht hatten, und tauschten unsere Erlebnisse aus. Manchmal waren wir begeistert, hatten wunderschöne Landschaften gesehen, nette Menschen getroffen und fühlten uns von einer tiefen Liebe zu diesem Land ergriffen. Manchmal waren wir aber auch betroffen, traurig, fast wütend. Wenn wir ein einheimisches Krankenhaus besucht hatten und die schlechten hygienischen Bedingungen, die mangelhafte medizinische Versorgung gesehen hatten. Keine Medikamente, kein Verbandmaterial. Keine Sterilisatoren, keine Narkosegeräte. Viele chirurgische Eingriffe wurden in Lokalanästhesie vorgenommen. Es war unvorstellbar für uns, und wir fühlten uns ins Mittelalter zurückversetzt.

»Ich habe heute mal wieder ein Kind aus einem Brunnen gezogen«, sagte einer meiner Kollegen an dem Abend, nachdem ich von der Fahrt mit den Italienern zurückgekehrt war. Die andern nickten, kannten das schon. Fließendes Wasser gab es in den meisten Häusern nach dem Krieg noch nicht wieder. Das Wasser wurde in allen möglichen Gefäßen, Schüsseln, Eimern, Plastikkanistern aus Brunnen geholt und nach Hause geschleppt, meist von kleinen Mädchen oder von den Frauen. Nie sah man einen Mann Wasser holen, es war Frauenarbeit. Es war üblich, dass die Mädchen auf ihre kleineren Geschwister aufpassen mussten. Und so nahmen sie sie mit zum Wasserholen, und dabei fiel immer wieder mal eins der Kleinen in den Brunnen. Je nachdem, wie informiert die Menschen vor Ort waren und falls sie über irgendwelche Kommunikationsmittel verfügten, wurden die ISAF-Truppen um Hilfe gerufen, und ein Hilfstrupp rückte aus, oder die nächstgelegene Patrouille wurde alarmiert.

An diesem Tag hatte der kleine Junge Glück, die Patrouille, die mein Kollege begleitete, war ganz in der Nähe, und es war ein Gebirgsjäger dabei, der sich geschickt in den Brunnen abseilte und den Kleinen gerade noch rechtzeitig herauszog. Oft waren die Kinder schon tot, bis Hilfe kam, und bevor die ISAF-Truppen im Land waren, sind sie vermutlich alle ertrunken. Mein Kollege hatte den Jungen mitgebracht, er sollte die Nacht zur Beobachtung in unserem Feldlazarett verbringen. Hier konnte ich noch ein interessantes Schauspiel beobachten. Die Krankenschwestern und Ärzte wollten, dass die Mutter die Nacht bei ihrem Sohn verbrachte, damit er sich wohler fühlte. Als ich die Dixi-Toilette neben dem Krankenhaus aufsuchte, hörte ich die Eltern des Jungen vor dem Krankenhaus eine lautstarke Diskussion auf Dari führen. Neugierig fragte ich eine der Krankenschwestern, was hier los sei. »Der Vater will nicht, dass die Mutter hierbleibt, sie soll mit nach Hause kommen«, antwortete sie.

Wir beobachteten fasziniert, wie die Frau einen energischen Redeschwall auf ihren Ehemann abfeuerte, am Ende ein Bündel

Geldscheine unter ihrer Burkha hervorzog, es sorgfältig in zwei gleiche Stapel teilte, ihm die eine Hälfte in die Hand drückte und ihn wegschubste, in Richtung Wache. Er zuckte resigniert die Achseln und trottete davon. Die Krankenschwester und ich sahen uns an und lachten. »Da kann man wieder mal sehen, es ist auf der ganzen Welt das Gleiche, Kultur hin oder her. Die Frau hat die Hosen an, verwaltet das Geld und entscheidet, was gemacht wird.« Würdevoll, hocherhobenen Kopfes, betrat die Afghanin das Krankenhaus wieder. Sie verbrachte die Nacht bei ihrem Sohn am Krankenbett, am nächsten Morgen erschien ganz friedlich ihr Mann und holte die beiden ab.

Petrus kam jeden Tag vorbei, sah nach, wie es mir ging, brachte Essen mit, kochte, spielte mit den Kindern und hörte mir zu. Mittlerweile schien er geradezu gefesselt zu sein von meinen Geschichten, wollte immer neue hören, und ich hatte nicht mehr so oft das Gefühl, er tut mir einen Gefallen, indem er mir zuhört, und ich muss ihm dafür dankbar sein. Er schien es vielmehr zu genießen, setzte sich immer gemütlich in seinem Stuhl auf der Terrasse zurecht, wollte nicht einmal ein Glas Wein oder Bier, keinen Kaffee, keinen Tee, er wollte nur zuhören. »Erzähl weiter, erzähl mir mehr«, forderte er mich auf.

Und immer noch gab er kein Urteil ab, sagte nichts, kommentierte nichts. Nur manchmal, da wurden seine Augen für einen Augenblick hart, und er schaute aufs Meer hinaus, und wenn er merkte, dass ich es bemerkt hatte und ins Stocken geraten war, sagte er freundlich zu mir gewandt, und seine Augen waren wieder warm: »Erzähl weiter, ich hör dir so gern zu.« So erzählte ich weiter.

5

Kabul, 2003

Während meines ersten Einsatzes war am Ausgang des Lagers auf Befehl des damaligen Kommandeurs ein Schild mit der Aufschrift »Wave and Smile« angebracht worden. Das war seine Devise, und wir befolgten sie. Wir lächelten die Einheimischen an und winkten ihnen zu, und diese lächelten und winkten zurück. Wir waren bei ihnen zum Tee eingeladen und spielten mit ihren Kindern. Im Lager fühlten wir uns sicher, und abends setzten wir uns nach den Patrouillen zum Kaffee oder Bier zusammen. Filmabende und Grillpartys sorgten für Abwechslung. Unspektakulär und abgesehen vom Heimweh angenehm war diese Zeit vergangen. Wir hatten uns wohlgefühlt, uns glücklich geschätzt, dieses schöne Land, das wir auf andere Weise wohl nie besucht hätten, kennenlernen zu dürfen, waren zufrieden. Nichts war passiert.

In meinem zweiten Einsatz ein knappes Jahr später sollte das ganz anders werden. Ich wurde dieses Mal als Kompaniechef der MedEvac-Kompanie eingesetzt, derselben Kompanie, der ich im Jahr zuvor als Notärztin angehört hatte. Die Medical-Evacuation-Kompanie war zuständig für die Rettung und den Transport von Verletzten und Kranken innerhalb des Lagers und des Landes, für die Rückführung der Patienten nach Deutschland und für die Bereitstellung sanitätsdienstlicher Unterstützung bei den mannigfaltigen Aufträgen der Truppe. Rettungsdienst auf militärisch gewissermaßen und angepasst an die Bedürfnisse des neuen Auftrages der Bundeswehr, der Auslandseinsätze. Es gab noch einen zweiten Kompaniechef, einen Oberfeldarzt, er befehligte das Einsatzlazarett, ein Krankenhaus mit allem Drum und Dran, Bettenstationen, Intensivstation, Operationssäle, Röntgenabteilung, Labor, sogar Computertomographie, alles untergebracht in Zelten und Containern. Beide Kompanien zusammen bildeten den Sanitätseinsatzverband unter der Führung unseres Kommandeurs, eines Oberstarztes, und wir versorgten Soldaten aller Nationen und auch einheimische Patienten. Begonnen hatte dieser Einsatz genauso locker wie der vorherige. Bei einer Vorausbildung in Koblenz lernte ich meinen Spieß kennen. Er war nicht besonders groß, aber kräftig, nicht dick, sondern durchtrainiert und muskulös, die Haare fast zur Glatze geschoren, auf der Nase glitzerte eine kleine silberne Brille, hinter der vergnügte Augen intelligent und wachsam alles genau beobachteten.

»Rauchen Sie?«, fragte ich, nachdem ich den Gastraum des Offiziersheims betreten und an seinem Tisch Platz genommen hatte.

»Na und ob!«, rief er fröhlich. »Und wie! Ein bis zwei Päckchen am Tag!«

Erleichtert atmete ich auf, und ihm schien es genauso zu gehen. »Ich hatte mir schon Gedanken gemacht«, sagte er.

»Ich drehe durch, wenn ich nicht rauchen darf, und wir beide werden ja den ganzen Tag zusammen in einem Büro verbringen, da hätten Sie mir das Leben zur Hölle machen können!«

Ich lachte. Schüchtern schien er ja nicht gerade zu sein. Es sollte sich herausstellen, dass er das in der Tat nicht war. Offen und ehrlich, manchmal raubeinig und knorrig, aber das Herz am rechten Fleck, so sollte ich ihn schätzen lernen. Mit der Zeit wurde er mir ein guter Freund und wir ein vertrautes und eingeschworenes Team. Das wusste ich damals natürlich noch nicht, aber er schien sympathisch, und ich war beruhigt. Es war mein erster Einsatz als Kompaniechef, und der Spieß ist für jeden Chef die zentrale und wichtigste Person. Auch er schien zufrieden mit unserer ersten Begegnung.

»Ich hatte Bedenken«, meinte er und steckte sich eine Zigarette an. »Eine Frau als Chef, das hatte ich noch nie. Aber Sie scheinen ganz in Ordnung zu sein!« Ich lachte. Das konnte ja heiter werden. »Wir werden es uns da schön gemütlich machen«, meinte er gutgelaunt. Und das taten wir. Für eine Woche.

Wir waren in Kabul angekommen, und ich hatte die Kompanie von meinem Vorgänger übernommen. Der Spieß und ich hatten es uns in unserem Zeltbüro »gemütlich gemacht«. Alle Mitglieder der alten Kompanie waren heimgeflogen und die neuen Soldaten meiner Kompanie, unsere »Schäfchen«, wie der Spieß sie nannte, angekommen und hatten ihre Fahrzeuge und Arbeitsbereiche übernommen. Routine war eingekehrt. Die BATs begleiteten ihre Patrouillen, und abends saßen wir nett beisammen. Auch alle anderen hatten sich eingerichtet. Von ihren Patrouillen hatten sie Schildkröten mitgebracht und ein Gärtchen mit Teichen, kleinen Brücken und Pflanzen angelegt. Idyllisch. Für eine Woche.

Dann fuhr einer unserer Sanitätspanzer mit der ersten Leiche unseres Kontingents vor dem BAT-Zug vor. Ich kletterte hinein. Niemand folgte mir. Die Türen standen offen, die Sonne schien, es war drückend heiß, zu heiß, um sie zu schließen. Ich wusste nicht, ob jemand hinter mir stand oder ob sie weggegangen waren, um mich in Ruhe die Leichenschau vornehmen zu lassen. Ich sah nichts, hörte nichts mehr, nahm nur noch den Schweiß wahr, der mir übers Gesicht lief, und sah den toten Jungen vor mir auf der Trage liegen. Ich nahm das Tuch, das ihn bedeckte, ab und schaute ihn an. Friedlich sah er aus, auch mit dem getrockneten Blut im Gesicht. Friedlich, aber so jung. Und so mager, fast knochig. Groß, schlaksig, blonde Haare, auch diese blutverkrustet. Und so jung, so jung.

Es schnürte mir die Brust ab, ich dachte an meine Söhne daheim, war froh, dass sie in Deutschland waren und nicht hier, und fühlte mich gleichzeitig bei diesem Gedanken schuldig, so egoistisch zu sein. Die Mutter dieses Jungen hatte ihn verloren. Vermutlich wusste sie es noch gar nicht, es war ja eben erst passiert. Er war mit seinem Jeep auf eine Mine gefahren. Weit draußen in den Bergen in einem Flussbett. Er war sofort tot gewesen, sein Beifahrer war wie durch ein Wunder unverletzt geblieben. Körperlich jedenfalls.

Ich spürte eine Bewegung neben mir, der Rettungsassistent war eingestiegen, um mir zu helfen. Ich schob meine Gedanken beiseite, und wir begannen mit unserer Arbeit, entkleideten ihn, untersuchten ihn von Kopf bis Fuß, notierten die verschiedenen Verletzungen. Nicht gerade mechanisch taten wir das, aber routiniert. Die Befolgung der Vorgaben und Vorschriften half uns, und doch fühlten wir uns wie losgelöst vom Alltagsgeschehen, als wären wir allein auf einer Insel. Wir waren auch nicht emotionslos, die Würde des Toten respektierend, bedeckten wir seine Genitalien, bewegten und drehten ihn vorsichtig, als ob er noch lebte und Schmerzen spüren könnte. Aber unsere eigenen Gefühle, Traurigkeit, Schmerz, Mitgefühl, erlaubten wir uns in diesem Moment nicht.

Nachdem wir unsere Arbeit erledigt hatten, trugen wir den Jungen in die Kühlkammer, bedeckten ihn mit einer Deutschlandflagge und traten im Halbkreis vor dem offenen Container zusammen. Der Pfarrer war anwesend, der Kompaniechef des Toten, sein Spieß, mein Spieß, mein Rettungsassistent und die beiden Soldaten, die anschließend vor dem Kühlcontainer die Ehrenwache beginnen sollten. Sonst niemand. Wir waren hilflos, wussten nicht, was wir sagen oder tun sollten. Der Pfarrer sprach ein Gebet und dann das Vaterunser. Erleichtert, etwas tun zu können, auch wenn wir vielleicht gar nicht gläubig waren, fielen wir ein und sprachen ihm nach. Jetzt setzten die Gefühle wieder ein. Der Hauptmann wirkte wie ein gebrochener Mann, gebeugt stand er da, stützte sich auf der Schulter seines Spießes ab und sah vor sich auf den Boden, als würde er den Blick in den Container auf die Flagge nicht ertragen. Ich sah auf den Toten, es tat weh in der Brust. Je mehr es schmerzte, desto mehr starrte ich auf ihn, auf die Flagge, meine Augen wurden feucht, ich kniff sie zusammen, blinzelte, sah in den Himmel, unterdrückte mit aller Macht die Tränen, wusste, wenn ich jetzt nachgab, würde ich hier an Ort und Stelle zusammenbrechen. Das konnte ich mir nicht leisten. Ich musste stark sein, ein Vorbild sein, was würden die Wachsoldaten denken, der Hauptmann. Ich war Notärztin, Kompaniechefin, sie verließen sich auf mich, brauchten mich, waren sicher, dass ich jederzeit kompetent und professionell agieren würde. Dass jemand meine Hand ergreifen, sie halten und drücken würde – mein einziger Wunsch in diesem Moment –, war ausgeschlossen. Ich riss mich zusammen, verschob meinen persönlichen Schmerz auf später.

Ist es zu früh, an dieser Stelle bereits zu erwähnen, dass dieses Später nie kam, nie Zeit dafür war? Nicht in den sechs Monaten dieses Einsatzes, nicht in den Monaten danach zurück am Arbeitsplatz in der Heimat, nicht im nächsten Einsatz und im übernächsten? Es war keine Zeit, es musste immer weitergehen, andere Unglücke ereigneten sich, der Busanschlag, mehr Minen- und Sprengunfälle, Anschläge, Raketenangriffe, mehr Verletzte und Tote. Die Ereignisse dieses Tages gerieten in den Hintergrund, andere Dinge, andere Menschen, Menschen die noch lebten, waren wichtiger. Gelegentlich flackert in mir noch heute die Erinnerung an diesen Jungen auf und der Gedanke an die Mutter, für die niemand, ob lebend oder tot, je an seine Stelle treten wird.

Nachdem wir den Container geschlossen hatten, meldete der Kollege, der den Jungen hergebracht hatte, dass sie auf der Fahrt zum Unglücksort eine Mauer umgerissen und einen Esel überfahren hätten. Sie wussten auf der Anfahrt nicht, dass der Kamerad bereits tot war, ihm nicht mehr zu helfen war, waren gefahren so schnell sie konnten und hätten deshalb nicht angehalten. Er meinte, es würde bestimmt Ärger geben, und damit behielt er recht, auch wenn der Spieß zunächst in gewohnter Manier sagte:

»Mensch, das ist doch scheißegal, das werden wir später schon regeln.«

Aber den Kollegen ließ es nicht los. Wenn er von diesem Tag sprach, sprach er nur von dem toten Esel, nie von dem toten Jungen. Er konnte es nicht, nicht, solange er in diesem Einsatz war, nicht für die restlichen ihm verbleibenden vier Monate. Hätte er es getan, hätte er vielleicht nicht bleiben können. Hätte nicht mehr täglich auf Patrouille fahren können, nicht akzeptieren können, dass er vielleicht diese Situation oder eine ähnliche noch einmal oder noch mehrmals erleben müsste. Es war seine Art, mit dem Erlebten umzugehen.

Natürlich sprach der Besitzer des überfahrenen Esels die nächste Patrouille an und verlangte Geld. Es wurde ihm versprochen, die Angelegenheit dem Kommandeur vorzutragen. Dieser bestimmte, dass hundert amerikanische Dollar für den Esel und die Mauer bezahlt werden sollten. Mein Spieß und ich wurden dazu bestimmt, das Geld zu überbringen. Da wir nur mit mindestens zwei Fahrzeugen zusammen das Lager verlassen durften, wurde ein Konvoi zusammengestellt, der aus drei sogenannten Wölfen, geländegängigen Jeeps, bestand, und am übernächsten Tag ging es los.

Es war ein wunderschöner Tag, der Himmel war strahlend blau, und die Luft dort draußen in den Bergen frisch und klar. Der Spieß und ich freuten uns wie kleine Kinder, dass wir an diesem Tag das Lager verlassen und diese schöne Ausflugsfahrt machen durften. So empfanden wir es. Keine Pflichten, keine Meetings, kein Büro. Nur eine schöne Fahrt aufs Land, bei herrlichem Wetter und in berückend schöner Landschaft. Dass letztendlich der Tod eines Kameraden diese Fahrt veranlasst hatte, bereitete uns an diesem Tag keine großen Kopfschmerzen. Der Gedanke tauchte kurz auf, wurde aber sofort von dem Wunsch, den Tag zu genießen, beiseitegedrängt. Wir hatten eine Abwechslung verdient, so dachten wir.

»Wer weiß, was morgen wieder passiert«, sagte gutgelaunt der

Spieß. »Vielleicht sind wir dann auch schon tot, machen wir heute das Beste draus.« Solche Sprüche hören sich jetzt im Nachhinein makaber an. In diesen Momenten waren sie genauso gemeint. Vor einigen Tagen der junge Soldat, morgen vielleicht wir. Angst empfanden wir nicht bei dem Gedanken. Dazu hatten wir gar keine Zeit und auch keine emotionale Kapazität. Wir nahmen einfach als gegeben hin, dass jeder Tag der letzte sein könnte. Gleichzeitig waren wir ganz tief innen davon überzeugt, dass es uns persönlich nicht passieren würde. So stark wir jeweils betroffen waren, so passierte es doch immer nur den andern, nie uns. Es mahnte uns zur Vorsicht, es machte uns dankbar für jeden guten Tag, jede gute Stunde, die wir erlebten, aber Angst machte es uns nicht.

»Schön blöd, der Rechnungsführer«, riss mich der Spieß aus meinen Gedanken. »Vielleicht hätte es ihm gutgetan, mal rauszukommen aus dem …«, und er verwendete einen ordinären Ausdruck für ein eindeutiges Etablissement. »Hätte ihn vielleicht ein wenig aufgemuntert und aus seinen deprimierenden Gedanken gerissen.«

Der Rechnungsführer hatte uns eigentlich begleiten sollen, hatte aber in letzter Minute Arbeit vorgeschützt und abgesagt. Das hatte ihm allerdings keiner abgekauft. Er hatte Angst, das war eindeutig. Vielleicht hatte er es sich selbst nicht einmal eingestanden, aussprechen konnte er es keinesfalls.

»Wieso fährst du nicht mit?«, hatte mein Spieß ihn unbeschwert gefragt. »Ist doch ein schöner Tag zum Sterben! Blauer Himmel, Sonnenschein, Herz, was willst du mehr?« Der Rechnungsführer hatte ihn nur angestarrt und war dann beleidigt weggegangen. In der Erinnerung daran musste ich grinsen. »Dein Spruch war nicht gerade dazu angetan, ihn zu ermutigen.« Der Spieß wurde plötzlich ernst. »Das war kein Spruch, das war auch kein Witz. Wenn man schon sterben muss, kann man es ebenso gut bei Sonnenschein tun, an einem schönen Tag wie heute. Das war mein Ernst. Und man sollte das Leben genießen bis zum Schluss.«

»Donnerwetter, du kannst ja ganz philosophisch werden! …

Aber hast ja recht«, fügte ich beschwichtigend hinzu, als ich sah, dass er schon wieder aufbrausen wollte. Jetzt wurde ich auch ernst und erzählte ihm das orientalische Märchen vom Tod in Samarra.

Ein unermesslich reicher Kaufmann in Bagdad wurde von einer Wahrsagerin gewarnt. Der Tod ist unterwegs, er würde den reichen Mann holen, diesen Abend noch. In Bagdad. Der reiche Mann nahm sein bestes Pferd und floh nach Samarra. Als er völlig erschöpft dort ankam, sah er dort den Tod im Torbogen lehnen. »Ich habe schon auf dich gewartet«, sagte der Tod. »Komm mit mir. Man kann nicht fliehen. Niemand. Nirgendwohin. Wenn dir die Stunde schlägt, wirst du sterben, wie es bestimmt ist.«

»Genau«, sagte er zustimmend. »Ich hätte es zwar nicht so schön ausdrücken können, aber genau das meine ich. Wenn es so sein soll, und die Zeit ist gekommen, dann kann mir auch in Deutschland ein Stein auf den Kopf fallen. Und bis dahin, yucka-hee – ein schöner Tag zum Sterben!!«

Einträchtig sahen wir aus dem Fenster und genossen die schöne Landschaft, die warme Sonne, unsere schweigende Übereinstimmung. Ich machte viele Fotos an diesem Tag. Frauen in blauen Burkhas, die in respektvollem Abstand ihren Männern folgten, kleine Mädchen in bunten Kleidern, die vor den Häusern herumlungerten und verschämt das Kopftuch vors Gesicht zogen, wenn wir uns näherten. Jungen in verdreckten Pumphosen und nacktem Oberkörper, die im Fluss spielten. Bärtige Männer mit Turbanen, die unter Bäumen im Schatten saßen und Tee tranken. Immer wieder lagen alte verrostete russische Panzer am Straßenrand, die Kinder spielten daneben, sie fanden das ganz normal, für uns war es ein absurdes Bild. Ab und zu erhaschte ich das neugierige Gesicht einer Frau, die aus dem Fenster schaute, aber sofort verschwand, wenn sie meine Kamera sah. Und natürlich die Landschaft, die Berge um uns herum, die grüne Hochebene, über die wir uns bewegten, die Lehmgehöfte. Ich genoss es außerordentlich, und meinem Spieß schien es genauso zu gehen, denn er war verstummt, was selten vorkam. Aber seine Augen glitzerten vergnügt hinter seiner kleinen runden silbernen Metallbrille hervor.

Seine große Stunde kam, als wir in dem Dorf angekommen waren, in dem der Eselbesitzer wohnen sollte, und wir nach stundenlangem Palaver einen alten Mann vorgeführt bekamen, dem das Geld übergeben werden sollte. Dem Spieß war aufgetragen worden, den Empfang des Geldes quittieren zu lassen. Amüsiert beobachtete ich aus dem Jeep heraus das Geschehen. Der Spieß hatte eine Quittung vorbereitet, die er auf der Motorhaube ausbreitete. Er schob dem alten Afghanen einen Kugelschreiber in die Hand, den dieser mit einem freundlichen Taschakor (Dankeschön) in die Hosentasche schob.

»Halt, halt, halt!«, rief der Spieß. »Unterschreiben sollst du!«, und er machte eine Schreibbewegung in der Luft. Der Afghane freute sich und machte die Bewegung nach, begeistert, eine fremdländische Gewohnheit erlernt zu haben. Wieder und wieder machte er die Bewegung, lachte und freute sich. Unser Dolmetscher schritt ein und erklärte, was von ihm verlangt würde. »Ah«, machte der Mann, schüttelte den Kopf und antwortete dem Dolmetscher. »Er kann nicht schreiben«, erklärte der Dolmetscher. »Dann soll er ein Kreuz machen«, schlug der Spieß vor. Wieder schüttelte der Afghane den Kopf. Offenbar war er nicht bereit, den kostbaren Stift zu benutzen. Beschützend legte er die Hand vor seine Hosentasche. Ein zweiter Kugelschreiber wurde ihm in die Hand gedrückt. Er verschwand sofort dahin, wo der erste geblieben war. Lachend und auch hilflos schauten wir unseren Spieß an. Dieser ließ sich keine Minute aus der Ruhe bringen, sondern sagte mit einem breiten Grinsen im Gesicht: »Ist doch alles kein Problem, euer Spieß hat vorgesorgt und alles im Griff.« Wir waren sehr gespannt, was nun kommen würde.

Der Spieß griff in die Tasche seiner Splitterschutzweste, wo normalerweise zusätzliche Munition untergebracht ist, und zog mit einem triumphierenden Blick ein Stempelkissen heraus. Wir brachen vor Lachen fast zusammen. Wir hatten alles Mögliche in unserer Weste neben der Munition untergebracht. Zigaretten, Feuerzeug, Taschenlampe, Taschenmesser, Taschentuch, alles, was man so braucht und in der Hosentasche unter der Weste so schlecht erreichen kann, aber ein Stempelkissen, wie war er nur auf die Idee gekommen?

»Hab mir schon gedacht, dass die Burschen hier nicht schreiben können«, schmunzelte er und nahm in aller Seelenruhe Fingerabdrücke von allen zehn Fingern des alten Mannes, was dieser sich geduldig gefallen ließ. Anschließend zeigte er den umstehenden Zuschauern stolz seine schwarzen Finger, und alle schienen tief beeindruckt. Zufrieden faltete der Spieß seine vollgestempelte Quittung zusammen, steckte sie zusammen mit dem Stempelkissen wieder in die Weste und sagte: »Wie sieht es aus, können wir jetzt endlich Mittagspause machen und etwas essen?« Das taten wir und kehrten anschließend in bester Stimmung in unser Lager zurück. An den toten Soldaten hatten wir an diesem Tag gar nicht mehr gedacht.

Einige Tage später wurde ich zur Rettungsleitfunkstelle im Stabsgebäude gerufen. Einer unserer Sanitätspanzer war mit einer holländischen Patrouille unterwegs, und ein Fahrzeug des Konvois war auf eine Mine gefahren. Anscheinend war niemand getötet worden, aber einem Soldaten war wohl der Fuß abgerissen worden. Die Patrouille war weit entfernt, die Funkverbindung schlecht. Wir waren nicht sicher, was genau passiert war, ob wirklich alle überlebt hatten und wie schwer sie verletzt waren. Es sollte Stunden dauern, bis sie im Lager eintrafen, Stunden, die ich mit dem holländischen Kommandeur im Flur vor der Leitstelle saß, Stunden der Ungewissheit, Stunden des Bangens. Stunden, in denen ich den Menschen hinter der Uniform des Colonels kennenlernte, auch Stunden, in denen ich mir um seine Gesundheit fast mehr Gedanken machte als um die des verletzten Soldaten. Der große, stattliche Mann war in tiefster Sorge um seinen Soldaten, seinen *jongen*, wie er ihn nannte. »Warum dauert das so lange, warum bekommen wir keine Verbindung? Warum wisst ihr immer noch nichts?«, so fragte er immer wieder die diensthabenden Disponenten. Das war auch der Grund, warum wir schließlich in den Flur verbannt worden waren. An der Wand war ein großer bräunlicher Wasserfleck, das Dach musste undicht sein. Ich studierte ihn genau in diesen langen Stunden, in denen wir warteten, während der Colonel im Flur auf und ab tigerte. Er war krebsrot im Gesicht, wischte sich immer wieder den Schweiß von der Stirn. Er konnte nicht stillsitzen. Gelegentlich machte er eine Bemerkung zu mir, konnte sich aber auf kein Gespräch konzentrieren, verlor den Faden, fragte immer wieder nach. »Wie weit sind sie jetzt, wann kommen sie endlich an?« Er vergewisserte sich mehrmals, dass im Lazarett alles vorbereitet war, ließ sich aber kaum davon überzeugen, dass dies tatsächlich der Fall war. Die Erleichterung, als die Patrouille endlich zurückkehrte, war grenzenlos. Wie eine Gazelle sprang der kräftige schwere Mann die Treppe hinunter, um sie in Empfang zu nehmen. Am nächsten Tag traf ich ihn, überglücklich. Der Fuß des Jungen konnte gerettet werden, sonst war niemandem etwas passiert. Der holländische Kommandeur strahlte.

Nicht immer ging es so gut aus. Die Einschläge kamen dichter, wie mein Spieß zu sagen pflegte. Meist waren es Minenunglücke, manchmal Anschläge. Die Kanadier verloren zwei Soldaten, die Italiener einen. Einmal nahm ein amerikanischer Arzt der ungefähr dreißig Kilometer entfernt stationierten Operation »Enduring Freedom« an unserem wöchentlichen Treffen aller ISAF-Ärzte teil. Er hörte zu, wie wir darüber redeten, und sagte dann, das sei doch gar nichts, sie hätten jede Woche acht bis zehn Opfer. Fast klang ein wenig Stolz aus seiner Stimme. Ich war befremdet, und ich überlegte. War dies die Männerwelt, die ich nicht verstand? Oder die Einstellung der Amerikaner, wir sind die Überlegenen, wir kommen klar mit den Verlusten, unsere Stärke misst sich an unserer Abgebrühtheit? Oder war es einfach nur Zynismus?

Zwei Wochen später ereignete sich das Busunglück in der

Jalalabad Road in Kabul, und die Zeit für coole Sprüche war, zumindest vorübergehend, vorbei. Es war eine Zeit für Blicke. Forschende Blicke, die fragten: »Wie geht es dir?«, aufmunternde, tröstende Blicke: »Wir schaffen das schon, ihr schafft es«, wie der des Fallschirmjägerkompaniechefs. Und es war eine Zeit, um an den Hilfen zu bleiben, wie die Reiter sagen. Weitermachen mit dem, was man kennt, mit dem, was vertraut ist, mit der täglichen Arbeit. Die allerdings noch immer keine Routine war.

Die Trauerfeier stand vor der Tür. Das korrekte Auf- und Abmarschieren musste geübt werden, Sanitätspersonal für die Bereitstellung eingeteilt werden. Es war ein Riesenaufwand, und es wühlte uns innerlich auf, aber wir hielten es für angemessen. Hier war Krieg, und unsere Kameraden waren gefallen. Wir wollten uns anständig von ihnen verabschieden, und wir fanden es nur recht und billig, dass sie eine ordentliche Trauerfeier bekamen. Wir wollten sie nicht vergessen, und ein angemessener Abschied würde uns dabei helfen, würde eine Erinnerung erschaffen, die wir behalten konnten. So dachten wir und waren froh, dass es unsere Führung im Camp auch so sah und eine große Trauerfeier mit Musik und großem Antreten ausrichtete. Ich glaube nicht, dass wir es rühmlich fanden oder gar als Verdienst ansahen, dass unsere Kameraden im Kampf gegen den Terrorismus gestorben waren und wir dafür dankbar sein müssten. Wir, damit meine ich uns, die Schlammzone, wie wir genannt wurden. Schlammzone MedEvac-Kompanie im Gegensatz zum sauberen, nach Desinfektionsmitteln riechenden Lazarett. Schlammzone Einsatzkompanie, Sicherungskompanie, Pionierkompanie, Aufklärungskompanie, Küche und alle, die nicht in klimatisierten Büros im Stabsgebäude saßen. Anfangs waren wir beleidigt wegen dieses Ausdrucks, später waren wir stolz darauf, ein Mitglied der Schlammzone zu sein. Später, als wir den Eindruck hatten, die, die uns führten, und die, die uns hierher geschickt hatten, wären ohne uns sowieso aufgeschmissen und wussten gar nicht so genau, was wir hier taten.

Routinemäßig gab es VIP-Besuche, Gefechtsfeldtourismus nannten wir das, und immer wurde groß aufgefahren und ein roter Teppich ausgerollt. Und immer mussten wir vorher alles aufräumen und sauber machen, und immer gab es für die *very important persons*, meist irgendwelche Politiker oder Journalisten, etwas Besonderes zu essen, nicht immer leider für alle anderen im Lager.

Kein Wunder, dass sie einen falschen Eindruck bekamen. Kein Wunder, dass sie dachten, alles sei unter Kontrolle.

Und kein Wunder, dass eines dieser hohen Tiere sich wunderte, als es während seines Besuches einen Raketenangriff auf das Lager gab.

»Wissen die denn nicht, dass ich heute hier zu Besuch bin?«, sagte unser prominenter Besucher erstaunt, und wir dachten, er hätte einen Witz gemacht.

Aber es lachte niemand, nicht einmal, obwohl er ein sehr hoher Politiker war. Und auch er lachte nicht, sondern meinte es ernst. »Wie können sie das Lager an einem Tag angreifen, an dem ich hier bin?«, wiederholte er. Aber niemand antwortete.

Die VIPs durften sich nicht einfach unters Volk mischen, sondern wir wurden eingeteilt. Eingeteilt, ihnen Vorträge zu halten, sie herumzuführen und mit ihnen zu essen. Dazu wurden meistens Frauen ausgesucht, vorzugsweise blond.

Auch ich bin blond, und ich wurde eingeteilt, an einem Mittagessen mit Bundestagsabgeordneten teilzunehmen. Die Abgeordnete aus einem der neuen Bundesländer, die ich betreuen sollte, weil sie darum gebeten hatte, mit einer Frau sprechen zu dürfen, war sehr nett. Wir hatten ein kurzes Frauengespräch darüber, wie sehr die Haare in diesem Klima austrocknen und dergleichen. Ihr Nachbar, ein Abgeordneter aus einem der alten Bundesländer, schaltete sich nach einer Weile in unser Gespräch ein. Er wollte wahrscheinlich höflich sein und wählte ein Frauenthema. Ob wir denn auch mal in die Stadt gehen dürften zum »Shoppen oder so?«, fragte er. Etwas irritiert erklärte ich ihm, dass wir das Lager nur im dienstlichen Auftrag und nur im Konvoi, jedes Fahrzeug mit mindestens einer Langwaffe bestückt, verlassen würden, und nein, »Shoppen gehen« würden wir hier nicht. Ich besaß noch so viel Verstand, ihm zu erklären, dass das auch nicht nötig sei, wir hätten ja den Marketender für unsere täglichen Bedürfnisse und manchmal dürften Einheimische im Lager einen kleinen Markt abhalten. Er schien zu merken, dass er etwas Dummes gefragt hatte, und wechselte das Thema. Er habe bemerkt, dass es Bunker im Lager gäbe. Wozu die denn gedacht seien. Ich atmete tief durch, dachte daran, dass ich Offizier bin, und konnte dennoch nicht verhindern, dass meine Antwort schnippisch ausfiel. Sie hätten sich als praktisch erwiesen, sagte ich und fügte auf seinen fragenden Blick hinzu, bei den Raketenangriffen auf das Lager würden wir sie dankbar aufsuchen. Das verstehe er nicht, sagte er. Ob wir denn vorher wüssten, dass ein Angriff bevorstünde, denn danach würde es ja keinen Sinn machen. Ich konnte es nicht greifen, und ich fand auch keine Worte dafür, warum ich seine Frage total bescheuert fand. Er kam mir vor wie aus einer anderen Welt, und wir hatten keine gemeinsame Sprache.

Die nette Abgeordnete bemerkte mein Dilemma und versuchte zu helfen, griff vermittelnd ein und sagte, es sei ihr durchaus bewusst, dass für Besucher wie sie gewissermaßen ein roter Teppich ausgerollt würde und wir ansonsten ganz anders leben und vermutlich auch keinen Fisch wie an diesem Tag zu essen bekämen. Ich beruhigte mich ein wenig, und so fuhr sie fort. »Sehen Sie, wir bekommen nicht sehr viel Information, und wir sind ja froh, dass wir überhaupt einmal herkommen und uns das alles ansehen dürfen. Es ist das erste Mal, dass wir uns hier persönlich einen Eindruck verschaffen können.«

Nun half alles nichts mehr, es war mir egal, dass sie nett war, egal, dass ich Offizier war, egal, was sie alle von mir dachten, und zum Teufel mit meiner Karriere. Wie hatten sie über diesen Einsatz abstimmen können, wenn sie doch gar nichts darüber wussten? Ich hatte mir nie klargemacht, dass auch Bundestagsabgeordnete nur Menschen sind, aber ich hatte mir das Ganze doch irgendwie professioneller vorgestellt. Ich fühlte mich ausgeliefert, und meine ungeduldige Wut und Verärgerung verschwand und wich eiskalter Ruhe. Ich wandte mich ihr zu, lächelte sie freundlich und mit allem Charisma, dessen ich fähig war, an und fragte, ob ich nach all den vielen Fragen, die die beiden an mich gerichtet hätten, auch einmal eine Frage stellen dürfte. Erfreut und geschmeichelt setzten sie sich erwartungsvoll zurecht und antworteten charmant, natürlich dürfe ich das. Als ob sie erwarteten, ich würde sie um ein Autogramm bitten.

Ich sagte leise, so leise, dass sie sich konzentrieren mussten, sprach langsam, akzentuierte jedes einzelne Wort: »Meine Frage ist folgende: Wie können Sie mich hierher schicken? Sie sind es doch, die dafür verantwortlich sind, dass ich hier bin, oder?« Sie sahen sich an, nickten, sagten, so könne man es sehen. Ich atmete tief ein und holte aus zum vernichtenden Schlag.

»Wie können Sie es wagen? Mich, eine Mutter von fünf Kindern, zum zweiten Mal innerhalb eines Jahres hierher zu schicken? Wie konnten Sie das tun, wo Sie doch offensichtlich nicht den Schimmer einer Ahnung davon haben, was sich hier abspielt.«

Und ich wiederholte: »Wie können Sie es wagen?«

Der männliche Abgeordnete stand auf und verließ den Tisch ohne ein Wort. Nicht einmal bei seiner Nachbarin entschuldigte er sich. Sie sah mich an, forschend, gab sich einen Ruck, und wie alle Ressentiments fallenlassend, rückte sie näher und sagte, und damit nahm sie mir wiederum den Wind aus den Segeln: »Wissen Sie, ich verstehe Sie.« Ihrem Nachbarn hinterhersehend, bemerkte sie mit der Loyalität von Frauen gegenüber Frauen: »Er ist ein Mann. Aber ich verstehe genau, was Sie meinen. Wir dürften eigentlich gar nicht abstimmen mit dem wenigen Wissen, das wir haben.«

Ich fand sie immer sympathischer, und als sie mich fragte, ob ich denn den Einsatz in Afghanistan für sinnlos hielt, erzählte ich ihr von unseren Sorgen und Nöten, zu wenig Personal, mangelnde Ressourcen, zu wenig Geld, und ich sagte, wenn schon, dann soll man es auch richtig machen, dann muss unsere Regierung auch das nötige Geld ausgeben. Nicht mit den großen Hunden pinkeln wollen, aber das Bein nicht heben können.

Wir waren gerade schön in unser Gespräch vertieft, als ich plötzlich eine Hand auf meiner Schulter spürte und eine männliche Stimme hörte: »Hier bist du ja, ich habe dich gesucht, hast du denn unseren Termin vergessen?« Und zu der Abgeordneten gewandt, sehr höflich, mit einer leichten Verbeugung in ihre Richtung, sagte der schlanke, hochgewachsene Offizier: »Verzeihen Sie bitte, aber Frau Oberstabsarzt hat einen wichtigen Termin, ich muss sie Ihnen entführen, leider sofort.«

Und mit unnachgiebigem Griff führte er mich aus dem Zelt, ich hatte nicht einmal Zeit, mich zu verabschieden, konnte nur freundlich nicken und winken. Draußen ließ er meinen Arm los, wandte sich mir zu und sagte: »Sag mal, bist du denn verrückt geworden? Hast du nicht gesehen, dass zwei Plätze weiter eine junge Frau alles mitgeschrieben hat, was du gesagt hast? Mangelnde Ressourcen, Geld ausgeben, Bein nicht heben können? Du musst total übergeschnappt sein.« Es war einer unserer Sicherheitsoffiziere, wir waren befreundet, und er versprach, alles zu tun, damit ich keinen Ärger bekäme. Am nächsten Tag war alles, was ich gesagt hatte, bei dpa zu lesen mit Namen und Zitaten, und ich wartete auf Ärger.

Als ich nach einer Woche noch keinen bekommen hatte, meldete ich mich bei unserem Kommandeur und bat ihn, wenn er mich bestrafen möchte, dann solle er es bitte tun. Dieses Warten sei schlimmer als alles andere. Er sah mich erstaunt an, grinste und sagte: »Ich weiß genau, wovon Sie reden. Aber Sie können ganz beruhigt sein. Noch«, und er betonte das Wort und wiederholte es, »noch darf man in diesem Land seine Meinung frei äußern, und dafür trete ich ein.«

Ich sagte nichts. Ich hatte ihn vorher schon gemocht, nun respektierte ich ihn. Es hatte Ärger gegeben, aber er hatte ihn auf sich genommen, sich vor mich gestellt. Ich habe darüber nachgedacht und daraus gelernt, dass es manchmal besser ist, wenn man seine Meinung für sich behält. Nicht, weil man feige ist oder ein Lügner, sondern weil es einfach besser ist.

So wie es einfach besser war, bei dieser Trauerfeier nicht zu sagen, nicht einmal daran zu denken, dass ich nicht mehr daran glaube, dass unsere gefallenen Kameraden für den Weltfrieden oder den Kampf gegen den Terrorismus gestorben sind. Ich glaube vielmehr, dass jeder Soldat an der Front, egal in welchem Krieg dieser Erde, nach kürzester Zeit jede Ideologie vergisst und hinfort nur noch mit dem eigenen Überleben und dem Überleben derer, die ihm wichtig sind, beschäftigt ist. Mancher schon am Ende des ersten Tages, mancher am zweiten und manche erst nach einer Woche oder einem Monat. Warum er dorthin geschickt wurde, interessiert ihn einen Dreck. Alles, was er will, ist am Leben bleiben, nach Hause oder wenigstens nur weg von dort.

Ich glaube auch nicht an Jack Bauer, der tun muss, was ein Mann eben tun muss: »We need to focus now«, und sich durch die größten Folterqualen keine Geheimnisse entlocken lässt und für sein Vaterland und die Loyalität zu seinem Präsidenten in ein chinesisches Gefängnis geht. Zumindest glaube ich, dass die Jack Bauers dieser Welt sehr rar gesät sind, oder eigentlich glaube ich, dass es sie gar nicht gibt. Man möge mir das Gegenteil beweisen. Ich weiß, würde mir jemand stundenlang auf einem Zahnnerv herumbohren, würde ich alles sagen, was sie hören wollten. Alles. Und ich würde auch nicht für unsere Bundeskanzlerin in ein Gefängnis gehen, in kein chinesisches und auch in sonst keins auf der Welt. Vielleicht bin ich auch einfach nicht stark genug, wer weiß.

Wir jedenfalls glaubten nicht, dass sie für uns gestorben waren, unsere Freunde und Kameraden. Und wenn es so war, dann hatten wir das nicht gewollt. Es war ja auch kein Kampf gewesen, in dem sie sich, um uns zu schützen, vor das Mündungsfeuer geworfen haben. Aber selbst wenn, Kameradschaft hin oder her, wer will denn schon, dass seine Freunde sterben, und sei es auch, damit man selbst überlebt. Und welche Freundschaft wäre schon so groß?

Wir fanden es einfach schrecklich, dass sie tot waren, ungerecht, gemein, und wir vermissten sie. Und wenn wir überhaupt für etwas dankbar waren, dann dafür, dass es sie erwischt hatte und nicht uns. Auch wenn wir das nie zugeben würden, auch heute nicht, so lange danach. Es hört sich einfach zu schäbig an. Vielleicht gibt es auch einfach nur keine richtigen Worte für das, was wir empfanden. Was wir fühlten, als wir im frisch gewaschenen Kampfanzug mit geputzten Stiefeln militärisch korrekt und sauber aufmarschierten. Als die deutsche Nationalhymne gespielt wurde und wir stramm standen. Vor uns die vier Särge, zwei verschiedene Modelle, die mir für einen kurzen Moment ein triumphierendes Gefühl der Genugtuung verschafften. Das entwürdigende Schauspiel einer Umbettung aus optischen Gründen hatten wir ihnen ersparen können, und es tat der Optik überhaupt keinen Abbruch. Sehr anständig standen sie da, die Särge, so wie man sich ein militärisches Ehrenbegräbnis vorstellt, auch wenn man es bisher nur aus amerikanischen Filmen kannte. Diese Särge trugen die Deutschlandflagge, und es war ein beklemmendes Gefühl, aber irgendwie war das alles, was wir hatten tun können. Das und uns anständig anziehen und uns ordentlich aufstellen. Irgendwie war es wichtig, alles anständig und ordentlich zu machen. Die Flagge war wichtig, die Stahlhelme darauf und die Musik. Wir hatten unsere Uniformen waschen lassen und sie in Ermangelung von Bügeleisen, so gut es ging, glatt gezogen. Es war ein merkwürdiges Gefühl für uns, im Kampfanzug zu einer feierlichen Veranstaltung zu gehen. Aber man nimmt den Dienstanzug nicht mit in den Krieg. Mit einigen hundert Soldaten standen wir in einem großen Karree, vor uns die Särge, davor das Rednerpult und daneben die großen Lautsprecher, aus denen die Nationalhymne dröhnte und uns den üblichen Schauer über den

Rücken jagte und dann, was uns den Rest gab, das Lied »Ich hatt'
einen Kameraden«.

Das war zu viel. Die Tränen kamen. Der Gedanke daran, dass
man uns dies hätte ersparen können, dass es zu dick aufgetragen
war, zu plump und zu klischeehaft, erfüllte uns aber auch mit
einem gewissen Ärger, der half, die Tränen zu unterdrücken und
die Fassung zu bewahren. Fingerspitzengefühl ist manchmal eine
Kunst. Immer und immer spielen sie dieses Lied, wenn es ums
Abschiednehmen geht. Ich hatte gehofft, sie würden dieses Mal
darauf verzichten.

Ich hatt' einen Kameraden,
Einen bessern findst du nit.
Die Trommel schlug zum Streite,
Er ging an meiner Seite
In gleichem Schritt und Tritt.

Eine Kugel kam geflogen:
Gilt's mir oder gilt es dir?
Ihn hat es weggerissen,
Er liegt vor meinen Füßen
Als wär's ein Stück von mir.

Will mir die Hand noch reichen,
Derweil ich eben lad'.
Kann dir die Hand nicht geben,
Bleib du im ew'gen Leben
Mein guter Kamerad!

Ich glaube nicht, dass Ludwig Uhland 1809 mit dem Schreiben des
Gedichts bezweckte, uns so fertigzumachen. »Er ging an meiner
Seite, eine Kugel hat ihn weggerissen, er liegt vor meinen Füßen«,
kann man eine Situation überhaupt noch schlimmer machen? In
der englischen Übersetzung ist es noch trauriger.

In battle he was my comrade,
None better I have had.
The drum called us to fight,
He always on my right,
In step, through good and bad.

»He always on my right, in step, through good and bad«, die Worte klangen in mir nach, als wir anschließend in einer langen Prozession im Schritttempo durch das Spalier der Soldaten aller Nationen hinter den Lastwagen mit den Särgen fuhren. Das Spalier erstreckte sich vom Antreteplatz bis hin zur Wache, rechts und links der Straße standen Soldaten, und wenn die Särge an ihnen vorbeikamen, hoben sie die Hand zum Gruß an die Mütze und ließen sie dann zögernd, Abschied nehmend, wieder sinken.

Die letzten Soldaten der Kompanie, der die Getöteten angehört hatten, sollten nun auch heimgeschickt werden. So wie Paul. Und er war es auch, der mich gebeten hatte, ihn und seine Kameraden in meinem Fahrzeug mitzunehmen. Seit dem Anschlag hatten sie das Lager nicht verlassen. Nun sollten sie zum ersten Mal wieder an dem Attentatsort vorbeifahren und wollten nicht in einem von unbekannten Menschen begleiteten anonymen Fahrzeug sitzen. Dabei würden sie auf der Fahrt nicht einmal etwas sehen können. Sie mussten bei geschlossenen Luken hinten im Panzer sitzen, so wie es seit dem Anschlag befohlen war. Sie baten mich aber, ihnen ein Klopfzeichen zu geben, wenn wir die Stelle des Anschlages passierten.

Ich tat es mit gemischten Gefühlen und auch nur, weil ich es versprochen hatte. Als wir an dem Feld vorbeikamen, in dem man noch immer die Spuren der Explosion sehen konnte, das niedergedrückte und verbrannte Gras, klopfte ich an die Metallwand, die die Fahrerkabine vom hinteren Teil des Panzers trennte. Ich lauschte nach hinten, aber das Motorengeräusch machte es unmöglich, etwas zu hören. Als wir das abgeriegelte und gesicherte Flughafengelände erreicht hatten, konnten sie die Luken öffnen, und nun sahen auch sie die dort stationierten Kameraden aller Nationen, die auch hier ein langes Spalier bis hin zum Flugzeug gebildet hatten und die Hände, die sich wie eine Welle zum Gruß hoben und wieder senkten. Vom Gefreiten bis hinauf zum General standen sie, Nationen und Uniformen gemischt, einträchtig nebeneinander und ergaben ein buntes und so gar nicht militärisches Bild. Doch waren sie vereint in ihrer Traurigkeit und ihrem Mitgefühl, aber vor allem in ihrem Respekt vor den gefallenen Kameraden, nicht ohne auch eine gewisse Härte auszustrahlen. Sie waren Soldaten, und dies war der Krieg. Egal, warum er geführt wurde und wofür, sie hassten den Gedanken, etwas Derartiges könne sich wiederholen.

Sie waren betroffen, berührt wie noch nie, und begegneten diesem neuen Gefühl mit dem, was sie trainiert hatten. Härte und Entschlossenheit. Nur, entschlossen wozu? Zunächst einmal nur dazu, nicht noch einmal hier in dieser Formation zu stehen. Nicht noch einmal würden sie Spalier stehen an vorbeiziehenden Särgen und sich die darin liegenden Leichen der jungen Männer vorstellen, an ihre jungen Frauen und ihre kleinen Kinder daheim denken. Nicht noch einmal. Nur, dass wenn es hier kein Spalier mehr gäbe, es leider nicht gleichzeitig bedeutete, dass es auch keine Leichen mehr gäbe.

Sie wollten sich wehren. Nur, gegen wen? Die Attentäter kamen aus dem Hinterhalt, blieben unsichtbar. Und wenn man sie dann sah, waren sie tot, hatten sich geopfert, mit in die Luft gesprengt.

Jahrelang waren diese Männer, diese Soldaten, dafür ausgebildet worden, zu kämpfen, zu verteidigen. Was, wenn man das nicht kann? Was, wenn man so wütend darüber ist, dass man sich nicht wehren kann? Was macht man dann? Dann will man sich wenigstens rächen, Vergeltung üben. Aber das geht auch nicht. Man kann es nicht, und man darf es nicht. Selbst wenn es einem vor lauter Wut egal ist, dass Rache sich nicht gehört und nichts Gutes ist, so sagt ja der gesunde Menschenverstand, dass es davon noch schlimmer würde, dass man dadurch nur noch tiefer in die Todesspirale von Hass und Gewalt gerät.

Über all das würden sie später nachdenken. Später. Jetzt war nicht die Zeit für große Worte. Stumm erhoben sich die Hände zum Gruß an die Mütze, und in dieser Bewegung lag mehr Gefühl als in allen Worten dieser Welt.

Auch Paul und die anderen sagten beim Abschied nichts, umarmten mich nur wortlos. Wortlos, weil es keine Worte gab, und Paul drückte mir verstohlen eine kleine Münze in die Hand, die ich einsteckte und erst später ansah, als er abgeflogen war. Darauf war der heilige Christophorus abgebildet, Schutzpatron der Reisenden, und ich wusste, was sie bedeutete. Sie würde mich beschützen, und Paul würde zurückkehren.

Nicht die richtige Zeit für Worte, das dachte ich auch, als es nun vor der Rückfahrt eine kleine Pause gab, Zigaretten angesteckt wurden und irgendjemand, ich weiß nicht mehr wer, versuchte, mit mir ein Gespräch zu beginnen. Er sprach von der Rede des Kommandeurs. Welch bewegende Worte er gefunden habe. Ich konnte mich schwach daran erinnern. Er hatte von Vaterland und Treue gesprochen und davon, das wir mit den Angehörigen trauern. Von einem feigen und hinterhältigen Anschlag hatte er gesprochen. Mich hatten seine Worte nicht so sehr bewegt. Ich hatte immer nur auf die Särge gestarrt, mir vorgestellt, wie sie darin lagen, und an eine der Witwen gedacht, die ich kannte. Zwei kleine Kinder hatte sie, und nicht einmal bei der Trauerfeier für ihren verstorbenen Mann konnte sie dabei sein. So hatte ich nicht richtig zugehört, und wohl deshalb hatte ich nicht verstanden, was er gesagt hatte, als er davon sprach, wofür diese Kameraden gestorben waren. Ich hatte immerzu nur an die Mütter, Kinder und Frauen dieser Toten dort in diesen Särgen gedacht und ob ich an ihrer Stelle wohl verstehen würde, wofür sie starben. Die junge Witwe, die ich kannte, verstand es nicht. Später erzählte sie mir, wie es gewesen war.

»Ich hatte am Abend zuvor den Kindern gesagt, morgen kommt

der Papa heim! Morgens war ich früh aufgestanden. Ich war aufgeregt, konnte nicht mehr schlafen. Es war alles vorbereitet, die Wohnung war sauber, und ich hatte Kuchen gebacken. Meine Freundin rief an und sagte, ich solle schnell den Fernseher einschalten. Als ich die Bilder sah, wusste ich sofort, dass mein Mann nicht überlebt hatte. Nicht, dass ich ihn gesehen hätte. Es war nur ein Gefühl, aber ich war sicher. Er hatte immer zu mir gesagt, ich solle keinen Gerüchten Glauben schenken. Wenn ihm etwas passieren würde, würden mindestens zwei Offiziere kommen und es mir sagen. Wie gelähmt und betäubt saß ich auf dem Sofa und wartete. Als es an der Tür klingelte, wollte ich zuerst nicht öffnen, aber als ich es doch tat und die beiden uniformierten Männer sah, sagte ich nur: »Sie müssen nichts sagen, ich weiß es schon.«

Sie erzählte mir all das, als sie mit Genehmigung des Bundesministers für Verteidigung Kabul besuchen durfte. Sie hatte so sehr dafür gekämpft. »Ich will sehen, wo mein Mann war und wo er gestorben ist. Ich muss es mit eigenen Augen sehen, es ist wichtig für mich. Ich hatte doch keine Zeit, mich von ihm zu verabschieden. Für mich lebt er immer noch dort in Kabul. Ich muss mit eigenen Augen sehen, dass er nicht mehr da ist, damit ich es begreifen kann.« So hatte sie wieder und wieder gebettelt und gefleht und an alle möglichen Behörden und Ämter geschrieben, um die Erlaubnis zu bekommen, das Camp in Kabul zu besuchen, in dem ihr Mann die letzten sechs Monate seines Lebens verbracht hatte. Sie hatte schon einen Flug gebucht, um auf eigene Faust loszuziehen, als sie die Genehmigung und Einladung des Verteidigungsministers erhielt. Man würde sie für einen Tag nach Kabul fliegen und mit ihr eine Besichtigungstour machen. In einem gepanzerten Fahrzeug, versteht sich. Und nicht nur sie, sondern alle Angehörigen der bei dem Busanschlag und bei einem Helikopterabsturz einige Monate zuvor ums Leben gekommenen Soldaten.

Aber das vorgesehene Programm ihres Aufenthaltes war eine Enttäuschung für sie. »Ich will doch nicht die Sehenswürdigkeiten Kabuls sehen«, schrieb sie mir. »Ich will auch nicht in einem Panzer sitzen, aus dem ich nicht heraussehen kann, und nur am Friedhof und an der großen Moschee aussteigen. Ich will auch vom Kommandeur keine Rede gehalten bekommen und nicht mit dem Pfarrer reden, um dann wieder heimgeschickt zu werden. Ich will durch die Straßen fahren, so wie er es getan hat. Ich will sehen, wie diese Stadt aussieht, in der er gestorben ist. Ich will sehen, wie die Menschen aussehen, für die er gestorben ist. Ich will es erleben, nicht spazieren gefahren werden. Ich will sehen, was er gesehen hat, riechen, was er gerochen hat, will den Staub und die Hitze, von der er mir erzählt hat, spüren. Ich will den Raum und das Bett sehen, in dem er geschlafen hat, will sehen, wo er gegessen hat, wo er abends gesessen hat. Ich will wissen, wie sich die letzten sechs Monate seines Lebens angefühlt haben.«

Ich konnte sie verstehen, aber auch, dass man um ihre Sicherheit höchst besorgt war. Ohnehin wurde das Entgegenkommen des Ministers, diesen Besuch zu gestatten, sehr differenziert gesehen und der Auftrag mit höchster Sorge ausgeführt. Dennoch trug ich ihr Anliegen vor. Ein hoher General, der eigens aus Deutschland geschickt worden war, um den Besuch vorzubereiten, arbeitete Tag und Nacht. An diesem Tag hatte er die Kompaniechefs für dreiundzwanzig Uhr einbestellt. Alle waren müde und reagierten gereizt. »Ungepanzert durch Kabul fahren, das kommt ja nicht in Frage. Allein durch das Lager laufen auch nicht«, kam aus der Runde. Es entspann sich eine lebhafte Diskussion. Der General hörte ungefähr fünf Minuten schweigend zu. »Schluss«, sagte er dann energisch. »Frau Oberstabsarzt hat recht. Wenn wir diesen Hinterbliebenenbesuch durchführen, soll er auch Sinn machen für die Angehörigen.«

Die Kompaniechefs waren aufgebracht. »Wir haben genaue Vorgaben aus Deutschland bekommen, direkt aus dem Verteidigungsministerium.« Was würde der Minister sagen, wenn der schön ausgearbeitete Plan umgeworfen würde, das war ihre größte Sorge. Dem General war das vollkommen egal. »Das wollen wir doch mal sehen«, sagte er mit entschiedener Stimme, mit einer eiskalten Ruhe, die gefährlich war. Es wurde plötzlich mucksmäuschenstill im Zelt. Er wiederholte. »Wir wollen doch mal sehen, wer hier etwas zu sagen hat. Der, der in Deutschland warm und trocken am Schreibtisch sitzt, oder derjenige, der hier draußen vor Ort ist.«

Ich mochte ihn sehr, den General, und er hielt Wort. Ich wurde eingeteilt, die mir bekannte Witwe persönlich zu betreuen und ihr alles zu zeigen, was sie sehen wollte. Als ich in der Flughafenhalle auf sie wartete, schlug mir das Herz bis zum Hals. Ich hatte Angst. Obwohl oder vielleicht gerade weil ich sie kannte, wusste ich nicht, ob ich das Richtige sagen und tun würde. Was sagt man in so einem Fall? Was tut man? Ich hatte keine Ahnung. Es war dann ganz leicht. Ich nahm sie einfach in den Arm. Mit Tränen in den Augen lachte sie. »Es ist schön, dich zu sehen«, sagte sie. »Und ich bin so froh, dass ich endlich hier bin. Ich bin so gespannt, alles mit eigenen Augen zu sehen.«

Und das tat sie. Wie ein Schwamm saugte sie alle Eindrücke auf, begierig, auch die kleinste Kleinigkeit wahrzunehmen und in ihrem Gedächtnis zu speichern, für später, wenn sie daheim in ihrem Wohnzimmer sitzen und ihren Kindern erzählen würde. Erzählen davon, wo der Papa gewesen war und wofür er gestorben war. Das war es, wonach sie wohl in Wahrheit auf der Suche war. Einen Sinn zu finden in diesem Tod. Herauszufinden, was es war, wofür sie ihren Mann hatte hergeben müssen. Denn für etwas zu sterben, an das man nicht glaubt, ist wohl der schlimmste Tod. Immer wieder stellte sie Fragen. Hat er es gemerkt, hat er gelitten, ging es schnell, was hatte er für Verletzungen? Hatte er noch Zeit gehabt zu denken? Hatte er gewusst, dass er starb, dass er sie und die Kinder verlassen musste? Ich log, was das Zeug hielt.

Natürlich log ich. Ärzte lügen immer, wenn ihnen diese Fragen gestellt werden. Wir sagen dann, nein, er hat nicht gelitten, nein, er hatte keine Schmerzen. Wir lügen, weil wir den Schmerz nicht vergrößern wollen. Wir lügen, weil wir selber Angst haben. Angst vor der Reaktion, die wir vielleicht nicht bewältigen können. Angst vor der eigenen Limitation und Angst vor den eigenen Gefühlen. Vielleicht ist es ja auch gar nicht gelogen. Vielleicht sagen wir einfach nur nicht die Wahrheit. Weil wir die Wahrheit nicht kennen. Wir sind noch nicht gestorben, und wenn wir es wären, könnten wir nicht davon erzählen. Irgendwann steht es auch uns bevor, das Sterben, das wissen wir. Aber darüber denken wir nicht nach, wollen nicht nachdenken. Wer kann denn wissen, wie es ist? Wie lange kann sich so eine Sekunde anfühlen, in der man dem Tod gegenübersteht, in der er einen abholen kommt? Vielleicht kommt einem ja diese eine Sekunde vor wie eine Ewigkeit. Und vielleicht merken wir es nicht einmal. Vielleicht kommt einem auch die Ewigkeit vor wie eine Sekunde. Es gibt wissenschaftliche Studien, die behaupten, das Gehirn nimmt einen ähnlichen Zustand ein wie bei einer Narkose, wenn der Körper stirbt. Doch das Letzte, was die junge Witwe hören wollte, ist das Ergebnis wissenschaftlicher Studien. Sie wollte sich vorstellen, dass die letzten Gedanken ihres Mannes ihr galten. Ihr und ihren Kindern. Es wäre ein Gedanke, der sie trösten würde. Der Gedanke, dass er fortging, ohne Abschied zu nehmen, quälte sie furchtbar. Ihretwegen und seinetwegen. Der Schmerz war grauenvoll in ihr, verdrängte alles andere, betäubte den ganzen Körper, vernichtete jedes andere Gefühl. Sie wusste, was Schmerz ist. Sie liebte ihren Mann, sie wollte nicht, dass er Schmerzen hatte, so wie sie sie nun hatte. Aus Liebe zu ihm hoffte sie mit ganzem Herzen, dass ihm dies erspart geblieben war.

Wer kann es mir verdenken, dass ich ihr den Gefallen tun wollte? Wie hätte ich je etwas anderes sagen können als: »Nein, er hat nicht gelitten. Nein, er hat es nicht mal gemerkt, es ging alles viel zu schnell.« Und schnell war es gegangen. Schnell nach unserer Zeitrechnung, nach unserer Uhr. Wie schnell es für ihn gegangen war, das kann keiner wissen, aber ihre Gedanken kreisten darum, ließen sie nicht los. Mit einem »Nein, er hat nicht gelitten« war es nicht getan. Sie wollte verstehen, begreifen, was passiert war. Sie wollte herausbekommen, warum er gestorben war, und sie wollte wissen, wo er jetzt war.

Sechs lange Monate hatte sie gewartet, sich auf den Moment gefreut, in dem er aus dem Flugzeug stieg, sich vorgestellt, wie er durch die Schranke ging, ihr winkte, auf sie zukam, sie in den Arm nahm. Er war nicht heimgekommen. Er war nicht weggegangen, das war er sechs Monate zuvor. Nein, er war nicht heimgekommen, und sie wollte wissen, warum. Sie wollte wissen, warum, und sie wollte wissen, wo er war, und wenn er weggehen, wegbleiben musste, dann wollte sie sich wenigstens verabschieden.

Ich fuhr mit ihr in das Waisenhaus, in das ihr Mann immer gefahren war, um Hilfsgüter abzugeben. Ich zeigte ihr die Gesichter der Kinder, die westlichen Kleidungsstücke, die sie trugen und die teilweise aus den Paketen stammten, die sie selbst geschickt hatte. Ich schaffte ihr die Psychologin vom Hals, die sich ihr ungeschickt näherte und unsensibel versuchte, sie anzufassen, um sie zu trösten. Ich fuhr mit ihr an die Unglücksstelle, und gemeinsam stellten wir fest, dass er dort nicht war, ihr Mann. Zwar legte sie pflichtgemäß die mitgebrachten Blumen ab, und mit unbewegtem Gesicht steckte sie auch die Deutschlandflagge ein, die man ihr übergab. Aber nichts davon konnte das Gefühl der Nähe, das sie zu ihrem Mann empfand, steigern, und so verlor der Ort seines Todes seine Bedeutung.

Für mich fasste es unser katholischer Priester in Worte, die ich mir merken konnte und deren Bedeutung ich erfühlen konnte. »Sie sind jetzt eure Schutzengel, eure gefallenen Kameraden. Sie sind immer bei euch, sie sind nicht weg.« So löste er für mich die Erinnerung ab von Ort und Zeit und transformierte sie in etwas Sinnvolles, in einen tröstlichen Gedanken, den man überallhin mitnehmen kann. Von da an konnte ich auch an dem Gedenkstein für die vier vorbeigehen. Es war ein großer schwarzer, unbehauener Stein mit einer goldenen Tafel, der mich immer melancholisch stimmte und den wir grüßten, wann immer wir daran vorbeigingen, aber ich konnte nun besser damit umgehen, hatte begonnen, die Erinnerung zu ertragen, in mich zu integrieren.

Für die junge Witwe war es vielleicht das Wichtigste, was sie von diesem Tag mitnahm. Die Erfahrung, dass für die Erinnerung an ihren Mann Zeit und Ort keine Rolle spielten. Und dass er irgendwie gar nicht so weit weggegangen war.

6

Kabul, 2003

Die Tage, Wochen und Monate vergingen. Wir hatten uns an die sengende Sonne der heißen Sommermonate gewöhnt, an den Staub, die Trauerfeiern und das Heimweh. Es war, als ob der Körper sich weigerte, lange und dauerhaft Schmerz zu empfinden. So stumpfte er ab, gewöhnte sich an die Umstände, und unsere Aufmerksamkeit wandte sich anderen Dingen zu. Der tägliche Tagesablauf nahm uns gefangen.

Zwei Wochen nach meiner Ankunft hatte ich ein Schachspiel aus Lapislazuli und Marmor gekauft. Vierundzwanzig blaue und weiße Schachfiguren. Jede Woche schickte ich eine nach Hause. Mit der letzten, so hatte ich meinen Kindern gesagt, würde ich mitkommen und dann würden wir spielen. Das hatten wir immer getan, zusammen gespielt. Kartenspiele, Brettspiele und auch Schach spielten wir. Nicht gut, aber mit Spaß. Im Sommer allerdings waren wir am liebsten draußen. Wir liebten die jährlichen Volleyballturniere, die unsere Nachbarn für Familie und Freunde auf ihrem großen Grundstück abhielten. Auch da ging es nicht ums Gewinnen, natürlich auch, aber vor allem hatten wir riesigen Spaß dabei. Die Müttermannschaft kämpfte ebenso tapfer wie erfolglos gegen die Mannschaft der Kinder, und nach dem Spiel grillten wir und sangen Karaoke. Wir waren ausgelassen und lachten viel, und daran dachte ich, als ich die erste Schachfigur einpackte.

Um für das nächste Volleyballturnier zu Hause fit zu sein und auch weil es der Seele guttut, ging ich mit meinem Spieß regelmäßig zum Sport. Nur morgens hatten wir dafür Zeit, und so absolvierten wir um fünf Uhr früh im Sportzelt unser Training. Ich rannte, er pumpte, so nannte er das Gewichtheben, und ab halb sieben saßen wir beim Kaffee vor meinem Zelt. Um halb acht war Antreten. Wenn ich meinen Leuten etwas zu sagen hatte, oder jemand hatte Geburtstag oder wurde befördert, ging ich hin, wenn nicht, ließ ich es den Spieß erledigen. Manchmal hörte ich ihn furchtbar brüllen und wunderte mich. »Was hast du sie so angeschrien, sie haben doch gar nichts angestellt?«, fragte ich dann.

Er grinste. »Natürlich nicht, es sind alles gute Mädchen und Jungs. Aber jetzt haben sie Angst und trauen sich für ein, zwei Stunden nicht zu uns herein, und wir haben unsere Ruhe. Musst du nicht Beurteilungen schreiben?«

»Du bist unmöglich«, sagte ich. Und wusste dabei, so wie ich liebten ihn alle anderen der Kompanie und nahmen es ihm nicht übel, durchschauten ihn wahrscheinlich sogar.

Täglich um halb neun kam der Kommandeur zu einer kleinen Besprechung vorbei. Er trank dabei ein Glas Wasser. Nicht mehr und nicht weniger und auch nichts anderes. Er unterstützte die Getränketheorie des Spießes, dass das Getränk der Situation anzupassen sei, und trank seit dem Busanschlag nur noch Wasser. In einigen Monaten, wenn er zurück in Deutschland sein würde, dann würde er die Füße hochlegen und sich ein großes kühles Weizenbier einschenken. Wie der Spieß war auch er nicht groß gewachsen, aber er wirkte eleganter. Obwohl er dieselbe Uniform trug, saß sie an ihm irgendwie anders. Formvollendet, so wie sein Auftreten. Nicht glatt, eher *gentlemanlike*. Wir fragten uns manchmal, ob er irgendwo heimlich bügeln ließ. Aber das war es nicht. In der Heimat trugen wir flecktarn in Oliv. In Afghanistan wurden wir ab dem zweiten Kontingent mit tropentarn ausgestattet. Die Kampfanzüge waren beige und hatten die Eigenschaft, sich in der Wäsche entweder in ein dreckiges Braun oder ein zartes Rosa zu verwandeln. Schweinchentarn nannten wir das. Das elegante Flair und die Souveränität unseres Kommandeurs konnte nicht einmal das Schweinchentarn zerstören. Wenn alles besprochen war, ging er weiter, zur nächsten Kompanie und trank das nächste Glas Wasser, und wir wandten uns unseren Aufgaben zu.

Wir bewältigten unsere kleinen und großen Alltagsgeschehen. Eines Morgens, der Spieß und ich saßen beim Kaffee vor dem Zelt, ich hatte die Füße gemütlich auf einen zweiten Stuhl gelegt, meldete sich ein Stabsunteroffizier in einer dienstlichen Angelegenheit, nahm Haltung an und grüßte mich, Hand an der Stirn. »Bist du übergeschnappt?«, fragte ich ihn. Uns verband ein freundschaftliches Verhältnis, und nun kam er mir so korrekt militärisch und störte meine Gemütlichkeit.

»Steh nicht so steif da und setz dich hin!«

Er ignorierte mich. »Ich muss etwas melden, und das kann ich nur so.«

»Ja, Mensch, dann spuck es doch endlich aus!«

»Chefin, ich melde, ich habe ein Funkgerät erschossen.«

Ich nahm die Füße vom Stuhl und sah ihn an. Der arme Junge musste Fieber haben.

»Du hast was?«

»Ich habe ein Funkgerät erschossen.«

Ein Glucksen, das ein Lachen werden wollte, stieg in meinem Magen auf, aber ich merkte, dass es ihm ernst war, dass er Angst hatte, und ich riss mich zusammen.

»Setz dich hin und erzähl vernünftig.«

Er gehorchte. »Wir waren auf Nachtpatrouille, ich saß hinten auf dem Wolf. Es gab keine Halterung für mein Gewehr, und so musste ich es auf dem Schoß halten. Ich habe es quer über meine Beine gelegt. Vor der Wache befahl der Patrouillenführer, fertig zu laden. Wir sind die ganze Nacht gefahren, die Straße war schlecht, voller Schlaglöcher, und das Gewehr stieß immer wieder irgendwo an. Trotzdem muss ich irgendwann aus Versehen eingeschlafen sein, denn ich wurde von einem Schuss geweckt. Er hatte sich wohl bei dem Geholper aus meinem Gewehr gelöst und das Funkgerät getroffen.«

»Ist es kaputt?«, fragte der Spieß, der jetzt schon das Lachen kaum unterdrücken konnte.

»Natürlich ist es kaputt!«, schrie der arme Unteroffizier total genervt, vollkommen fertig, und ich erkannte, dass er ernsthaft Angst hatte, er würde bestraft.

»Ist es eins von unseren?«, fragte ich, und er sah mich verständnislos an.

»Gehört das Funkgerät zu unserer Kompanie oder nicht?«

»Nein, es ist eins von der Einsatzkompanie«, und ich sah, dass er das noch viel schlimmer fand.

Ich war erleichtert. »Mensch, dann ist es doch egal.« Der Spieß fand das noch viel komischer, und nun konnten wir uns vor Lachen nicht mehr halten. Der Stabsunteroffizier fand es überhaupt nicht witzig.

»Deren Kompaniechef wird ausflippen!«

Das tat er allerdings. Noch mehr »flippte« er, als ich ihm am Telefon sagte, dass ich die Sachschadensmeldung nicht schreiben würde, weil er selber schuld sei. Erstens, weil er keine Gewehrhalterungen in seinem Jeep hatte, und zweitens, weil er einem Sanitäter befohlen hatte, das Gewehr fertig zu laden. Ein Sanitäter hat andere Aufgaben, wenn es brenzlig wird. Er fand es zwar nicht so lustig, war aber im Grunde derselben Meinung wie ich, nämlich dass Sanis einfach keine richtigen Soldaten seien, war jedoch vollkommen überfordert damit, dass ich das so einfach eingestand.

Mein Spieß war da anderer Meinung. Als einige Tage später ein Angehöriger der Schutzkompanie abends beim Bier zu ihm sagte, Sanitäter hätten militärisch nichts auf dem Kasten und könnten nicht mit Waffen umgehen, packte er ihn am Wickel, schüttelte ihn, holte mit der Faust aus, und es hätte die schönste Schlägerei gegeben, wären nicht fünf Mann unserer Kompanie dazwischengegangen.

Ich war sauer auf den Spieß. Erstens hatte er kein gutes Vorbild abgegeben, und zweitens musste ich mich bei dem anderen Kompaniechef entschuldigen. Ohnehin ein arroganter Schnösel, wie ich fand. Und er forderte eine Bestrafung meines Spießes. Das ging jedoch eindeutig zu weit. Ich erklärte, dass sein Verhalten nicht angemessen war, ich mich jedoch durch die Bemerkung ebenfalls beleidigt fühlte und gerne Gelegenheit hätte, unsere militärischen Fähigkeiten unter Beweis zu stellen. Was er von einem Schießwettbewerb halten würde?

Er fand es zunächst unter seiner Würde, aber ich schickte ihm eine offizielle schriftliche Einladung. Stil und Form verbaten ihm abzulehnen. Vielleicht fand er auch plötzlich Gefallen an der Sache. Irgendwie schlug jedenfalls die Stimmung um. Wir verbrachten einen interessanten Tag auf der Schießbahn. Ich würde gerne sagen, wir ließen sie gewinnen, aber das wäre nicht wahr. Immerhin schlugen wir uns tapfer und durften am Ende das ernst gemeinte Kompliment »Gar nicht mal so schlecht für Sanis« einstecken. Außerdem ließen sich die anderen überreden, uns ihre Scharfschützengewehre vorzuführen, und erlaubten uns sogar, damit zu schießen, was eine große Ehre bedeutete. Scharfschützen scheinen ihre Waffen fast mehr zu lieben als ihre Freundinnen. Am Ende grillten wir zusammen, und von Schlägerei war keine Rede mehr.

So traten die Alltagsgeschäfte nicht gerade in den Vordergrund, aber Tod und Sterben und die allgegenwärtige Gefahr wurden darin integriert. Wir gewöhnten uns daran und fanden es normal. Manchmal fragten wir uns, ob wir eigentlich Angst hatten. Und jedes Mal fanden wir heraus, nein, wir hatten keine Angst. Wir fragten uns, ob wir dumm waren. Wir wussten, dass wir es nicht waren. Und auch Gefühle hatten wir. Wir ärgerten uns gelegentlich, so wie über den arroganten Kompaniechef und seine Leute. Wir hatten Spaß zusammen, lachten gemeinsam, freuten uns. Freude war ein Gefühl, Ärger war ein Gefühl. Wir waren also nicht total abgestumpft, waren normal. Wir lebten einfach in der sicheren Überzeugung, uns würde nichts passieren. Der Tod betraf uns nur mittelbar, wir waren nur Beobachter, Helfer. Wir waren traurig, wenn neben uns jemand starb, aber uns persönlich betraf es nicht, würde es nicht treffen. Wir fühlten uns immun.

Der Spieß rief seit der Esel-Fahrt jedes Mal, wenn er sich in seiner Weste hinter das Lenkrad gequetscht hatte, »Juckahee, ein schöner Tag zum Sterben!«, und trat gut gelaunt und entschlossen auf das Gaspedal. Wir lachten dann und genossen den Tag, und ich fand, meine Kompanie und ich hielten uns ganz gut. Sein Spruch war so etwas wie unser Motto geworden.

Manchmal fühlte ich mich etwas unbehaglich damit, und unsere Einstellung kam mir irgendwie merkwürdig vor. Aber ich konnte es nicht greifen, wusste nicht, was es war. Später, zu Hause, würde ich über alles nachdenken. Jetzt hatte ich keine Zeit. Die holländischen Sanitätsoffiziere, mit denen wir am Anfang unseres Einsatzes zusammengearbeitet hatten und die mittlerweile nach Hause zurückgekehrt waren, interessierten sich sehr dafür, wie wir den Umgang mit Tod und Sterben, vor allem den Anschlag auf den Bus verarbeitet hatten, und baten mich um einen Bericht. Ich schrieb ihn, sie übersetzten ihn und druckten ihn in ihrer Verbandsschrift ab.

Drie maand na de aanslag
Drei Monate nach dem Anschlag
Ein persönlicher Bericht

Am 7. Juni 2003 gab es einen Bombenanschlag auf einen ISAF-Bus, in dem deutsche Soldaten am Kontingentende auf dem Weg zum Flugplatz waren, um nach Hause zu fahren. Es gab 4 Tote und viele Schwerverletzte, und die Sanität aller im Einsatzland befindlichen Nationen war auf die eine oder andere Weise an der Hilfeleistung beteiligt. Trotz des Entsetzens und des Mitgefühls angesichts schwerster Verletzungen und Verstümmelungen, angesichts des Todes der eigenen Kameraden und nicht zuletzt auch der eigenen Angst ist hier professionelle Arbeit geleistet worden, und alle Patienten waren binnen 51 Stunden zurück im Heimatland. Was ist nun aus der Betroffenheit und Hilflosigkeit geworden, die unsere Sanitäter und Ärzte direkt nach dem Anschlag auf deutsche Soldaten empfunden haben?

Anfangs gab es natürlich viele Gespräche über das Ereignis. Mit Kameraden der eigenen und anderen Nationen, aber auch mit dem Truppenarzt, den Psychologen, Pfarrern und dem Psychiater. Nach 3 Tagen wurde die deutsche Fahne, die auf Halbmast war, wieder hochgezogen, es gab eine Trauerfeier, die Leichen wurden nach Deutschland überführt und beerdigt, es wurde Geld für die Hinterbliebenen gesammelt. Die Gespräche sind nach und nach verstummt. Die Angelegenheit scheint erledigt zu sein. Für die Angehörigen jedoch sicher nicht. Junge Frauen, kleine Kinder sind zurückgeblieben, und ihr ganzes Leben ist verändert.

Ich habe mich gefragt, wie die Helfer von damals mit dem Ereignis fertig geworden sind. Sind wir als Ärzte und Sanitäter, die noch im Einsatzland sind, in der Lage, eventuell ein zweites derartiges Ereignis zu verkraften? Sanitätspersonal ist ja den Umgang und die Auseinandersetzung mit Tod und Sterben gewöhnt. Hier aber fanden wir Verletzte und Tote in der gleichen Uniform, die wir selbst tragen, Kameraden, die wir kannten, Freunde, mit denen wir am Tag zuvor noch Abschied gefeiert hatten. Welche von uns. Der Tod kam auf einmal trotz aller Professionalität ganz nah an uns heran. Haben wir jetzt nach 3 Monaten alles vergessen?

Ich habe mich umgesehen, gefragt, beobachtet. Hier sind einige der Eindrücke, die ich dabei gesammelt habe:

Es wird unter denen, die »dabei waren«, kaum noch über den Anschlag gesprochen. Wenn neue Soldaten eintreffen, wird kurz und sachlich berichtet. Fragen werden allerdings kaum toleriert, Kritik überhaupt nicht. Es darf sich kein »Fremder« einmischen, das Ganze ist eine persönliche Angelegenheit geworden. Erst am letzten Abend, wenn der Einsatz zu Ende ist, wenn die Waffe abgegeben und der Rucksack für den Heimflug gepackt ist, sitzen sie wieder zusammen und reden unter sich »darüber«. Jetzt haben sie wieder das Gefühl,

Zeit für sich und ihre Gefühle haben zu dürfen, loslassen zu dürfen und zu riskieren, dass dabei Gefühle und Reaktionen hervortreten, die ein Arbeiten unmöglich gemacht hätten. Bis hierher konnten sie sich gut schützen, durch Arbeit und Kameradschaft ablenken. Aber zu Hause wird wieder mehr Zeit sein und Abstand. Sie wissen, dass ihnen alle Erlebnisse des Einsatzes wieder und wieder durch den Kopf gehen werden. Auch die, die »alles gut verkraftet haben und denen es nichts ausgemacht hat«, wenden den Kopf, wenn in den Augen mancher Kameraden wieder Tränen stehen.

Einzelne Szenen werden in Erinnerung gerufen. Wie man zu einem Soldaten, der wissen wollte, in welchem Bett sein Freund liegt, sagen musste: »Junge, du brauchst nicht mehr zu suchen.« Und wie viele wortlose Verständigungen es gab. Wie viele die ganze Nacht am Bett eines Verletzten, vorher Fremden, saßen und nur wortlos seine Hand hielten. Wie die verletzten Männer, die in Sanitätsbereiche anderer Lager gebracht wurden, ihren Chef am Flugplatz trafen und er jeden einfach nur in den Arm nahm. Auch hier Verständigung fast ohne Worte. Auf die Frage »Was ist mit dem und dem?« nur ein leises Kopfschütteln. Und es wird auch darüber gesprochen, wie gearbeitet wurde. Alle zusammen, ungeachtet des Dienstgrades, der Nationalität und der Ausbildung. Tag und Nacht, stundenlang, immer weiter. Das wird im Nachhinein als tröstlich und stabilisierend empfunden. Wenn es drauf ankommt, halten alle zusammen.

Einer von uns, der kurz nach dem Anschlag in den Einsatz kam, hat acht Wochen später erst mit mir darüber geredet. Er sagte: »Ich konnte euch vorher nicht fragen, all die leeren Augen, die ich hier gesehen habe ... ich hatte das Gefühl, dass es mich nichts angeht und ich nicht fragen darf, jetzt sehe ich, dass es euch bessergeht.«

Wir haben viele Worte des Dankes gehört. Von den Patienten haben wir sie gerne gehört. Sie kamen von Herzen. Es haben sich viele Verbindungen angeknüpft zwischen Patient und Helfer, sie telefonieren, schreiben und richten Grüße aus. Sie fühlen sich einander verbunden durch das gemeinsam Erlebte und haben das Gefühl, das wird auch immer so bleiben. Viele hatten die Befürchtung, dass es

Belobigungen oder Anerkennungen gibt. Die wenigsten hätten das gewollt. Die meisten wollen keine Auszeichnung, für die Kameraden leiden und sterben mussten. »Wir haben doch nur unsere Arbeit gemacht …« Und aus den Gesichtern spricht das schlechte Gewissen, dass dennoch Menschen sterben mussten oder gehandicapt bleiben.

Ich habe Einzelne gefragt: »Könntet ihr so etwas noch einmal verkraften, die gleiche Leistung noch einmal erbringen, das gleiche Leid noch einmal mit ansehen?« Die Antwort war immer: »Ja, ich glaube schon … es geht mir gut.« Es kommt allerdings zögernd.

Ich denke, dass wir es können. Wir haben es bereits unter Beweis stellen müssen bei weiteren schweren Unglücken oder lebensbedrohlichen Erkrankungen einzelner Kameraden, die wir seit nach dem Anschlag versorgen mussten. Aber wir wollen es nicht. Wir haben unsere Fähigkeiten und Fertigkeiten, wir haben unsere Stabilität wieder, wir haben unseren Auftrag, wir machen weiter.

Aber wir haben nicht vergessen.

So sahen wir es. Wir fühlten uns professionell, und es gab uns Sicherheit. Augenscheinliche Sicherheit und auf dünnem Eis. Wie dünn, das wurde mir bewusst, als vom militärärztlichen Berater des Hauptquartiers eine sanitätsdienstliche Übung angesetzt wurde. Der BAT-Zug trat daraufhin mit einer Bitte an mich heran, und ich dachte, ich könnte sie erfüllen. So wie ich ihnen schon einmal ein, wie ich fand, verständliches und vernünftiges Begehr erfüllt hatte, als sie mich direkt nach dem Busanschlag gebeten hatten, die Journalisten und Reporter von ihnen fernzuhalten. Ich fand das nachvollziehbar und verständlich. Auch ich war genervt. Gefechtsfeldtourismus im ganz großen Stil war es, was sich nach dem Busanschlag abspielte. Die Politiker hatten wohl noch ein wenig Angst und hielten sich bedeckt, aber das Lager war von Radio-, Fernseh- und Zeitungsleuten, die offenbar nicht so zart besaitet waren, geradezu überschwemmt. Fast täglich erhielt ich einen Anruf unseres Presseoffiziers, der mich bat, einen von ihnen zu empfangen. Jedes Mal hatte ich dann wieder die Bilder des Anschlags vor Augen, die Geräusche und Gerüche und vor allem die Gefühle. Die Traurigkeit und die Einsamkeit, und ich vermisste meine toten Kameraden, dachte an ihre Angehörigen. Es störte mein mühsam errungenes Gleichgewicht und die scheinbare Zufriedenheit, in der ich lebte. Ich erklärte dem Presseoffizier, wie sehr uns diese Journalisten belasteten. Er war ein sehr netter und verständnisvoller Mann, und er schonte uns, wo er konnte. Manchmal gelang ihm das nicht, aber er verstand mich und respektierte meinen Wunsch nach ein wenig Ruhe, und so filterte er die seiner Meinung nach eher unseriösen, sensationsgeilen Reporter heraus. Vor allem aber warnte er mich immer vor, wenn ein Pressetermin anstand, erschien nie unangemeldet, und so hatte ich wenigstens Freiwillige finden oder die Dinge selbst erledigen und meinen BAT-Zug beschützen können.

Nun baten meine Leute, die Übung nicht durchführen zu müssen. Für ein paar Wochen hatte man uns damit verschont, die Kommandeure dachten wohl auch, man habe den Ernstfall ja erlebt und müsse ihn nicht mehr proben. Mittlerweile hatten die Kommandeure gewechselt, und die Neuen wollten ihre Routine aufnehmen, die Ordnung wiederherstellen. Vertraute Wege gehen, um Sicherheit zu produzieren.

Dagegen hatten meine Leute nichts einzuwenden. Sie hatten nichts gegen Alarmpläne und dagegen, auf den Ernstfall vorbereitet zu sein. Gegen den Ernstfall hatten sie nichts, dafür waren sie ja da. Wogegen sie sich verwahrten, waren sanitätsdienstliche Übungen, bei denen Unfallszenarien mit sogenannten Massenanfällen von Verletzten nachgestellt wurden, die dann wie im Ernstfall medizinisch versorgt und abtransportiert werden mussten. Der Gedanke daran produzierte bei ihnen keine Sicherheit, sondern Angst: »Chefin, das müssen wir doch nicht mehr üben. Wir haben doch gezeigt, dass wir es können! Wir haben doch den Ernstfall schon erlebt, und wir haben es doch auch gut bewältigt, oder nicht?«

Natürlich hatten sie das, und ich sagte es ihnen, dennoch war ich mir nicht ganz sicher, waren sie zu müde, einfach nur faul oder konnten sie wirklich den Gedanken nicht ertragen, dass angesichts der künstlichen Übungssituation die Bilder des Anschlags wieder vor ihren Augen auftauchen würden. Auf jeden Fall fand ich, dass sie recht hatten. Sie hatten wirklich bewiesen, dass sie derartige Übungen nicht brauchen.

Ich war sowieso schon immer der Meinung gewesen, dass Übungen im Einsatz absurd sind. Von organisatorischen Dingen wie der Erkundung von Wegen oder örtlichen Krankenhäusern einmal abgesehen. Wenn wir unser Handwerk so schlecht beherrschten, dass wir es im Einsatzland erst üben mussten, dann wären wir für einen solchen Einsatz nicht geeignet gewesen. Das war ja, als ob die Kampftruppe im Krieg erst mal das Schießen übt.

Wider Erwarten biss ich mit meinem Anliegen bei meinen Vorgesetzten aber auf Granit. Ich fragte den Oberfeldarzt, den Oberstarzt. So wie auch der militärärztliche Berater waren beide erst nach dem Anschlag in diesen Einsatz gekommen und hatten noch keine Toten gesehen. Beide fanden, ihrer Gewohnheit und Ausbildung gemäß, die Durchführung von Übungen normal. Außerdem sei es ein Befehl des militärärztlichen Beraters aus dem Hauptquartier, und dieser war ein mächtiger Mann in Deutschland. Ich solle die psychisch stabileren Ärzte und Sanitäter dafür einsetzen und die anderen zur Realversorgung im Camp lassen.

Ich tat, wie mir befohlen worden war. Befehl ist Befehl. Ich versammelte meine Mannschaft um mich und sagte, ich hätte es versucht, aber nicht ändern können. Eine Übung sei schon in drei Tagen angesetzt. Ich war entsetzt über die Betroffenheit, die meine Ankündigung auslöste, und über die große Anzahl von Soldaten, die mich eindringlich bat, sie davon zu befreien. Als mich dann auch Babsi darum bat, diejenige, die mit mir durch dick und dünn gegangen war, von der ich wirklich sicher wusste, wie belastbar sie war, als sie sagte: »Bitte teile mich für diesen Tag irgendwo im Lager ein«, da wusste ich, dass sie alle nicht zu faul waren. Sie hatten Angst. Sie wollten sich auf keinen emotionalen Balanceakt zugunsten einer Übung einlassen. Sie wollten ihre Kraft aufheben für den Moment, wo es um das Leben ihrer Kameraden, nicht um geschminkte Akteure oder Puppen gehen würde.

Wie der Kommandeur befohlen hatte, suchte ich die Teilnehmer der Übung sorgfältig aus. Wenn auch anders, als dieser sich das gedacht haben mag. Ich bestellte sie abends zu mir ein und erklärte ihnen, dass wir vorgehen würden wie in einem Theaterstück. Sie sollten sich genau auf die Tätigkeiten konzentrieren, zu denen ich sie nun einteilen würde, und an nichts anderes denken. Ich teilte jedem etwas zu: eine Trage, ein EKG-Gerät, ein Sauerstoffgerät. Ich sagte ihnen, sie sollten sich nur auf den Griff der Trage oder des Gerätes konzentrieren. Nur auf die glatten schwarzen Holme, an nichts anderes denken. Gemeinsam durchdachten wir nun den Ablauf, bis jeder genau wusste, welche Trage er wo anfassen würde, an welchen Platz genau er welchen Patienten, welche Puppe legen würde und wer ein Sauerstoffgerät wohin stellen würde. Schamlos nutzte ich meine Insider-Informationen aus. Ich schärfte meinen Leuten ein, sich gar nicht um die Gesamtsituation zu kümmern. Sie sollten sich nur zu dem Platz begeben, den ich ihnen zuteilte. Die Puppen dort hinlegen, wo ich es ihnen jetzt sagte. Nicht hinhören, nicht hinsehen, die Gedanken ausschalten, eine Rolle spielen, sich auf die Plastikgriffe konzentrieren. Nur an diese Griffe denken. Schwarz und glatt. Wir übten so lange, bis jeder seine Rolle genau beherrschte, das Ganze wirklich fast zu einem Spiel geworden war. Zu einem Schauspiel. Ich schärfte ihnen wieder und wieder ein, nur die von mir skizzierten Wege zu gehen und sich dabei nur auf die Plastikgriffe zu konzentrieren, versuchte sie darauf zu fixieren, so dass sie alles andere außen vor lassen konnten. Egal, was wir tun würden, sagte ich, die Organisatoren der Übung würden es nicht bemerken, und selbst wenn, den Erfolg der Übung als gut bewerten, war sie doch von ihnen selbst geplant worden. Wir brachten es hinter uns. Doch trotz aller Bemühungen war der eine oder andere meiner Leute blass oder still geworden, und einige sagten hinterher, sie hätten manchmal für kurze Zeit die Konzentration auf ihre schwarzen Plastikgriffe verloren und dann seien die Erinnerungen an die schreienden und blutenden Kameraden aufgetaucht. Ich beschloss, diese Farce ein für allemal zu beenden.

Ich hatte einen Freund in diesem Einsatz wiedergetroffen. Mathias war im Hauptquartier als Personenschützer eingesetzt, als Bodyguard für den obersten kommandierenden General, den Kommandeur aller ISAF-Truppen in Afghanistan, der in diesem Kontingent ein Deutscher war. Kurz vor seiner Pensionierung hatte er es noch einmal auf sich genommen, diesen Einsatz zu befehligen, und stand im Rang noch über dem General, dem ich die Erkennungsmarken übergeben hatte. Der Drei-Sterne-General hatte einen frischen Bandscheibenvorfall, war aber nicht bereit, wegen einer solchen Lappalie den Einsatz abzubrechen. Immerhin suchte er regelmäßig das Sportzelt in unserem Lager auf, um die ihm verordneten Übungen durchzuführen. Ich rief meinen Freund an, erklärte ihm die Situation und dass ich seinen General privat sprechen müsse. Der General mochte Mathias, und höflich oder auch neugierig hielt er es für eine ausgezeichnete Idee, an einem der nächsten Tag im Büro der Chefin der MedEvac-Kompanie eine Erfrischung zu sich zu nehmen.

Grinsend öffnete Mathias ihm die Tür unseres Zeltes und stellte mich vor. Der Spieß, der in alle meine »kleinen Dienstwege« eingeweiht war, hatte dafür gesorgt, dass alles blitzblank war und Kaffee und Kuchen auf dem Tisch stand. Der General war natürlich nicht blöd. Nach einem kurzen freundschaftlichen Smalltalk fragte er freundlich: »Und was kann ich für Sie tun, Frau Oberstabsarzt?«

Ich erklärte es ihm. Erzählte von dem Tag des Anschlages, davon, dass keiner meiner Leute anschließend nach Deutschland hatte zurückkehren wollen, dass sie hatten hierbleiben und ihren Beitrag leisten wollen, dass sie sich jedoch wünschten und ich mir für sie, dass man sie nunmehr auch ernst nahm, ihre Erfahrung anerkannte und ihren Schmerz respektierte. Ihren Schmerz, den sie tapfer zu überwinden suchten unter Hintanstellung persönlicher Belange, wie man militärisch so glatt formuliert, und zugunsten derer, die ihre bewiesenermaßen höchst qualifizierte Hilfe vielleicht benötigen würden. Ich sagte, dass ich die Entscheidung meiner Vorgesetzten, mit den Übungen fortzufahren, respektiert habe, schließlich müssten sie ja auch ihre Aufträge ausführen, aber dass ich es begrüßen würde, ja dass ich ihn sehr bitten würde, im Interesse der Angehörigen meiner Kompanie, von höchster Stelle aus diese Übungen zumindest für den Rest unseres Einsatzes abzustellen. »Schließlich ist das hier kein Kasperletheater!«, endete ich vielleicht ein wenig zu schwungvoll, hingerissen von meiner eigenen Überzeugung. Im Laufe meines engagierten Vortrages war das freundliche Gesicht des Generals ernst geworden, und ich wusste, er registrierte jedes einzelne meiner Worte. Er schwieg einen Moment, stand dann auf und sagte: »Vielen Dank für Ihre Gastfreundschaft, es war sehr angenehm, bei Ihnen einmal verschnaufen zu dürfen, aber ich habe Termine und muss jetzt leider gehen.«

Mir sank das Herz in die Hose. Ich hatte es versaut. Vermutlich würde er meinen Vorgesetzten gleich mitteilen, wie ich sie hintergangen hatte. An der Tür streckte er mir die Hand entgegen, hielt meine einen Moment fest und sagte mit einem Augenzwinkern: »Ich habe genau verstanden, was Sie meinen. Aber ich kann Ihnen nichts versprechen.« Und er lächelte mich an. Mathias lächelte auch und hielt für mich hinter seinem Rücken den Daumen nach oben. Ich war erleichtert. Er war verbündet.

Für den Rest unseres Einsatzes gab es keine weiteren Übungen. Ohne große Worte, ohne Ankündigung, so dass wir es zunächst nicht einmal bemerkten. Nach einigen Wochen jedoch sagte der Spieß irgendwann morgens beim Kaffee mit völlig unbewegtem Gesicht: »Lange keine Übung gewesen, oder?« »Stimmt eigentlich!«, entgegnete ich, und wir grinsten uns verschwörerisch an und dachten dankbar an den lieben alten General.

Am Ende meines Einsatzes ging ich mich von ihm verabschieden. Das brachte seinen Adjutanten total durcheinander. Ich hätte keinen Termin und das ginge so gar nicht. Der General verwirrte ihn noch mehr, als er ihm auftrug, eine seiner persönlichen Gedenkmünzen zu bringen. »Aber Herr General«, stammelte er, »das geht doch nicht, das ist nicht vorgesehen, die sind alle verplant.« Den General interessierte das nicht. Feierlich übergab er mir seine Münze, und als ich ihm tief bewegt dankte und sagte, das habe ich nicht erwartet, sagte er so laut, dass es auch der Adjutant hörte: »Das tue ich auch nicht, weil ich muss, sondern weil ich es möchte, und zwar als Zeichen meines Respekts und meiner Wertschätzung für Sie, liebe Frau Oberstabsarzt.«

Als ich sein Büro verlassen hatte, weinte ich. Die Münze habe ich aufbewahrt. Alle anderen Münzen, die NATO-Medaille, selbst die silberne Einsatzmedaille, die damals an nur wenige Soldaten verliehen worden war, weil nur wenige genügend Einsatztage hatten, alle habe ich weggeworfen oder verschenkt. Diese Münze ist mir teuer. Ein altgedienter Recke schenkte sie mir, ein Soldat durch und durch, dem die Uniform wie am Körper angewachsen schien und den man sich in Zivilkleidung überhaupt nicht vorstellen konnte. Das Abbild eines Soldaten, wie man loyaler nicht sein kann. Aber das war es nicht, das sie mir so kostbar machte. Der Mensch, der in dieser Uniform steckte, der schenkte sie mir. Er übergab sie nicht, wie man einen Orden übergibt oder eine Belobigung ausspricht. Es war ein Herzensgeschenk. Ein Symbol der Menschlichkeit. Auch wenn ich damals noch nicht wissen konnte, wie wichtig mir die Münze später noch werden würde, dass ich mich an ihr festhalten würde, als gälte es mein Leben.

So hatten wir nicht gerade Sorglosigkeit entwickelt, eher eine Art Bauernschläue. Diese führte uns auch in einer anderen schwierigen Situation zu einer, wie wir fanden, genialen Lösung.

Es hatte sich eingebürgert, dass ich einmal in der Woche einen einheimischen Arzt in seiner Praxis aufsuchte. Es war mein Auftrag, ihn zu unterstützen, indem ich ihm im Rahmen huma-

Im Sanitätspanzer auf Patrouille

Beim Tagebuch schreiben

In der Luke im hinteren Teil des Panzers über Funk mit dem Team in der Fahrerkabine verbunden

Junge in Kabul

Der „geheime" Doktor

Anschlag auf Bundeswehrbus 2003 in Kabul

Unterstützung durch US-Helikopter

Verwundeten-Sammelplatz

Trauerfeier

Für Deutschland gefallen

Salut

Abschlussball in Neuseeland

nitärer Hilfeleistung Fachärzte zuführte. Seine Praxis befand sich in einem Dorf ungefähr zehn Kilometer vom Lager entfernt in einem einheimischen Anwesen, wie üblich aus Lehm gebaut, mit einem Innenhof, von einer Mauer umgeben. Mal nahm ich die litauische Hautärztin, mal den tschechischen Hals-Nasen-Ohren-Arzt und mal den deutschen Neurologen mit. Der afghanische Arzt bestellte dann jedes Mal Patienten mit einem spezifischen Problem ein, bei dem er nicht weitergekommen war. Bis ich eines Tages dahinterkam, dass er draußen vor dem Gebäude eine Art Zahlstelle eingerichtet hatte, wo jeder Patient, der einen der ausländischen Spezialisten sehen wollte, fünfzig Afghani bezahlen musste. Wer kein Geld dabeihatte, wurde weggeschickt. Das wollte ich nicht unterstützen. Ich versuchte, mit ihm darüber zu reden, stieß aber auf Verständnislosigkeit. Hier prallten die Kulturen aufeinander. Vor allem, da ich eine Frau war. Als Dienstleister, als Transporteur der Fachärzte hatte er mich akzeptiert. Als Gesprächspartner nicht.

So erfand ich Ausreden, um die Fahrten bei ihm nicht auszuführen zu müssen. Ich schützte Arbeit vor, kaputte Fahrzeuge. Als das zu auffällig wurde, machte ich der litauischen Ärztin Angst vor Anschlägen, so dass sie sich hinfort weigerte, das Lager zu verlassen. Sie muss mit den anderen Fachärzten gesprochen haben, denn auf einmal lehnten diese von sich aus ab, zu dem afghanischen Arzt zu fahren. Es half, dass der Weg dorthin vermint und ein deutscher Jeep zerstört worden war, zum Glück ohne Verletzte. Auf der anderen Seite war das wiederum der Grund, warum mich eines Tages ein Verbindungsoffizier aufsuchte. Er sagte, er habe bemerkt, dass wir seit einiger Zeit die afghanische Arztpraxis im übernächsten Dorf vom Camp aus gesehen nicht mehr besuchen würden. Seit dieser Zeit hätten Raketenangriffe auf unser Lager, die genau aus dieser Richtung kommen würden, zugenommen. Er würde uns doch sehr bitten, diese Besuche wiederaufzunehmen. Aus Gründen der Sicherheit. »Medical Force Protection«, so nannte er das, und es beruhte auf der Theorie, dass Menschen, denen man half, nicht auf einen schießen würden. Eine Bitte von einem Verbindungsoffizier, das wusste ich, war keine Bitte, sondern ein Befehl. Aber ich fand das Verhalten des Arztes immer noch unmoralisch. Der Spieß und ich dachten lange nach, was zu tun sei.

Gute Kontakte zur Einsatzkompanie, die regelmäßig Patrouillen in dieser Gegend durchführten und zu einem Oberstleutnant der Zivil-Militärischen Zusammenarbeit brachten die Lösung. Der Oberstleutnant leitete den Bau von Brunnen, Kindergärten und Schulen und musste die Baustellen dazu natürlich aufsuchen. Er verfügte über einen Jeep, es war aber nur gestattet, das Lager im Konvoi von mindestens zwei Fahrzeugen zu verlassen. So war er ständig darauf angewiesen, ein Begleitfahrzeug zu finden, und wir hatten ihn schon öfter begleitet. Sein Fahrer war ein Deutscher afghanischer Abstammung, der die Sprache fließend beherrschte und den ich zudem aus Deutschland kannte. Der Oberstleutnant, sein Hauptgefreiter, mein Spieß und ich bildeten gemeinsam die ideale Symbiose. Ich hatte Fahrzeuge, er einen Dolmetscher und wir gemeinsame Interessen und einen Plan.

Jede Woche fuhren wir nun in Richtung des Dorfes, in dem der afghanische Arzt seine Praxis hatte. Kurz vor dem Dorf und weit außer Sichtweite des Lagers bogen wir in das Nachbardorf ab. Dort hatte die Einsatzkompanie einen anderen Arzt ausfindig gemacht, der im Krieg nach Pakistan geflohen war und nun in seine Heimat und zu seiner Familie zurückgekehrt war. Er wollte gerne eine eigene Praxis eröffnen, um für seine Familie sorgen zu können, und wir unterstützten ihn dabei. Auf seinem großen alten, aus Lehm erbauten Gehöft entrümpelten wir eine Kammer, richteten sie mit altem Mobiliar ein, das er irgendwo aufgetrieben hatte, und einer bescheidenen Ausrüstung, wie ein Blutdruckmessgerät und ein Stethoskop, für das ich Sachschadensmeldungen geschrieben hatte. Aus unserer Apotheke brachte ich ihm abgelaufenes Verbandmaterial und kleine Mengen von Medikamenten mit. Er verkaufte sie auf dem Schwarzmarkt und erhielt dafür die fünffache Menge einheimischer Medikamente. Von Anfang an lehnte ich ab, persönlich bei ihm Patienten zu behandeln, und erklärte den Dorfbewohnern, dass das nicht nötig sei, weil sie nun einen sehr guten Arzt aus ihrem eigenen Volk im Dorf hätten, der ihre Probleme auch viel besser verstehen würde als ich. Der Oberstleutnant saß immer geduldig bei uns, wenn wir verhandelten und Tee tranken, und anschließend fuhren wir ihn zu seiner Schule oder wo immer er hinwollte. Mit der Zeit knüpfte auch er freundschaftliche Beziehungen zu unserem geheimen Doktor und baute für die Dorfschule einen Brunnen. Der Malik, der Bürgermeister des Dorfes, war begeistert und lud uns zum Tee ein. Sein Machtbereich erstreckte sich offenbar bis zu dem Dorf des anderen Arztes, denn uns wurde nie ein Haar gekrümmt.

Nur einmal stahl ein kleiner Junge die Kamera des Oberstleutnants, was diesen ob des Vertrauensverlustes sehr entrüstete. Aber unser geheimer Doktor ließ sie wieder herbeischaffen, versöhnte uns mit Tee und Rosinen, und die Welt war wieder in Ordnung. Und auch die Raketenangriffe aus dieser Gegend auf das Lager hatten wieder aufgehört. Auch wenn die Verbindungsoffiziere bis heute nie von unserem Standortwechsel erfahren haben.

Der Spieß musste leider irgendwann aus unserem Unternehmen aussteigen. Unsere Kompanie wusste von dem Auftrag, wenn auch nicht von unserer kleinen Lageänderung. Zwei unserer Feldwebel sprachen eines Tages bei uns vor und sagten, sie fänden es nicht besonders militärisch von uns, dass der Spieß und ich regelmäßig einmal in der Woche das Lager gemeinsam verlassen würden. Für den Fall, dass uns etwas passieren würde, wäre die Kompanie gewissermaßen führungslos. Sie würden es für besser halten, wenn der Spieß im Lager bleiben würde. Sie würden sich anbieten, mich zu fahren. Dass es vielleicht ein wenig gefährlich sei, wäre ihnen dabei egal, und sie würden versprechen, gut auf mich aufzupassen. Dabei tätschelten sie liebevoll ihr Gewehr. Beide waren ehemalige Fallschirmjäger, die erst später zur Sanität gewechselt hatten. Der Spieß und ich sahen uns an und konnten es nicht glauben. Wir waren gleichzeitig beschämt und gerührt. Natürlich hatten die beiden recht, und wir waren sehr betroffen, dass wir nicht selbst daran gedacht hatten. Die beiden blieben bei ihrem Angebot, auch nachdem sie erfahren hatten, dass wir den ursprünglichen Auftrag eigenmächtig geändert und verlassen hatten. So änderten wir ab sofort unsere Strategie, und abwechselnd fuhr einer der beiden Fallschirmjäger mit mir, an unterschiedlichen Wochentagen, um für etwaige Beobachter und potentielle Attentäter keine Regelmäßigkeit erkennen zu lassen.

Am Ende meines Einsatzes wollte ich mich von unserem Arzt verabschieden. Ich hatte ihm versprochen, nicht ohne Abschied nach Deutschland zurückzukehren. Aber in den zwei Wochen vor meiner Abreise war »Code Red« befohlen worden, was bedeutete, dass aufgrund der Sicherheitslage niemand das Lager verlassen durfte. Als dann das Schild an der Wache wieder auf Grün gewechselt wurde, hatte ich die Kompanie bereits an meinen Nachfolger übergeben und verfügte nicht mehr über die Fahrzeuge.

Ich war verzweifelt. »Ich habe es ihm doch versprochen«, sagte ich zu meinem Spieß, der nun auch kein Spieß mehr war.

»Ja, aber wir haben keine Autos mehr, es war gefährlich in den letzten Tagen. Wir müssen doch nicht unbedingt riskieren, dass uns auf die letzten Tage noch etwas passiert!«

»Ach«, sagte ich enttäuscht und zornig, »ist es jetzt kein schöner Tag zum Sterben mehr oder was?«

»Genau«, sagt er entschieden. »Ich bin raus aus der Nummer. Ich komm nicht mit. Ich will heim.«

»Dann mach ich es allein«, sagte ich trotzig und ließ ihn sitzen.

Ich fragte in der Einsatzkompanie nach, und man war bereit, mir am nächsten Morgen zwei Autos zu leihen. Soldaten aber konnten sie mir keine geben. Ich wusste nicht, wie ich es bewerkstelligen konnte, meinem afghanischen Kollegen gegenüber mein Versprechen zu halten. Vermutlich musste ich mich damit abfinden, dass ich ihn nicht wiedersehen würde.

Am nächsten Morgen kam mir der Spieß entgegen, in Splitter-schutzweste, mit Helm: »Wo bleibst du denn, ich denke wir fahren raus?« Und dann bogen noch zwei Mitglieder meiner alten Kompanie um die Ecke, eine kleine zarte Frau Oberfeldwebel und ein großer kräftiger Oberleutnant. Er sagte: »Unsere Kleine hier«, und er zeigte auf seine Kameradin, »hat gesagt, wenn der Chefin da draußen etwas passiert, weil wir sie alleingelassen haben, werde ich nicht damit leben können. Da habe ich mich geschämt. Jetzt lasst uns gehen und unser Versprechen einlösen. Die Afghanen sollen nicht denken, dass man sich auf uns nicht verlassen kann.« Mit einem Seitenblick auf mich fügte er hinzu: »Und unsere Chefin auch nicht.«

Der Anblick unseres geheimen afghanischen Doktors war die Mühe wert. Er hatte von unserer Ausgangssperre gehört und nicht mehr mit uns gerechnet. Er strahlte übers ganze Gesicht, schüttelte wieder und wieder unsere Hände, voller Begeisterung und Rührung darüber, dass wir unser Versprechen gehalten hatten. Alle Unterschiede waren plötzlich vergessen und zählten nicht. Unsere unterschiedliche Kultur, Religion und Erziehung, die Tatsache, dass wir an verschiedenen Orten der Welt zu Hause waren, nicht einmal eine gemeinsame Sprache sprachen, das alles verblasste, und wir fühlten uns sehr verbunden und empfanden es wie einen Triumph über den Krieg, über Tod und Gewalt. Wir beide waren Ärzte, und wir hatten eine gemeinsame Moral und gemeinsame Werte. Zwischen seinem Dorf und meinem Dorf würde es niemals Krieg geben, auch wenn sie direkt nebeneinanderliegen und Stalin persönlich den Krieg ausrufen würde. Wir würden uns in diesem Leben vermutlich niemals wiedersehen, aber wir waren so etwas wie Freunde geworden. Manchmal denke ich an unseren geheimen Doktor, und es fühlt sich warm an.

7

Deutschland, 2003
Kabul, 2003

Nach etwas mehr als der Hälfte des Einsatzes fuhr ich für zwei Wochen nach Hause in den Urlaub. In Usbekistan hatte es eine unerwartete Verzögerung gegeben, meine Ankunft hatte sich verspätet, und daheim hatten sie nicht genau gewusst, wann ich eintreffen würde.

Endlich war ich zu Hause angekommen. Ich betrat den Hof, und da waren sie. Meine beiden jüngsten Söhne spielten Fußball wie immer, meine Tochter ging gerade mit dem Rücken zu mir gewandt mit unseren beiden Hunden, beides Dalmatiner, in Richtung Scheune. Als sie das Hoftor auf- und zugehen hörte, drehte sie sich kurz um und wandte sich dann wieder ab. Auch die Jungs sahen kurz zu mir und kickten dann wieder weiter. Sie hatten mich nicht erkannt. Meine eigenen Kinder erkannten mich nicht. Nur die Hunde, die rannten freudig auf mich zu und sprangen an mir hoch. Es war ein stechender Schmerz, der mir durch den Magen zog. War es ihnen so ergangen, den Veteranen, als sie zurückkehrten aus dem Zweiten Weltkrieg, aus Vietnam? War dies das Gefühl, das sie überfiel, als sie aus russischer Kriegsgefangenschaft kamen und ihre Frau in den Armen eines anderen fanden?

Es dauerte zum Glück nur einen Moment. Die Kinder drehten sich nach den Hunden um und sahen mich noch einmal an. Der

Ausdruck ihrer Gesichter wechselte von Erstaunen und Verwunderung zu Freude, und sie lachten. »Mama!«, sie warfen sich in meine Arme. Dann blickten sie mich ein wenig beschämt und auch neugierig an. »Wir haben dich überhaupt nicht erkannt!« Sie versuchten, zu ergründen, was es war, das so anders war. Ich war braungebrannt, jedenfalls das, was von meiner Haut zu sehen war. Die Unterarme unterhalb der hochgekrempelten Ärmel und das Gesicht, NATO-Bräune. Und ich hatte abgenommen. Nicht weil das Essen schlecht gewesen wäre. Das war in meinem ersten Einsatz der Fall gewesen. Da hatte es in den ersten drei Monaten jeden Tag Kartoffelbrei gegeben, weil nichts anderes da war. Dieses Mal war das Essen besser, aber oft hatte ich keine Zeit. Oder, um ehrlich zu sein, keine Lust und keinen Appetit.

Aber die Kinder sagten, das sei es nicht. Höflich machten sie mir Komplimente, ich sähe gut aus so dünn und gebräunt. Ihre Augen sagten etwas anderes, schauten mich beständig forschend an, sahen besorgt aus und erschreckt. Nachdenklich betrachtete ich mein Gesicht im Spiegel. Hatte ich mehr Falten bekommen? Ich beobachtete mich und stellte fest, dass ich oft nur dasaß und ins Leere starrte. Wie es der Soldat ausgedrückt hatte, den ich in meinem Artikel an die Holländer zitiert hatte. Leere Augen. Ich riss mich zusammen und kontrollierte mich besser. Wie hätte ich ihnen erklären können, welche Bilder ich in diesen Augenblicken vor Augen hatte? Wie ihnen erzählen, was es war, das sie mit dem gesunden Instinkt von Kindern spürten, aber nicht identifizieren konnten? Es waren Kinder, meine Kinder. Und ich wollte nicht, dass sie ihr unschuldiges Vertrauen verloren. Ihre Mama war Ärztin und half den armen Menschen in Afghanistan. Das war gut genug, musste genug sein. Denn ich musste wieder zurück in den Einsatz. Und vermutlich noch viele Male. Ich wollte nicht, dass sie Angst um mich hatten. Ich sagte ihnen nicht, dass es nicht die armen Afghanen seien, denen ich half, sondern arme junge deutsche Soldaten. Jungen, so wie sie in ein paar Jahren welche sein würden. Als mein zweitjüngster Sohn sagte, wenn er groß sei, wolle er auch Soldat sein, bekam ich Gänsehaut, und es lief mir eiskalt über den Rücken. Aber ich sagte nichts. Noch nicht. Sie sollten noch ein wenig Kind sein dürfen, noch träumen und spielen.

So erzählte ich von der wunderschönen Landschaft Afghanistans. Dem hellen Licht dort, den hohen schneebedeckten Bergen, dem orientalischen Duft von Zimt und Kardamom, Holzfeuern und gebratenem Hammel, den vielen bunten Märkten. Ich hatte primitiv gebastelte, aus Holz gefertigte, bunt bemalte Zwillen mitgebracht und erzählte ihnen, wie die kleinen afghanischen Jungs versuchten, damit Vögel und Katzen zu treffen. Wir gingen in den Garten und probierten sie aus. Schossen natürlich nicht auf Tiere, sondern auf Konservendosen. Sie hatten sowieso nicht mehr zuhören wollen. Nicht, dass es sich ihrer Vorstellungskraft entzogen hätte, sie ignorierten ganz einfach das ganze Thema und taten so, als ob alles sei wie immer. So wie immer, wenn ich gerade nicht im Einsatz war. Sie wollten sich normal verhalten, einfach nur ganz normal sein. Sie fragten rücksichtsvoll, ob es mir etwas ausmachen würde, wenn sie sich mit ihren Freunden verabreden, auf den Sportplatz zum Fußballspielen gehen würden. Es machte mir etwas aus, sehr viel sogar, ich hätte sie am liebsten Tag und Nacht um mich gehabt, ihre Nähe eingesaugt und aufgespeichert für die Zeit, wenn ich wieder weg sein würde, aber ich log sie an und sagte, es sei in Ordnung. Schließlich wolle ich auch einmal ausruhen und ein Buch lesen, sagte ich zu ihnen.

Ich verstand sie. So war es einfacher für sie. So wie es leichter für sie war, mir nicht in den Einsatz zu schreiben und nicht mit mir zu telefonieren. Jedes Mal flammte dann der Schmerz neu auf. Je weniger Kontakt sie mit mir hatten, umso besser konnten sie verdrängen, wie sehr sie mich vermissten. So merkten sie gar nicht, dass sie Angst hatten. Sie gingen in die Schule, trafen sich mit Freunden. Die kleinen Jungs verbrachten ihre gesamte Freizeit auf dem Fußballplatz, der Älteste schraubte an seinem Motorroller, der Zweitälteste schrieb Lieder und gründete eine Band, meine Tochter färbte sich die Haare grün und erschmeichelte sich von meinem Mann die Erlaubnis für ein Bauchnabelpiercing. Gelegentlich schickten sie mir eine E-Mail und entschuldigten sich, dass sie so lange nicht geschrieben hatten. Sie hätten keine Zeit gehabt, sagten sie. Sie wollten ein normales Leben haben. Sie wollten keine Mutter haben, die in Afghanistan ist, und schon gar nicht wollten sie eine tote Mutter. Da Beste war, das Ganze zu ignorieren.

Nur für die Schule, da war es praktisch. »Nein, ich habe meine Hausaufgaben nicht gemacht. Meine Mama ist doch in Afghanistan, und da ging es mir nicht so gut gestern!« »Nein, ich kann nichts mitbringen für den Basar, meine Mama ist doch in Afghanistan!« »Ich bin zu spät gekommen, weil mich meine Mama nicht fahren konnte, sie ist doch in Afghanistan!« Meine Mama ist in Afghanistan. Als Ausrede war es gut. Sie kamen immer damit durch, die kleinen Gauner. Erst viel später erzählten sie mir davon. Nach meiner Entlassung aus der Bundeswehr, als sie wussten, dass es ganz und gar ungefährlich geworden war, rückten sie damit heraus und lachten sich kaputt. All die Jahre hatten sie es für sich behalten. Nun endlich fühlten sie sich sicher, sicher, dass ich bei ihnen bleiben würde. In dieser Sicherheit konnten sie es endlich erzählen, und es befreite uns, gemeinsam darüber zu lachen.

Leider verstand ich meinen Mann nicht so gut wie meine Kinder. Und leider erzählte er mir erst viel später, als es zu spät für uns war, womit er nicht hatte fertig werden können. Leider sage ich und hätte doch keinen Weg gewusst, es zu ändern. Es war sein Beschützerinstinkt, sein männlicher Urinstinkt. Ich sei seine Frau, so sagte er, und es sei für ihn unerträglich gewesen, zu wissen, dass ich ständig, täglich, minütlich in Gefahr gewesen sei, so weit weg, dass es für ihn keine Möglichkeit gegeben habe, mich zu beschützen. Er hätte alles dafür gegeben, wenn es andersherum gewesen wäre und er hätte in den Einsatz gehen können und ich wäre daheim geblieben, um die Kinder zu versorgen. Aber er war

kein Soldat, und so habe er sich, ähnlich wie die Kinder, zurück-
gezogen und einen sicheren Abstand von mir eingenommen. Ich
verstand. Aber nur mit dem Kopf. Bei meinen Kindern konnte
ich es akzeptieren, bei ihm nicht.

Aber all das erzählte er mir erst später. In diesem Urlaub spürte
ich nur die Entfremdung, die Kälte, die Distanz, von der es mir
nicht gelang, sie zu überbrücken, obwohl wir pflichtschuldig alles Mögliche dafür taten. Wir verbrachten Zeit zusammen, aßen
gemeinsam zu Abend, unternahmen Ausflüge mit den Kindern,
gingen in die Sauna. Nähe herzustellen gelang uns nicht. Ich versuchte, von meinem Einsatz zu erzählen, aber ließ es wieder sein,
als ich das Gefühl hatte, er will das alles gar nicht hören. Wie sehr
ich mir wünschte, dass er mich verstehe, das sagte ich leider nicht.
Irgendwie nahm ich an, er könne es sowieso nicht. Wahrscheinlich war das falsch, und vielleicht wünschte er es sich ja genauso
sehr wie ich. Wir waren hilflos, alle beide, und wussten nicht, wie
wir damit umgehen sollten. Vielleicht dachte er ja auch, dass ich
ihn nicht verstand. Wie allein gelassen er sich daheim mit allen
Alltagsproblemen fühlte, die er sich jetzt nicht getraute mir einzugestehen angesichts der schrecklichen Geschichten, die ich aus
dem Einsatz zu berichten hatte.

Vielleicht vermittelte ich ihm ja auch das Gefühl, wir Soldaten
fühlen uns so wichtig und glauben, im Angesicht des Krieges, der
Toten und all des Leides haben wir den Schmerz und den Kummer für uns gepachtet und blicken verächtlich auf die herab, die
von Nichtigkeiten wie Kinderstreit, Rechnungen bezahlen und
kaputten Autos geplagt werden. Und vielleicht hatte er ja damit
auch recht. Wir redeten nicht darüber. Wir konnten es nicht. Und
so endete dieser Urlaub so, wie er angefangen hatte, mit Schmerz.
Nur dass dieser Schmerz nicht stechend war und schnell verging,
sondern bohrend und nagend und blieb.

In den letzten Tagen meines Heimaturlaubs sehnte ich mich
sehr nach meiner Ersatzfamilie, die mir im Moment näher stand,
nicht gerade als meine Kinder, aber auf jeden Fall weit näher als

mein Mann. Das war es, was sie für mich waren, meine Kameraden aus dem Einsatz. Familie. Keinen einzigen von ihnen hatte ich vorher gekannt. Nun aber hatte ich Beziehungen zu ihnen aufgebaut, und zwar in einer Schnelligkeit, mit der es in Deutschland, wo man nach der Arbeit nach Hause geht und seine Arbeitskollegen erst am nächsten Tag wiedersieht, nie möglich gewesen wäre.

Wir verbrachten vierundzwanzig Stunden am Tag miteinander. Wir schliefen zusammen in einem Raum, gingen gemeinsam zur Toilette, unter die Dusche, zum Essen. Wir verbrachten die Tage und Nächte zusammen unter Bedingungen, die wir nie zuvor erlebt hatten. Wir teilten das Gefühl, Situationen nicht aushalten zu können, und hielten sie dennoch aus. Hitze, Staub, Dreck, Durchfall, wir ertrugen es gemeinsam. Zusammen blickten wir dem Tod ins Auge, dem Blut, den Schmerzen, den Wunden. Gemeinsam erlebten wir Angriffe, Anschläge, Bedrohungen, gemeinsam wichen wir den Minen aus. Wir teilten unseren Schmerz, unsere Wut, unsere zunehmende Verbitterung. Die Toten waren das Schlimmste. Nicht alte Menschen, die das Ende ihres Lebens erreicht hatten. Einheimische Babys, unsere toten jungen Kameraden. Da schlugen die Emotionen über uns zusammen. Dann hielten wir uns aneinander fest, weinten gemeinsam, betranken uns gemeinsam, litten am nächsten Morgen gemeinsam an unserem Kater.

Alles, aber auch alles teilte ich mit dem Spieß. Als er für zwei Wochen in Urlaub nach Deutschland flog, fühlte ich mich wie ein halber Mensch. Wir waren eine Einheit, ein Kopf und ein Arsch, wie wir es bezeichneten mit der drastischen Sprache, die wir brauchten, um uns stark zu fühlen. Es war wie eine Ehe, nur unkomplizierter, weil wir nur Freunde waren. Es war gut, dass wir einander hatten und dass wir uns so gut verstanden. Gingen die anderen in die Bunker, blieben wir in unserem Büro, unserem Gefechtsstand, und das war ein Zelt. So war es befohlen: Drohte ein Raketenangriff, bezogen alle Soldaten des Camps die Bunker, die Kompaniechefs besetzten ihre Gefechtsstände. Es erinnerte mich immer an einen Feueralarm im Kindergarten, wo alle in Zweierreihen Hand in Hand nach draußen in den Garten gingen. In unserem Lager ging es ähnlich geordnet zu, wenn auch nicht in Zweierreihen und nicht Händchen haltend. Wir gingen in die Bunker, besetzten die Rettungsfahrzeuge, das Lazarett und den Stab. Das Stabsgebäude war ein festes Haus, die meisten Kompaniegefechtsstände waren damals noch in Zelten untergebracht. Wir hatten unseres gleich nach unserer Ankunft mit Sandsäcken eingemauert, aber an dem dünnen Stoffdach konnten wir nichts ändern. Wie immer jedoch fühlten wir uns sicher, wie immer waren wir überzeugt, uns würde nichts passieren, und so saßen wir in unserem Zelt, mit Stahlhelm und Schutzweste bekleidet und warteten.

Es gibt ein typisches Geräusch für eine Rakete. Es beginnt mit einem Knall, einem weit entfernten Knall, dann folgt ein Pfeifen, das den Flug verkündet, ein erst an-, dann abschwellendes Pfeifen, als ob die Rakete in einem Bogen fliegen würde, und das tut sie ja wohl, dann ein zweiter, näherer und etwas dumpferer Knall, wenn sie irgendwo einschlägt. Wir lauschten dann, ob weitere Geräusche zu hören waren, die darauf schließen ließen, dass etwas brennt oder explodiert. Meistens passierte nichts. Oft war die Rakete über das Lager hinausgeflogen, jenseits der Mauern oder im Boden zwischen den Gebäuden oder Zelten gelandet. Manchmal auch nicht. Dann gab es am nächsten Tag zerlöcherte Fahrzeuge oder Zelte zu sehen. Zum großen Glück ist keinem von unseren Leuten je etwas dabei passiert. Aber an anderen Orten, zu anderen Zeiten und in anderen Einsätzen haben Raketen Gebäude getroffen und Menschen, und wir haben mitgelitten und uns vorgestellt, wie es gewesen war. Doch wir wussten aus eigener Erfahrung, dass man das nicht kann, dass man nicht weiß, wie es ist, wenn man nicht dabei war.

So saßen wir in unserem Zelt und warteten. Der Spieß zählte seine Schäfchen, ließ sich über Funk aus dem Bunker melden, ob alle darin saßen und die BAT-Teams sicher in ihren gepanzerten Fahrzeugen an den vorgeschriebenen Stellen aufgefahren waren, wo sie warten würden, bis alles vorüber war oder man sie brauchen würde. Dann warteten wir weiter. Warteten und lauschten. Erzählten uns, um uns abzulenken, Geschichten. Nutzten die Zeit, um liegengebliebenen Papierkram zu erledigen. Oder versuchten es wenigstens. Die unheimliche Stille draußen vor dem Zelt störte so sehr. Fast wurde sie laut in ihrer Stille. Das Warten wurde zu einer Beschäftigung, die ausreichte.

Dem Spieß ging die Ruhe auf die Nerven, vielleicht waren wir auch doch nicht so immun, wie wir dachten, und er nahm wieder Zuflucht zu seiner Getränketheorie. »Mach doch mal den Kühlschrank auf«, sagte er zu mir und fischte aus der untersten Schublade seines Schreibtisches zwei Plastikbecher. Ich öffnete den Kühlschrank und entdeckte eine Flasche Martini.

»Wo hast du die denn her?«, fragte ich und fügte hinzu: »Mensch, bist du verrückt, wir können doch jetzt keinen Alkohol trinken!«

»Warum denn nicht?«, antwortete er, wieder ganz vergnügt, und erweiterte wagemutig seine Getränketheorie um einen weiteren Aspekt.

»Ich hab ja nicht gesagt, dass wir uns sinnlos volllaufen lassen sollen. Ich meine nur, wenn ich schon sterben muss, kann ich es auch gepflegt tun. Und wie James Bond noch vorher einen Martini schlürfen.«

Auf meinen zweifelnden Blick fügte er hinzu: »Mensch, in Bayern saufen sie schon am frühen Morgen Weizenbier und halten es für ein ganz normales Nahrungsmittel. Wenn hier was passiert, hast du so viel Adrenalin im Blut, da wirst du schlagartig wieder nüchtern und voll funktionsfähig.« Und so saßen wir, warteten und nippten vorsichtig, aber voller Lebensgefühl an unserem Martini. Stießen an und sagten: »Ein schöner Tag zum Sterben, wieder mal!«

Wir tranken den Becher nicht einmal aus, leerten ihn erst am

Ende des Bunkeralarms, nachdem unser Kommandeur vorbeigekommen war, um uns zu sagen, dass der Alarm beendet sei. Nicht dass das nötig gewesen wäre, dass er extra deswegen zu uns kam. Wir hätten es sowieso aus dem Stab gemeldet bekommen. Aber er ließ es sich nicht nehmen, das Stabsgebäude sofort nach Beendigung des Alarms zu verlassen, um uns aufzusuchen und uns persönlich mitzuteilen, dass es vorbei sei. Meistens war er schneller als die Wege der Bürokratie und überraschte uns, die Füße auf dem Tisch, den Plastikbecher in der Hand und die Flasche auf dem Tresen. Die Becher ließen wir hastig verschwinden, standen schnell auf und konnten dennoch die Flasche nicht erreichen, um sie ebenfalls verschwinden zu lassen. Angestrengt versuchten wir nicht hinzusehen, hofften, dass er sie nicht bemerken würde, und wussten doch, er hatte sie längst gesehen, so wie er alles mitbekam, was in seinem Kommandobereich vor sich ging.

Höflich ignorierte er alles Unpassende, fragte nur: »Geht es euch gut, ist alles in Ordnung hier?«, und nachdem wir gemeldet hatten, dass es das sei, außerordentlich in Ordnung sogar, verzog er sich diskret. Ich war nie sicher, ob da ein Schmunzeln in seinen Augenwinkeln gewesen war oder nur Erleichterung, dass alles wieder mal gut ausgegangen war. Nach dem ersten Bunkeralarm wurde die Flasche Martini im Kühlschrank zur Gewohnheit. Nur dass wir lernten, diskreter mit ihr umzugehen und sie nicht mehr auf dem Tisch stehen zu lassen. Manchmal brauchten wir sie auch gar nicht. Es reichte, zu wissen, dass sie da war, und wir dachten mit Freude daran, wie wir später, nach dem Alarm, einen Schluck trinken würden und wie angenehm er sich anfühlen würde, wenn er uns kühl und glatt und süß die Kehle hinunterlaufen und den Staub wegspülen würde. Aber immer warteten wir jetzt auf die Schritte unseres Kommandeurs. Nicht weil wir Angst vor ihm hatten und obwohl er uns immer wieder in den unmöglichsten Situationen überraschte. Wie ich mich gerade auf dem Feldbett ausgestreckt hatte in voller Montur, mit dem Stahlhelm auf dem Kopf und gerade am Eindämmern war. Wie wir uns aus den Plastikbechern Augenklappen gebastelt hatten, nur aus lauter Langeweile, oder wie wir auf dem Laptop, nein keine Pornos, wirklich nicht, aber romantische Liebesfilme ansahen, die uns ablenken sollten. Nie nahm er Notiz davon oder ließ sich anmerken, dass wir uns merkwürdig verhielten. Er wusste, was wir nicht wussten, es war unsere Scheißangst, die wir nicht zugeben konnten, so sehr nicht zugeben konnten, dass wir sie nicht einmal empfanden und nicht einmal an sie dachten.

Nein, wir warteten nicht auf seine Schritte, weil wir Angst vor ihm gehabt hätten. Wir respektierten ihn und, noch mehr, wir liebten ihn. Wir wären für ihn durchs Feuer gegangen, und wir warteten auch nicht nur auf ihn, weil er das Ende des Bunkeralarms ankündigte. Wir warteten auf ihn, weil er es wichtig fand, weil es für ihn das Allerwichtigste war, sofort nach uns zu sehen, zu fragen, wie es uns ging. Darauf warteten wir, und dafür verehrten wir ihn. Genauso, wie die Überlebenden des Busanschlages darauf gewartet hatten, ihren Chef am Flughafen zu treffen. Er ist der Chef, er ist wieder da, bei uns, kümmert sich, interessiert sich, die Welt ist in Ordnung. Deshalb bin ich am Morgen nach dem Anschlag mit dem Konvoi zum Flughafen gefahren. Um meinen Leuten zu zeigen, ich bin da, bei euch, alles wird gut. Auch wenn es das nicht wird. Aber meinen Kommandeur werde ich nie vergessen, auch wenn es sich vielleicht pathetisch anhört. Solange es Menschen wie ihn bei der Bundeswehr gibt, ist nicht alles verloren. Hoffnung ist manchmal das Wichtigste. Natürlich stirbt man nicht, wenn man keine Hoffnung mehr hat. Das ist nur so ein dummer Spruch. Man stirbt, wenn man eine Kugel im Bauch hat oder Krebs oder einen Herzinfarkt. Hoffnung zu haben bedeutet, Träume zu haben und Dinge, auf die man wartet und sich freut, und sei es auch nur die Aussicht auf Besserung einer scheinbar unerträglichen Lebenssituation. Hoffnung haben bedeutet, dass man ein Mensch ist, der lebt und nicht nur atmet. Diese Hoffnung gab uns unser Kommandeur, und dafür durfte er mit uns machen, was er wollte. Er durfte uns alles befehlen, auch wenn wir es nicht verstanden, wir taten es. Er durfte uns anschreien, und das tat er auch. Er brüllte uns so an, dass wir so klein waren, dass wir unter der ungeöffneten Tür hätten nach draußen schlüpfen können. Wenn er uns anbrüllte, hatten wir es verdient, und wenn nicht, merkte er es und entschuldigte sich am nächsten Tag. Wir folgten ihm blind, und wir liebten ihn, der Spieß und ich. Auch wenn wir ihm nicht immer alles erzählten. Dass wir manchmal ein wenig tricksten, das hat er gewusst. Manche sagen gerne, ohne den Obergefreiten-Dienstweg läuft bei der Bundeswehr gar nichts, und in der Tat sind es oft die kleinen, nicht gerade vorschriftswidrigen, aber doch zumindest ungewöhnlichen, von den guten Kommandeuren mit einem Zwinkern im Auge tolerierten Dinge, Wege und Geschäftchen, die den Ablauf reibungsloser machen.

So war in dem anderen Lager direkt am Flughafen das Einsatzende der Sicherungskompanie gekommen, derselben, die bei dem Busanschlag dabei gewesen war. Sie hatte man nicht nach Hause geschickt. Aber die Soldaten waren mit uns verbunden geblieben, und sie hatten mich zu ihrer Abschiedsfeier eingeladen. Ich konnte der Aussicht auf einen schönen Abend nicht widerstehen, und ich wollte mich so gerne von meinen Kameraden verabschieden. Mit einem von ihnen, Peter, hatte ich mich besonders angefreundet, und ihn wollte ich gerne noch einmal treffen. In Deutschland würden wir weit voneinander entfernt stationiert sein, unsere eigenen Wege gehen und uns vermutlich nie mehr wiedersehen. Er hatte bei dem Busanschlag geholfen, die Verletzten zu versorgen, obwohl er gar kein Sanitäter war. Er hatte dies in beeindruckender Weise getan, ohne große Worte, ein harter Mann, vom Leben gestählt, vom Krieg gezeichnet, und die Linien in seinem Gesicht berichteten davon. Aber seine Augen lebten, waren nicht leer, und sie blickten warm und ließen für den, der sehen kann, den weichen Kern hinter der harten Schale erkennen. Peter hatte versprochen, dafür Sorge zu tragen, dass ich nach der Feier sicher nach Hause zurückgebracht werden würde. Der

Spieß und ich hatten für nachmittags einen dienstlichen Auftrag ersonnen, der mich in das andere Lager führen sollte. Vielleicht hätte mir der Kommandeur sogar die Erlaubnis erteilt, an der Abschiedsfeier teilzunehmen, aber ich wollte nicht riskieren, dass er Nein sagte. Also fragte ich lieber erst gar nicht.

Der Spieß war kaum in unser Lager zurückgekehrt, als der Kommandeur bereits nach mir verlangte und er die erste Ausrede erfinden musste, warum ich keine Zeit hatte. Ich wusste davon nichts, und es wäre mir auch egal gewesen. Auf der Abschiedsfeier gab es gut zu essen und zu trinken. So viel das Herz begehrte. Und auch hier war der Spruch zum Motto geworden: Ein schöner Tag zum Sterben. Wir sagten ihn bei jedem Bissen, den wir in den Mund schoben, und bei jedem Schluck Rotwein, den wir tranken. Und bei jedem Bissen, bei jedem Schluck und bei jedem Trinkspruch dachten wir an unsere toten Kameraden und daran, dass sie jetzt wohl gerne bei uns wären. Wir waren uns sicher: Wenn sie uns jetzt von dort oben sehen würden, sie würden sich freuen. Darüber, dass wir hier zusammensaßen und dabei an sie dachten. Dass wir sie nicht vergessen hatten. Und dass wir noch lebten. Wir waren nicht dort oben, wir waren hier unten, und wir saßen mitten in einem fremden Land, umringt von hohen Bergen, in einem staubigen Lager vor grauen Zelten, auf kleinen harten Holzbänken. Zwischen den Zähnen den Sand Afghanistans. Der Schweiß des heißen Tages lief uns den Rücken hinunter, und wir fühlten uns großartig, dass wir lebten und dass wir Kameraden hatten und Freunde und ich frei hatte und sie am nächsten Tag nach Hause fliegen würden.

Tief drinnen aber, weit, weit unter der harten Schale war alles Wehmut, und das Herz tat uns so weh. Ich weiß nicht, hielt mein Freund, den ich kaum kannte und ihn doch meinen Freund nannte, hielt er die ganze Zeit meine Hand, oder hielt ich seine, während wir lachten und fröhlich waren und Spaß hatten. Unter dem Tisch umklammerten wir fest unsere Hände und wären, hätten wir es nicht getan, in Tränen ausgebrochen. Fast waren wir glücklich. Fast. Und fast hatte ich den Eindruck, sie hatten große Angst, nach Hause zu fahren. Angst, ob man sie dort verstehen würde, ob sie sich dort wieder zurechtfinden würden. Ohne den Dreck, den Staub, die Hitze, die Dixi-Klos, das Blut, die Gewehre, das Adrenalin. Als hätten sie Angst davor, keine Angst mehr haben zu müssen. Angst, die man ja nicht hatte. Nicht haben konnte, nicht haben durfte, nicht hatte also. Ein Soldat hat keine Angst. Darf er also Angst davor haben, keine Angst mehr zu haben, wo er doch gar keine hatte? Wer soll das verstehen? Wer soll das verstehen in Deutschland, wo man in beheizten Wohnungen sitzt, in Büros mit Klimaanlagen arbeitet, wo man alles kaufen, alles essen kann, unbeschwert über jeden Rasen laufen kann, weil es dort keine Minen gibt. Welche Ehefrau soll das verstehen, die sich freut, dass ihr Mann nun zurück ist und das Leben wieder mit ihr teilt. Ihr gemeinsames Leben, das ihr ohne ihn so leer erschienen war, und das ihm nun, vielleicht sogar ohne dass er ihr das sagen könn-te, so spießig, so kleinbürgerlich, so oberflächlich vorkommt? Er hat sie ja auch vermisst. Aber nicht so. Anders. Wird sie es ver-stehen, wird er es verstehen? Werden sie beide es verstehen, was wir Afghanistanveteranen in diesem Land aneinander gefunden haben?

Ich kam natürlich an diesem Abend nicht mehr in mein Lager zurück. Als ich endlich dachte, es wäre Zeit, heimzufahren, war keiner mehr nüchtern genug, und ich übernachtete in einer klei-nen Kammer. Mein Spieß aber drehte vor Sorge fast durch. Als ich am anderen Morgen ganz früh, bevor alle anderen aufgewacht waren, zurückkehrte, saß er schon da, die schwarze Kaffeetasse in der Hand, und schrie mich erst einmal gründlich an. Ich ließ ihn geduldig gewähren, war dankbar für seine Loyalität und wuss-te, er würde verstehen. Als er zu Ende gebrüllt hatte, sagte ich freundlich zu ihm: »Ich musste eine Hand halten. Ein Freund hat mich gebraucht. Gebraucht, um dieses Land verlassen zu kön-nen.« So wie man manchmal eine Hand halten muss, damit ein Mensch sterben kann, hinübergehen kann in das Land, an das er glaubt. Der Spieß war nicht nur ein guter Spieß, er war ein guter Mensch und verstand. Er wusste, dass es manchmal so schwierig war, sich zurechtzufinden zwischen diesen Ländern und diesen Leben. Und mein Freund, er schrieb mir später, viel später, Jahre danach, dass auch die ganz harten Männer manchmal eine weiche Schulter brauchen.

Dieser Freund, der sich an mir festgehalten hatte oder ich mich an ihm, er war es auch, der mich mit seinen gelegentlichen Postkarten durch den Rest meines Einsatzes hindurchtrug. Er hatte es versprochen, als er ging, und er hat sein Versprechen gehalten. Eine Kleinigkeit nur. »Ich schick dir ab und zu mal eine Karte.« Aber oft sind es die kleinen Dinge, auf die es ankommt im Leben. Ich wartete auf seine Karten, und sie kamen. Zwei, drei nur in den verbleibenden vier Monaten meines Einsatzes. Nur ein, zwei Sätze standen drauf. »Ich denke an euch, lass dich nicht unterkriegen, immer schön den Kopf unten halten.« Es war auch nicht wichtig, was auf diesen Karten geschrieben stand. Es war die Tat, nicht die Worte. Jemand dachte an mich, jemand verstand mich. Jemand war mein Freund und hielt sein Versprechen.

Menschen wie dieser Freund, die meinen Weg kreuzten und wieder verließen, und Menschen, die in meinem Leben blieben, verbinden mich mit Afghanistan. Traurige und schöne Erlebnisse, wohltuende und schmerzhafte Erinnerungen. Wir machten uns gegenseitig auf schöne Sonnenuntergänge aufmerksam, schwiegen zusammen und genossen gemeinsam. Wir feierten Geburtstage oder Hochzeitstage, auch wenn der richtige Partner nicht dabei sein konnte. Wir freuten uns über Einladungen zum Essen in afghanischen Familien, bei Kameraden anderer Nationen oder Hilfsorganisationen. Wir verbrachten viele schöne Abende im Gespräch, beim Schach- oder Kartenspiel. Wir freuten uns mit Kameraden, deren Frauen eine Schwangerschaft verkündeten, und waren traurig, wenn eine Beziehung auseinanderging, als beträfe es uns selbst. Wir empfanden engste Verbundenheit mit Menschen, die wir kaum kannten, ein größeres und stärkeres

Zusammengehörigkeitsgefühl, als wir es je zuvor empfunden hatten und auch als wir es denen gegenüber fühlten, mit denen wir in Deutschland verbunden waren, zusammenlebten oder die wir schon unser ganzes Leben lang kannten. Die gemeinsamen Erlebnisse verbanden umso stärker, weil sie in Extremsituationen erlebt wurden. Es waren Grenzerfahrungen, und wir waren Grenzgänger, verbunden in dem Bestreben, beim Balanceakt auf diesem schmalen Grat nicht abzustürzen. Auf dem schmalen Grat zwischen zwei Welten.

Vielleicht sind es die schönen Erlebnisse, die Sonnenaufgänge und die Kameradschaft, die dafür sorgen, dass wir es irgendwie trotz allem in guter Erinnerung haben, diese Einsätze, diese eigene Welt. Eine ganze Welt mit allen Facetten und Nuancen. Dennoch, es war eine Scheinwelt. Keine Illusion, aber auch nicht die reale Welt. Nicht die Realität unseres Lebens, in das wir alle zurückkehren würden. Wir waren vom Schicksal zusammengewürfelt worden. Eine Zweckgemeinschaft mit Menschen, die wir uns nicht ausgesucht hatten. Auch nur für einen begrenzten Zeitraum, für eine Episode. In einer Welt, die nicht unsere war, in einem Leben, das nicht unseres war. Das habe ich immer gewusst. Entziehen konnte ich mich dennoch nicht. Man kann nicht so viel Zeit und solche berührenden Momente miteinander teilen, ohne sich näherzukommen, ohne zu reden. Bald kannten wir gegenseitig unsere ganzen Lebensgeschichten. Wir kannten uns so gut, dass wir fast immer genau merkten, wenn mit einem anderen irgendetwas nicht stimmte.

Meistens war dann ein Anruf oder ein Brief von daheim gekommen. Oder eben keine Post oder keine Anrufe. Manche hatten sich Rituale aufgebaut, telefonierten jeden Sonntag und waren dann kreuzunglücklich, wenn es mal nicht klappte, weil sie unterwegs waren oder die Verbindung nicht funktionierte. Manche gingen jeden Tag ins Internet und kommunizierten so mit ihren Lieben daheim. Sie kamen frustriert zurück, wenn die Leitungen überlastet oder zusammengebrochen waren. Ein Stabsfeldwebel telefonierte gar nicht mit seiner Frau. Über sechs Monate lang. Sie schrieben sich Briefe. Die waren dann zwar jedes Mal mindestens drei Wochen alt, bis sie ankamen, aber das nahm er in Kauf. Er sagte, so kann man genau überlegen, was man sagt und was nicht. Am Telefon sei schnell mal etwas ausgesprochen, was man bereut oder was falsch verstanden wurde. Dann bricht die Verbindung zusammen, man bekommt drei Tage lang keinen Kontakt, und das Missverständnis steht so lange im Raum und wächst. Er sagte auch, so sei es für ihn einfacher. Die Stimme seiner Frau verursache ihm so großes Heimweh, dass er sich anschließend ewig nicht auf seine Arbeit konzentrieren kann, und das kann im falschen Augenblick gefährlich werden. Er verhielt sich ähnlich wie meine Kinder, nur dass er sich dessen bewusst war. So wusste man innerhalb kürzester Zeit mehr von den Kameraden, als man in Jahren in Deutschland von seinen Arbeitskollegen erfährt. Eine entsprechend große Wichtigkeit nahmen sie ein. Sie wurden zur Familie. Einfach weil sie da waren. Rund um die Uhr. Wer nicht da war, trat in den Hintergrund. Das Leben in Deutschland kam uns oberflächlich vor, hohl. Das kann man den daheimgebliebenen Lieben, deren Leben sich nur dahingehend verändert hat, dass wir eine Lücke hinterlassen haben, schlecht erklären. Vor allem, ohne sie eifersüchtig oder ängstlich zu machen. Bezüglich der Angst war es sowieso immer ein Balanceakt. Nach gewissen Erlebnissen war man manchmal besonders mitteilsam. Natürlich wollte man gerade die gerne mit seinem Mann, seiner Frau, seinem Partner daheim besprechen. Und nur ganz selten wurde uns das verboten oder gar die Telefone und das Internet abgestellt. Aber wir waren unsicher. Würden sie sich nicht ängstigen? Wie sollten wir ihnen erklären, dass wir uns wohl in einer gefährlichen Situation befunden, aber zu keiner Zeit Angst empfunden hatten. Es war uns ja schließlich auch nichts passiert. Wir lebten in der sicheren Überzeugung, uns, mir, würde schon nichts passieren. Das Gefühl hielt an, selbst als die ersten Kameraden ums Leben kamen und wir auch an den Trauerfeiern der anderen Nationen für deren verunglückte oder getötete Soldaten teilnahmen. Natürlich waren wir tief betroffen und auch sehr traurig, vor allem, wenn wir die Verstorbenen gekannt hatten, aber dennoch betraf es uns nicht persönlich. Wir fühlten uns immun. Wie sollten wir das erklären? Vor allem am Telefon? Wir ließen es sein. Wir erzählten gar nichts davon zu Hause. Es trat eine Entfremdung ein, und nur stabile Beziehungen hielten das aus. Alle anderen gingen kaputt. Die der jungen Kameraden zuerst. Die, die sich erst kennengelernt hatten, die noch nicht zusammenwohnten. Jede Woche sah man einen der jungen Männer mit bedrücktem Gesicht. Oft hatte es der Freundin einfach gereicht, dass er so lange weg war. Aber dann noch voller Enthusiasmus von den neuen Kameraden berichtet zu bekommen und das Gefühl zu bekommen, er ist ja gerne dort in Afghanistan und vermisst mich gar nicht, oder gar Angst um ihn haben zu müssen, das verkrafteten sie nicht. Meist kam ein Anruf, manchmal ein Brief. In der Serie »Mash« wurde der Begriff »Dear John Letter« geprägt. »Lieber John, es tut mir wirklich leid, aber blablabla ... jedenfalls es ist aus, ich kann nicht mehr auf dich warten, ich habe einen anderen kennengelernt.«

Genauso war es auch bei uns. Es hatte sich nichts geändert in den fünfzig Jahren seit dem Koreakrieg, in dem diese Serie spielt. Die jungen Leute mit den erst kurzen Beziehungen kamen schnell darüber hinweg. Schlimmer war es für Familienväter oder für die, die schon länger in, wie sie meinten, stabilen Beziehungen lebten. Diese bekamen meist keine Briefe oder Anrufe. Ihnen wurde es während ihres Urlaubes oder nach dem Einsatz beigebracht. Selten vernünftig und selten so, dass sie es verstehen konnten. Die Entfremdung war schon so groß, dass sich die Frauen nicht mehr anders zu helfen wussten und einfach weggingen.

Als ich das erste Mal miterlebte, wie ein Kamerad unglücklich aus dem Urlaub zurückkam und erzählte, er hatte nicht in seine Wohnung gekonnt, das Schloss sei ausgewechselt worden und seine Frau lebe nun darin mit einem fremden Mann, kam mir das vollkommen bizarr vor. Aber die Geschichten wiederholten sich, und wir gewöhnten uns daran. So wurde es zu einem Trost für die Betroffenen, dass man damit nicht alleine war. Schlimmer geht immer, und es gab immer etwas noch Schlimmeres. Einige telefonierten nach ihrer Rückkehr nach Deutschland mit uns und erzählten, dass niemand sie vom Flughafen abgeholt hatte, als sie nach Hause gekommen waren, die Wohnung leer war, alles ausgeräumt, Frau und Kinder weg. Manche wurden auch einfach nicht hereingelassen, standen mitten in der Nacht bei Freunden vor der Tür, um Unterschlupf bittend. Und die Einschläge kamen dichter. Meine Freundin Birgit erhielt am letzten Abend ihres Einsatzes einen Anruf von ihrem Mann, dass er eine andere kennengelernt hatte und sich trennen möchte. Eher hatte er sich nicht getraut, es ihr zu sagen. Er habe seine Frau nicht beunruhigen wollen, die er in einer schwierigen und vielleicht auch gefährlichen Situation wähnte. Und da er ohnehin ein schlechtes Gewissen hatte, wollte er nicht auch noch daran schuld sein, wenn sie in ihrer Konzentration auf ihre Arbeit gestört wurde und ihr irgendetwas passierte.

Auch ich kam eines Tages an die Reihe. Ich saß in meinem Zelt-Büro am Schreibtisch, als der Anruf kam. »Ich kann nicht mehr, ich halte es nicht mehr aus. Wir sollten mal ein wenig Abstand halten, uns frei fühlen.« Abstand halten? Uns frei fühlen? War ich denn nicht die Unfreie, die Eingesperrte? In diesem Lager mit seinen Stacheldrahtmauern, wo es mir nicht erlaubt war zu gehen, wohin ich wollte, nicht heimzukönnen, wann ich es wollte? Ich wusste nicht, was ich antworten sollte. Mit dem Telefon am Ohr ging ich nach draußen hinter das Zelt, setzte mich auf eine Bank, die dort stand, war ganz konzentriert auf den grauen Holzpalettenfußboden vor mir und den Schmerz, der sich ausgehend von meiner Magengegend in meinem ganzen Körper ausbreitete, bis mir übel wurde. Der Fußboden verschwamm vor meinen Augen.

»Was ist?«, sagte die Stimme am anderen Ende, und sie klang plötzlich so fremd, als hätte ich sie noch nie gehört. »Bist du noch da?«

»Ja«, sagte ich, »ich bin noch da, aber ich weiß nicht, was ich sagen soll.«

»Kannst du nicht nach Hause kommen?«, fragte mein Mann.

Das war der Moment der Entscheidung. Ich wusste es genau. Wenn ich jetzt ja sagte, konnte ich vielleicht noch etwas retten. Ich bräuchte nur zu meinem Chef zu gehen, und er würde mich vermutlich heimfahren lassen, zumindest für einige Tage. Ich hatte plötzlich meine Kompanie vor Augen, die Soldaten, die mir anvertraut waren, für die ich verantwortlich war, die mir vertrauten und mit ihren kleinen und großen Sorgen zu mir kamen. Was würden sie denken, wenn ihre Chefin sie im Stich ließ, zugab, dass sie kein bisschen stärker war als sie selbst? Natürlich würden sie mich verstehen, sie kannten es ja selbst. Aber die bedingungslose Gefolgschaft, die war dann dahin. Hört sich das jetzt pathetisch an, frage ich mich? Aber so war es, so dachte ich.

Außerdem, und das ging mir gleichzeitig durch den Kopf, wollte ich denn einen Mann, der nicht mal ein halbes Jahr auf mich warten konnte, der nicht verstand, was ich hier eigentlich tat? Eigentlich hatte ich bis dahin immer gedacht, ich sei in der schwierigeren Situation. Nun dämmerte es mir zum ersten Mal, dass vielleicht die Daheimgebliebenen schlimmer dran waren. Ihr Leben ging weiter wie bisher, aber mit der Lücke, die wir hinterlassen hatten, und mit dem Gefühl, nun für alles allein verantwortlich zu sein, alles allein bewältigen zu müssen. Während wir in einer gänzlich neuen Welt angekommen waren, in der uns nichts an zu Hause erinnerte, in der wir täglich abgelenkt waren von vielen neuen und fremdartigen Eindrücken und in der wir stabil eingebunden waren in ein soziales Netz, das uns nach kurzer Zeit vorkam wie eine Familie, vielleicht noch besser als eine Familie, ohne Ansprüche, ohne Forderungen, ohne lästige Dinge erledigen zu müssen wie Rasen mähen, Steuererklärung machen oder zum Elternabend gehen. Aber das alles nützte mir im Moment gar nichts. Der Augenblick, in dem ich spontan hätte ja sagen können, ja, ich komme nach Hause, war verstrichen, ohne dass ich etwas gesagt hatte. Es war klar, auch ohne dass ich es aussprechen musste. Nein, ich würde nicht nach Hause fahren. Wenn unsere Beziehung das nicht aushielt, war sie es nicht wert. So dachte ich. Ob es richtig war oder falsch, wer konnte das sagen. Jeder muss seinen eigenen Weg finden. Ich wusste es nicht, war verwirrt und verletzt, konnte nicht klar denken. Aber das andere Ende der Telefonleitung verlangte nach einer Antwort, und so sagte ich zögernd, mit leiser Stimme: »Ich kann es ja wohl sowieso nicht ändern, oder?«

Ich erzählte meinem Spieß davon, der sagte mir das, was ich den andern immer sagte: »Warte erst mal ab, das renkt sich wieder ein.« Und obwohl es mir auch schon immer hohl vorgekommen war, wenn ich versucht hatte, die andern auf diese Weise zu trösten, hielt mich eben nur dieser Gedanke, dass es keine richtigen Worte für diese Situationen gibt, davon ab, ihm ins Gesicht zu springen. Er fand, es sei eine Cognac-Situation, und da mir nichts Besseres einfiel, gehorchte ich und trank das Glas aus und den Kaffee, den es dazu gab, und es half für einen Augenblick.

Aber ich war in einer Zwickmühle, ich saß in der Klemme. Ich konnte mich nicht auf meine Arbeit konzentrieren, dachte immerzu an zu Hause, an meinen Mann und daran, ob ich es richtig gemacht hatte. Aus Verantwortungsgefühl gegenüber meiner Arbeit in dieser Mission war ich nicht nach Hause gefahren, und jetzt machte ich sie vermutlich nicht ordentlich. War das nicht schlimmer, als zuzugeben, dass ich ein Problem hatte, und nach Hause zu fahren? Ich ging zu meinem Chef und erzählte ihm davon. In der Armee tut man das. Man erzählt seinem Chef, wenn man ein Problem hat. Damit er weiß, was los ist, für den Fall, dass man nicht richtig funktioniert. Wie erwartet, bot er mir an, ich könne Urlaub nehmen und nach Hause fahren. Aber ich wollte nicht. Ich hatte darüber nachgedacht und festgestellt, dass ich meinen Mann nicht so vermisste, wie ich erwartet hatte. Woran das lag, wusste ich noch nicht so genau. War unsere Beziehung schon länger nicht so stabil, wie ich immer geglaubt hatte? Oder war ich nur so absorbiert von diesem Einsatz, dem Lagerleben, den vielen Eindrücken in dem fremdartigen Land? Ich konnte diese Frage zu diesem Zeitpunkt noch nicht beantworten. Aber ich dachte, wenn er es nicht einmal abwarten kann, bis ich nach Hause komme, ist es die ganze Sache nicht wert. Andere in ähnlicher Situation sind nach Hause gefahren. Einige kehrten freudestrahlend zurück, konnten ihre Beziehung retten, andere nicht. Richtig oder falsch, so überlegte ich und hatte doch schon entschieden. Aber man trifft wohl keine Entscheidung im Leben, die man nicht irgendwann einmal anzweifelt.

Ich war so mit mir selbst beschäftigt, dass ich zunächst nicht bemerkt hatte, dass mein Spieß stiller und ruhiger geworden war. Oft war er stundenlang verschwunden, niemand hatte eine Ahnung, wohin.

»Alles in Ordnung«, sagte er, als ich ihn fragte.

Eines Morgens beim Kaffee bemerkte er ganz nebenbei: »Versteh mir einer die Frauen. Seit drei Wochen hat sie nicht mehr angerufen.«

»Wer?«, fragte ich verständnislos. »Deine Frau?«

»Natürlich meine Frau, wer denn sonst, zum Teufel?«

Das konnte ich mir überhaupt nicht vorstellen. Ich hatte sie kennengelernt. Wir hatten vor dem Einsatz unsere beiden Familien miteinander bekannt gemacht, damit sie sich gegenseitig in der Zeit unserer Abwesenheit unterstützen konnten. Sie war eine schlanke, zierliche Frau, noch kleiner als der Spieß, sehr gepflegt, gut gekleidet. Ich war beeindruckt gewesen, wie liebevoll die beiden miteinander umgegangen waren. Sie hatten mir erzählt, wie sie sich kennengelernt hatten, es war Liebe auf den ersten Blick gewesen, und sie hatten schon nach drei Monaten geheiratet. Mittlerweile hatten sie einen erwachsenen Sohn, aber noch immer hielten sie Händchen, berührten einander bei jeder Gelegenheit.

»Du hast sie natürlich gefragt, warum?«

»Natürlich. Sie sagte, sie kann es dieses Mal nicht so gut aushalten, dass ich weg bin, und ich soll sie nicht mehr anrufen, bis sie sich wieder meldet.«

Ich war erleichtert. Ich erzählte ihm von meinen Kindern, von dem Stabsfeldwebel, davon, wie schwer es für die Daheimgebliebenen ist und dass es für manche auf diese Weise einfacher ist.

»Glaub ich nicht. Sie ist daran gewöhnt. So war sie nicht bei meinem letzten Einsatz im Kosovo«, sagte er darauf.

Nun rückte er damit heraus, was ihn wirklich bedrückte. Er hatte seinen besten Freund gebeten, sich während seiner Abwesenheit um seine Frau zu kümmern, den Rasen zu mähen, die Hecke zu schneiden und all die Dinge zu erledigen, die sie allein nicht konnte. Ich fand das normal. Wir alle hatten Vorsorge getroffen auf mannigfaltige Weise. Wir hatten ein Testament gemacht, alle Versicherungspapiere in Ordnung gebracht, Verwandte und Freunde involviert, die Verantwortung auf verschiedene Schultern verteilt.

»Ruf ihn doch mal an und frag, was los ist!«, schlug ich vor.

»Das werd ich nicht tun. Wenn ich ihr nicht vertrauen kann, ist sowieso alles aus. Aber ich habe ein ganz komisches Gefühl.«

Es sollte so bleiben für den Rest des Einsatzes. Er fand nicht heraus, was passiert war, ob überhaupt etwas passiert war, wurde nur stiller und zog sich immer mehr zurück. Mit der Zeit aber traten seine Gedanken an zu Hause hinter den täglichen Erlebnissen und Anforderungen Afghanistans zurück. Wie hinter einen Schleier. Wenn ich gelegentlich nachfragte, sagte er nur: »Das wird schon wieder. Yuckahee, ein schöner Tag zum Sterben«, das sagte er jetzt immer öfter.

Nach dem Einsatz holte ihn das richtige Leben brutal ein. Mit dem Motorrad kam er bei mir zu Hause angebraust. In seiner schwarzen Lederkombi setzte er sich an den Küchentisch, steckte sich eine Zigarette an. Ich schob ihm eine Tasse Kaffee hin, schwarz, heiß und stark, wie er es mochte. Ohne lange Vorrede sagte er: »Mein Ex-Freund, er hat es übertrieben mit seiner Fürsorge, ich habe es mir ja gleich gedacht.«

Ich wusste, wie er sich fühlte, sagte nichts. Gemeinsam schwiegen wir und tranken unseren Kaffee. Ich dachte daran, dass er während des Einsatzes einem anderen Soldaten in seiner Situation nun einen Cognac angeboten hätte. Es war die typische Cognac-Situation. Ich versuchte es nicht einmal. Nicht weil er noch fahren musste. Sondern weil es immer etwas anderes ist, wenn es einen selbst betrifft.

8

Nach dem Einsatz hatte ich zwei Wochen Urlaub, dann war mein erster Tag im Dienst in Deutschland. Ich war in ein Sanitätskommando in die Abteilung Heilfürsorge versetzt worden, in ein tristes Büro. Nach mehr als sechs Monaten im Kampfanzug, immer verschwitzt und dreckig, fühlte ich mich in dem frisch gebügelten und gestärkten Hemd, der Anzughose und der Krawatte unbehaglich und steif. Höflich fragten meine neuen Kollegen, wie es gewesen sei. Ich antwortete, versuchte, die richtigen Worte zu finden, und merkte doch schon nach dem zweiten Satz, dass sie gar nicht zuhörten. Ich ließ es sein. Ich hatte mich so darauf gefreut, wieder arbeiten zu gehen. Heimzukommen war merkwürdig gewesen, und der Urlaub, auf den ich mich so gefreut hatte, zog sich hin wie Kaugummi.

Nur mühsam verstand ich, was passiert war. Meine Familie hatte gelernt, ohne mich zu leben. Sie hatten ihr Leben ohne mich organisiert. Wollte ich die Wäsche waschen, sagten sie, das bräuchte ich nicht, es sei die Aufgabe meiner Tochter. Kochen durfte ich auch nicht, das erledigte mein ältester Sohn. Geputzt hätte ich ohnehin immer zu viel, sie waren der Meinung, das sei nicht nötig und staubgesaugt würde nur noch samstags und überhaupt gäbe es einen Putzplan, darauf stünde, wer wann was zu tun habe. In der Küche standen sechs Wassergläser, eines für jeden und jedes hatte seinen eigenen Platz, um Verwechslungen zu vermeiden. Sie würden sie immer wieder benutzen, so erklärten meine Kinder mir, es sei nicht notwendig, jedes Mal, wenn man Durst habe, ein frisches Glas zu nehmen und das alte zu spülen. Das fand ich schlau, denn es sparte Wasser und Spülmittel, auch wenn mich die Unordnung störte, denn so verfuhren sie nicht nur mit Wassergläsern, sondern auch mit anderen Dingen, von denen sie dachten, dass es unpraktisch sei, sie dauernd wegzuräumen und wieder hervorzuholen. Aber vor allem erinnerte es mich mit leiser Wehmut an meinen Einsatz, in dem der Spieß in sechs Monaten seine Kaffeetasse nicht gespült hatte, weil ihm der Weg zum nächsten Wasserhahn zu weit war und er das Flaschentrinkwasser nicht verschwenden wollte. Außerdem mache er einen Versuch, so hatte er mir mitgeteilt, als ich ihm einmal angeboten hatte, seine Tasse zum Spülen mitzunehmen. Er wolle wissen, wann das Schwarze außen durchkommen würde. Meine Kinder sahen mich nur verständnislos an und fanden das nicht halb so witzig wie ich in der Erinnerung, und ich fühlte mich plötzlich einsam.

Einige Verfahren im Haushalt hatten meine Kinder abgekürzt, optimiert, wie sie fanden, und auch einige Möbel umgeräumt, es sei so praktischer, sagten sie. Das war nicht das Zuhause, das ich verlassen hatte und auf das ich mich gefreut hatte. Als eine der guten Neuerungen empfand ich den Fernseher, der jetzt im Bad stand, so dass man von der Badewanne aus fernsehen konnte. Die Badewanne hatte ich sehr vermisst, und ich verbrachte viel Zeit darin. Ansonsten durfte ich nichts tun. Alles war geregelt, alles organisiert, und ich wollte ihnen auch nicht das Gefühl geben, dass sie es nicht gut gemacht hätten oder ich es besser könnte. Also hatte ich nichts zu tun und freute mich auf die Arbeit. Dort würde ich Menschen treffen, die verstehen würden, wie ich mich fühlte, die wussten, wo ich gewesen war und wie es war, wenn man heimkam.

Welch merkwürdiges Gefühl es hervorrief, wenn man merkte, dass sich die Lücke, die man hinterlassen hatte, geschlossen hatte. Auch wenn man wusste, dass und warum es hatte geschehen müssen. Auf der Arbeit würden sie auch verstehen, dass ich ein schlechtes Gewissen hatte, weil ich meine Kameraden aus dem Einsatz so vermisste, wo ich doch froh sein sollte, gesund und unversehrt wieder bei meiner Familie zu sein. Dass mir langweilig war und ich auch deshalb ein schlechtes Gewissen hatte. Dass das, wofür ich durchgehalten hatte und wofür ich diese sechs Monate durchgestanden hatte, nicht gehalten, was es versprochen hatte.

Das Nach-Hause-Kommen war so anders gewesen, als ich es erwartet hatte, dass es nicht vermocht hatte, mich zu erfüllen. Ich fühlte mich so leer. Als habe man einen Teil von mir abgeschnitten, mir etwas weggenommen, das ich nun vermisste. Ich hatte Heimweh. Heimweh nach einem Land, das gar nicht meine Heimat ist. Auf der Arbeit würden sie das verstehen. Das alles, und dass ich das daheim niemandem erzählen konnte. Meine neuen Kollegen waren auch Soldaten, sie würden es kennen und mich verstehen, und vielleicht würden sie mir raten können, wie ich damit umgehen könnte. Vielleicht würde es auch genügen, dass sie mich verstanden.

Aber das taten sie nicht. Sie saßen an ihren Schreibtischen, sagten »Willkommen daheim«, aber sie sagten auch, etwas zynisch, und lachten dabei, als hätten sie einen Witz gemacht: »Wie war der Urlaub?« Ich sah sie verständnislos an, aber sie wiederholten es immer wieder. »Willkommen, Urlauber.« Und spielten auf das Extrageld an, das man bekam, den Auslandsverwendungszuschlag. Sie saßen an ihren Schreibtischen und machten Witze. Sie waren weit davon entfernt, zu verstehen, was in mir vorging. Sie hatten keine Ahnung. Keine Ahnung davon, wo wir gewesen waren und was wir getan und gesehen hatten. Langsam verstand ich, dass keiner von ihnen bisher im Auslandseinsatz gewesen war. Sie schienen mich sogar ein wenig zu beneiden. Sie hatten die Postkarten gesehen mit der schönen Landschaft darauf und das Geld, das ich verdient hatte, während sie an ihren Schreibtischen gesessen und gearbeitet hatten. Diese Arbeit schienen sie für ungleich wichtiger zu halten, und sie fanden, es war höchste Zeit, dass ich auch damit begann und etwas von dem aufarbeitete, was liegengeblieben war, während ich in der Sonne gesessen hatte.

Ich versuchte, mich einzuarbeiten, zu verstehen, was sie dort taten an ihren Schreibtischen, ihren Computern, ihren Telefonen. Mein Chef brachte mir eine Akte, ich solle mich darum kümmern. Ich las sie, glaubte, das Problem verstanden zu haben, rief den Zuständigen an, besprach die Angelegenheit mit ihm, machte eine Aktennotiz, brachte die Akte meinem Chef zurück.

»Was soll das?«, fragte er. »Warum geben Sie mir die Akte zurück? Wollen Sie das nicht erledigen?«

»Das habe ich schon«, sagte ich. »Ich habe Ihnen eine Aktennotiz gemacht. Wenn Sie die Akte öffnen, sehen Sie es.«

Er verfiel in einen cholerischen Wutanfall. Warum, verstand ich nicht. Nur, dass man so keine Stabsarbeit macht. Ich fragte meine Kollegen und begann zu begreifen. Es war zu schnell gegangen. Ich hätte den Zuständigen besser nicht angerufen, sondern angeschrieben und um eine schriftliche Stellungnahme gebeten. Nur so wird es ordentlich. Nur so hat man es schriftlich, kann es lochen und abheften. Nur so dauert es so lange, dass man genug Arbeit hat, um zusätzliche Stellen bewilligt zu bekommen. Und in Afghanistan sterben Menschen, dachte ich. Aber ich wollte nicht ungerecht sein. Schließlich kannte ich mich mit Stabsarbeit wirklich nicht aus. Aber ich wollte sie lernen. Wenn man als Sanitätsoffizier bei der Bundeswehr Karriere machen will, muss man die Stabsarbeit lernen. Ich versuchte es noch drei Tage.

Am dritten Tag kam der Chef in unser Büro, das wir uns zu zweit teilten.

»Stellen Sie sich vor«, sagte er zu meinem Kollegen. »Da hat doch so ein Idiot, der gerade aus Kabul zurückgekommen ist, tatsächlich eine Kur beantragt, direkt nach dem Einsatz. Belastet fühlt er sich, sagt er. Und war doch sechs Monate bei schönstem Sonnenschein im Urlaub. Daheim ist seine ganze Arbeit liegengeblieben, andere mussten sie machen, ihn vertreten, und jetzt will er auch noch eine Kur, will schon wieder weg, schon wieder nichts arbeiten.« Er war so aufgebracht, er merkte gar nicht, wie ich ihn anstarrte.

Ich ließ mir die Akte bringen, blätterte sie durch. Ich kannte den Kollegen, ein Oberstabsarzt, und ich wusste, wie viele Schwerverwundete er versorgt und wie viele Tote er gesehen hatte. Ich wusste, dass er ein Guter war, ein freundlicher Mensch mit einem trockenen Humor, dem seine Mitarbeiter äußerst zugetan waren. Wenn er der Meinung war, eine Kur zu brauchen, wüsste ich keinen, der sie mehr verdient hätte. Ich versuchte es dem Chef zu erklären, ich merkte, er hörte gar nicht richtig zu. Ich fühlte mich einsam, allein gelassen, unverstanden, wurde wütend. Drastische Worte, meinen Empfindungen angemessen, kamen mir in den Sinn. Ich hatte den Arsch hingehalten, damit sie hier in ihrem Kommando ihren Papierkram erledigen konnten. Papiere beschreiben, deren Existenz ich für vollkommen überflüssig hielt, für einen Selbstzweck.

Ich ging zum Truppenarzt. »Ich halte das nicht aus«, sagte ich zu ihm und begann zu weinen. Er schickte den Arztschreiber vor die Tür. Als wir allein waren, sagte er freundlich: »Ich bin selbst im Einsatz gewesen. Ich weiß, wie es ist. Ich schreibe Sie erst mal zwei Wochen krank. Gehen Sie nach Hause und ruhen sich aus. In zwei Wochen wird es Ihnen bessergehen, und vielleicht kommen Sie dann besser zurecht. Wenn nicht, kommen Sie wieder her.« Er gab mir einen Krankenmeldeschein und verabschiedete mich. Als ich an der Tür war und nach der Klinke griff, fragte er plötzlich: »Ihr Parfüm, wie heißt das?«

Ich drehte mich zu ihm um und sagte es ihm.

»Ich dachte es mir«, sagte er nachdenklich, und sein Blick ging ins Leere. »Ich glaube, man kann es beim Marketender im Einsatz zollfrei kaufen.«

»Ja«, sagte ich leise, »das kann man.« Unsere Blicke trafen sich in stillschweigendem Verständnis, und ich fuhr dankbar und getröstet nach Hause.

Eine Woche lang tat ich, was er gesagt hatte, und ruhte mich aus. Genoss die unerwartete Freizeit. In der zweiten Woche begann ich mich vor dem Tag zu fürchten, an dem ich wieder in dieses Büro musste, wieder diesen Dienstanzug anziehen, wieder diese unverständlichen und mir sinnlos erscheinenden Papiere beschreiben. Von Tag zu Tag wurde mir der Gedanke unerträglicher. Ich rief beim Personalamt an und bat um sofortige Versetzung. Ich hatte Glück. Ich kannte den Personalreferenten, auch ihn hatte ich im Einsatz kennengelernt. Zu ihm konnte ich ehrlich sein, und er verstand mich.

»Ich hol dich da raus«, sagte er.

»Nur, die einzige Stelle, die ich dir anbieten kann, ist weit weg, an der Ostsee. Es ist allerdings wunderschön dort, ich war selbst mal da. Und du musst sofort gehen, du musst vorher noch an einem Lehrgang teilnehmen, der nächste Woche anfängt. Du wirst zum Fliegerarzt ausgebildet und übernimmst die Sanitätsstaffel in einem Hubschraubergeschwader. Dein Anruf kommt mir äußerst gelegen, es ist jemand ausgefallen. Du kannst es dir bis morgen überlegen.«

»Brauche ich nicht«, sagte ich. »Ich nehme an.«

Ich ging zum Chef des Stabes des Kommandos, um mich zu verabschieden.

»Sie werden es bereuen, Sie werden Ihre Familie und Ihre Kinder vermissen«, sagte er.

»Ich werde schon klarkommen«, erwiderte ich und dachte insgeheim, lieber würde ich sie während der Woche vermissen, aber dafür am Wochenende, wenn ich heimfahre, zufrieden sein. Lieber würde ich zwei Tage in der Woche mit ihnen fröhlich verbringen, als ihnen jeden Abend mit meiner schlechten Laune und Unzufriedenheit den Tag zu verderben. Ich freute mich. Der neue Auftrag hörte sich mehr nach richtigem Leben für mich an als das verstaubte Büro. Der Lehrgang dauerte sechs Wochen und fand in der Nähe von München statt. Es war hart für mich. Nach dem prallen Leben im Einsatz, wo ich immer unterwegs und immer in Aktion gewesen war, saß ich nun den ganzen Tag im Klassenzimmer am Schultisch, und auch abends lernte ich.

Ich vermisste meine Kinder sehr, der Chef des Stabes hatte recht gehabt. Aber ich wollte nicht in das Büro zurück, ich musste es durchstehen und ich stand es durch. Alle zwei Wochen gab es Prüfungen, einmal fiel ich durch, beim nächsten Mal war ich Klassenbeste. Am Ende bestand ich den Lehrgang und konnte endlich losfahren in Richtung Ostsee.

Mit jedem Meter wurde ich ruhiger, die Anspannung fiel von mir ab, und die innere Unruhe ließ nach. Mit jedem Meter konnte ich besser durchatmen. Es regnete fast die ganze Zeit. Ich fuhr von einem Gewitter in das nächste, und vielleicht zwanzig bis dreißig Blitze entluden sich über mir während dieser Fahrt. Jedes Mal meinte ich die Energie zu spüren und stellte mir vor, ich könne sie aufspeichern für den Moment, in dem ich sie brauchen würde.

Als Allererstes fuhr ich zum Meer. Ich fand einen schmalen Weg, der zu einer langen Holztreppe führte, auf der ich hinunter zum Strand gelangte. Es war stockdunkel, und ich ging langsam. Es hatte aufgehört zu regnen. Die Luft war frisch und kühl, und ich fröstelte. Aber der feine weiße Sand war nicht so kalt, wie ich erwartet hatte, und ich zog die Schuhe aus und ging am Wasser entlang. Ich hatte ganz vergessen, wie anstrengend es sein kann, im weichen Sand zu laufen. Vielleicht war ich auch einfach nur erschöpft, seit Tagen hatte ich nichts gegessen und viel geraucht. Seit halb sechs war ich auf den Beinen, zehn Stunden hatte ich im Auto gesessen. Aber es war mir egal. Ein paar Möwen fühlten sich auf ihren Sandbänken gestört und meckerten empört. Das Wasser plätscherte sanft, und ich watete mit den Füßen hinein. Es fühlte sich warm an, und ich atmete tief durch. Weiter draußen zogen ein paar Schiffe langsam vorbei, und ich sah ihre Lichter in der Dunkelheit. Es war so friedlich. Aus den Gewittern des Abends wurde ein weicher Frühlingsregen, der mal langsamer, mal schneller vom Himmel fiel und für kurze Zeiten auch mal ganz Pause machte. Der Regen verschluckte jedes andere Geräusch. Nur die Möwen ließen sich nicht unterkriegen und gaben ihre krähenden und rufenden unnachahmlichen Laute von sich. Ich ging vielleicht eine Stunde am Strand entlang. Es war ganz dunkel geworden, und ich konnte nicht erkennen, wo das Meer aufhörte und der Himmel anfing. Alles war schwarz, nur hin und wieder sah ich die Lichter eines vorbeiziehenden großen Containerschiffes und hörte das tiefe, dumpfe Tuten seiner Sirenen.

Meine Stube im Offiziersheim war wie alle Bundeswehrstuben mit den gleichen Möbeln eingerichtet. Es gibt sie in Dunkelblau und Tannengrün, und immer haben sie Kunststoffoberflächen, die leicht zu reinigen sind. Meine waren blau. Ein Tisch zum Schreiben, darunter eine Schubladeneinheit. Ein niedriger Tisch vor der grau bezogenen Klappcouch. Ein Regal, ein Schrank, ein Sessel, zwei Stühle und das Metallbett. Das passte nicht ins Bild, es war grün. Wir witzelten immer darüber, dass alle Stuben gleich aussahen, so fühle man sich überall zu Hause. Die Wahrheit ist, dass man manchmal beim Aufwachen nicht weiß, wo man gerade ist. Der Blick aus dem Fenster am nächsten Morgen, als es hell war, zeigte mir, wo ich war. Ich sah das Meer, grünen Rasen und hohe Bäume. Vögel zwitscherten, und die Luft, die durch das geöffnete Fenster hereinströmte, war nach dem Regen der Nacht frisch und klar. Genauso frisch und klar waren die Gesichter und die Stimmen meiner Unteroffiziere, als ich nach dem Frühstück den Sanitätsbereich betrat.

»Moin, moin«, sagten sie, und später erklärten sie mir, dass es hier im hohen Norden Deutschlands als ausgesprochen unhöflich galt, einfach nur moin zu sagen. Zweimal moin – moin moin –, so viel Zeit musste sein. Es gefiel mir, die Menschen gefielen mir, die Landschaft gefiel mir, und meine Arbeit gefiel mir. Die Piloten waren immer gut gelaunt, sie lebten in dem Gefühl, ihr Hobby zum Beruf gemacht zu haben. Sie liebten ihre Arbeit, die aus Fliegen bestand, und sie liebten ihren Fliegerhorst, in dem wir abends viele Stunden beim Bier und bei Erzählungen vom Fliegen verbrachten. Hier ging es anders zu als in meiner ersten

Zeit als Truppenarzt vor fast zwanzig Jahren. Die Rekruten hatten sich damals die unmöglichsten Dinge ausgedacht, um krankgeschrieben zu werden. Sie hatten Zahnpasta gegessen, um Fieber zu bekommen, oder sich halbe Zwiebeln auf die Fußknöchel gebunden, damit diese anschwellen. Die Piloten wollten nicht krank sein. Sie wollten gesund sein, damit sie fliegen konnten. Sie waren angenehme und dankbare Patienten und fröhliche, unternehmungslustige Kameraden.

Eines Tages meldete mir meine Frau Hauptbootsmann, dass mich ein Patient zu sprechen wünschte, für den ich eigentlich nicht zuständig war, da er zur technischen Gruppe gehörte und nicht zum fliegenden Personal. Ich ließ ihn in das Behandlungszimmer eintreten. Er stellte sich vor. Er sei bei dem Busunglück in Kabul dabei gewesen und habe gehört, dass ich auch in Afghanistan gewesen sei. Nun habe er die Hoffnung, dass ich ihn behandeln würde. Der für ihn zuständige Truppenarzt, so habe er das Gefühl, würde ihn nicht verstehen. Innerlich seufzte ich tief. Ich hatte gerade begonnen, Afghanistan zu vergessen und mich hier gemütlich und behaglich einzurichten, mich mit der Welt und dem Schicksal zu versöhnen. Nun holte es mich wieder ein. Aber ich ließ mir nichts anmerken, denn ich verstand, was er meinte. Mir hatte man nicht einmal zwei Sätze lang zugehört. Er erzählte mir seine Geschichte. Er selbst war am Tag des Anschlags nicht verletzt worden. Jedenfalls nicht äußerlich. Er hatte aber alles mit angesehen und als Ersthelfer geholfen, die Verletzten und Verwundeten zu versorgen. Einige Tage danach hatte man ihn heimgeschickt.

Ich wunderte mich. Ich hatte geglaubt, alle gekannt zu haben, die dabei gewesen waren, und vor allem alle, denen es danach nicht gutgegangen war. An Martin hatte ich überhaupt keine Erinnerung, hatte ihn weder vorher noch nachher je gesehen. Er sagte, er habe in Afghanistan die meiste Zeit mit den Kameraden seiner eigenen Kompanie verbracht. Er habe sich auch nicht traumatisiert gefühlt und auch nicht heimgeschickt werden wollen.

Zu Hause angekommen, seien die Bilder dieses Tages öfter und öfter vor seinen Augen aufgetaucht und er habe sich wieder zurückversetzt gefühlt an den Ort des Anschlages. Habe wieder das viele Blut gesehen, die Schreie der Verletzten gehört. Es habe ihn gefühllos gemacht und ängstlich zugleich. Er könne nicht im Haus schlafen, habe es probiert, seiner Frau zuliebe, der Kinder wegen. Aber er habe es nicht gekonnt und würde bis heute im Garten schlafen, unter freiem Himmel. Auch im Winter habe er das getan. Die Kälte hätte er nicht gespürt. So wie er überhaupt nichts spüren würde, nichts außer Schmerz. Den er sich daher regelmäßig zufüge. Mit gewaltigen Märschen, mit schwerem Gepäck beladen. Bis ihm alles weh täte. Dann sei er glücklich, überhaupt etwas spüren zu können, und sei es auch nur Schmerz. Dann sei er endlich müde und könne schlafen, wenn auch nur für wenige Stunden. Seine Frau habe jetzt genug. Sie wolle sich scheiden lassen, wolle die Kinder, das Haus, den Hund. Sie wolle, dass er ausziehe, obwohl sie schwanger sei. Gleich nach dem Einsatz sei es passiert, als er noch versucht hatte, im Haus zu schlafen. Ich hörte geduldig zu, wusste, wie es sich anfühlt, wenn einem keiner zuhört, wusste, wie es ist, wenn es keinen interessiert, was man im Einsatz erlebt hat.

Und ich dachte, wenn ihm so bewusst ist, was er tut, dann ist er schon auf einem guten Weg. Wenn er erkannt hat, dass er taub ist, und weiß, was er tun muss, damit er fühlt, und sei es auch, wie er es ausgedrückt hatte, nur Schmerz, müsste es doch eigentlich nur ein kleiner Schritt sein bis dahin, auch andere Dinge wieder zu fühlen. Das tat er ja auch, er wusste es nur nicht. Er liebte seine Frau noch, das sagte er mir, als ich ihn fragte. Ich dachte, es würde leicht sein, ihm zu helfen. Ich hatte mich geirrt. Wieder und wieder rief mich sein Spieß an und bat um Unterstützung. Es hatte wieder eine Schlägerei gegeben, Martin war wieder mal total betrunken gewesen. Auch damit versuchte er wohl, etwas zu spüren oder vielleicht auch nur wahrgenommen zu werden. Der Spieß war ein gütiger Mensch und sehr um ihn besorgt. Er tat, was in seinen Kräften stand. Schickte ihn zu mir, damit ich ihn wieder zusammenflickte, ließ ihn am Marathontraining teilnehmen, damit er auf diese Weise seine Aggressionen ablassen konnte, sprach mit seiner Frau und versuchte zu vermitteln, gab ihm, als diese klarmachte, dass es ihr ernst sei und endgültig, Unterkunft in der Kaserne. Als ich nicht mehr weiterwusste, wies ich ihn in die Psychiatrie ein. Es half nichts. »Ich habe alles verloren. Meine Familie, mein Zuhause und meine Karriere. Niemand nimmt mich hier mehr für voll, seit ich in der Psychiatrie war.«

Er trank und prügelte sich weiter, rauchte wie ein Schlot. Und rannte. Stundenlang, kilometerweit mit dem schweren Rucksack auf dem Rücken. Schlief am Strand, fror nicht, hatte keinen Hunger. Ich fühlte mich schrecklich hilflos und nutzlos. Mittlerweile kannte ich ihn gut. Ich wusste, er war ein anständiger junger Mann mit Moralvorstellungen und Werten, intelligent und phantasievoll. Ich wusste nicht, was ich falsch gemacht hatte, aber ich hatte ihm nicht helfen können. Nicht mit meiner Zuwendung und meinem Verständnis, nicht mit gesundem Menschenverstand, nicht mit fachärztlicher Hilfe. Ich musste ihn gewissermaßen unverrichteter Dinge zurücklassen, als ich erneut in den Einsatz geschickt wurde. Es hatte ihm nicht gefallen, zu wem sollte er jetzt gehen, mit wem reden? Ich konnte es nicht ändern. Meine Piloten gingen in den Einsatz nach Afrika. Ich hatte mich gefreut, weil ich dachte, ich dürfte mit und das wäre doch mal etwas anderes gewesen als Afghanistan. Aber sie schifften sich mit ihren Hubschraubern auf einem großen Einsatzgruppenversorger ein, und ich musste ihre Gesundheitskarten dem Schiffsarzt übergeben, er würde sie unterwegs und auch in Afrika betreuen.

Zur gleichen Zeit wurde ich erneut nach Afghanistan geschickt, wieder als Kompaniechef, dieses Mal in Kunduz. Ich bereitete mich darauf vor, lernte meinen Spieß kennen und war wiederum zufrieden. Es würde funktionieren mit uns beiden. Eine Woche vor meinem Abflug, meine Piloten waren schon weg, und ich hatte ein paar Tage frei, erhielt ich einen Anruf auf meinem Mobiltelefon. Ich war gerade mit den Hunden im Feld spazieren, es war ein kalter, klarer Tag, die Wiesen waren weiß vom Raureif. Ein Kamerad aus dem letzten Einsatz meldete sich. Ich freute mich, hatte seitdem nichts mehr von ihm gehört. Er sagte, es ginge ihm gut, aber er habe nicht angerufen, um zu plaudern. »Ich rufe dich an, weil ich mir dachte, dass dir niemand Bescheid gesagt hat.«

»Was gesagt?«, fragte ich verständnislos.

»Du gehst doch in den Einsatz, oder?«

»Ja, nächste Woche geht es los, nach Kunduz diesmal. Ich freue mich schon, mein Spieß scheint ein Netter zu sein.«

»Das dachte ich mir. Sie haben dir nichts gesagt. Du gehst nicht nach Kunduz.«

»Doch«, sagte ich. »Es ist alles geplant.«

»Nein, sie haben dich umgeplant. Mein Chef hat dich zufällig auf der Stellenbesetzungsliste gesehen und dich gestrichen. Kompaniechef, das kann die nicht, hat er gesagt. Du wirst nach Feyzabad geschickt als Notarzt auf dem BAT. Ich dachte mir, dass sie es dir erst sagen würden, wenn du in Kunduz angekommen bist. Er will dich ins offene Messer laufen lassen.«

Ich war verwirrt. »Ich verstehe nicht, was hat dein Chef gegen mich, wer ist überhaupt dein Chef?«

Er sagte es mir. Es war der militärärztliche Berater des Hauptquartiers, dem ich durch meine Fraternisierung mit dem obersten General einen Strich durch die Rechnung gemacht hatte bezüglich seiner Übungen. Er war in der Tat ein mächtiger Mann in Deutschland.

»Ich habe dir damals schon gesagt, du sollst dich nicht mit ihm anlegen. Er fühlte sich von dir vorgeführt, und er hat es nicht vergessen und verziehen schon gar nicht«, sagte mein Freund.

»Und ich soll dort BAT fahren?«

»Ja«, antwortete er knapp.

Das war ein Schlag für mich, und wir wussten es beide. Es war ein ungeschriebenes Gesetz bei der Bundeswehr, man geht niemals rückwärts. Wer in Führungspositionen eingesetzt worden war, ging nicht mehr als Untergebener. Ich war Kompaniechef gewesen und wurde nun wieder in die Kompanie eingereiht, zurückgestuft. Es war wie eine Degradierung, eine Strafversetzung. »Nein«, sagte ich leise, »das hat mir keiner gesagt.«

Mein Blick schweifte über das Feld neben mir, ich merkte, wie ich auf die weißbereiften Grashalme direkt neben mir starrte und mich darin verlor, sah, wie filigran sie waren und wie wunderschön sie in der Sonne glitzerten, und fast vergaß ich, dass ich ein Telefon am Ohr hatte. Auch mein Kamerad schwieg, schien mir Zeit zu geben, die Information zu verdauen. »Wenn ich an deiner Stelle wäre, ich würde nicht gehen«, riss er mich nach einer Pause aus meiner Versunkenheit. »Es ist ein Rückschritt, und du machst dich lächerlich. Alle werden sich fragen, was du angestellt hast. Wenn sie es nicht schon wissen.«

Zögernd verabschiedete ich mich von den Grashalmen und der Aussicht auf den Einsatz in Kunduz, auf den ich mich gefreut hatte. »Aber es ist nur noch eine Woche, ich kann es nicht mehr ändern.«

»Lass dich krankschreiben«, sagte er und fügte hastig hinzu: »aber das habe ich natürlich nie gesagt. Ich habe mich ohnehin schon weit aus dem Fenster gelehnt, indem ich dich angerufen habe.«

»Ich bin dir sehr dankbar dafür!«, versicherte ich ihm, und er antwortete etwas verlegen: »Ich schulde dir etwas. Aufgrund der guten Beurteilung, die du mir gegeben hast, wurde ich befördert und auf die Stelle versetzt, die ich haben wollte. Ich bin dir sehr dankbar und wollte mich revanchieren.«

Ich dankte ihm nochmals und legte auf. Ich musste nachdenken. Ich erzählte es einigen vertrauten Kameraden, von denen ich sicher war, dass sie nichts ausplaudern würden. Ich fragte meinen alten Spieß. Alle rieten mir dasselbe. Geh nicht, lass dich nicht verarschen. Ich wusste, die einzige Möglichkeit, nicht gehen zu müssen, war der Gang zum Militärpsychiater. Dem bräuchte ich nur zu erzählen, dass ich Angst hatte vor dem Einsatz, und ich würde sofort befreit werden. Nicht aus Gefälligkeit gegenüber einer Kollegin. Eher aus der Angst heraus, ich könnte dort dekompensieren, nicht funktionieren, mir vielleicht sogar etwas antun. Dann, da ich aktenkundig bei ihnen vorstellig gewesen wäre, würden sie zur Rechenschaft gezogen werden.

Zwar wollte ich nicht als Patient in der Psychiatrie aktenkundig werden, aber das war nicht der Grund, warum ich mich letzten Endes dagegen entschied. Meine Karriere bei der Bundeswehr war nun vermutlich sowieso aussichtslos, nun, da mich der mächtige Mann auf dem Kieker hatte. Wahrscheinlich trug meine Personalakte bereits den berühmten roten Reiter. Der wahre Grund war, ich konnte nicht erzählen, dass ich Angst hatte, weil ich keine hatte. Nach allem, was ich erlebt hatte, fühlte ich dennoch keine Angst. Es war wie immer. Mir würde nichts passieren, da war ich ganz sicher. Es würde wieder nur die andern betreffen.

Ich flog nach Kunduz. Ich ließ mir nicht anmerken, dass ich bereits wusste, was passieren würde, als ich mich direkt nach meiner Ankunft beim Kompaniechef melden musste, und er mir mitteilte, dass ich direkt am nächsten Morgen nach Feyzabad weiterverlegt werden würde. Ich zeigte große Überraschung, aber auch Gelassenheit. Er konnte schließlich nichts dafür. Die Lage hatte sich geändert, ich bekam einen neuen Auftrag, ich führte ihn aus. Ich war Soldat. Für meinen Bekannten, der mich gewarnt hatte, empfand ich große Dankbarkeit. Er hatte mir ermöglicht, die Contenance zu bewahren und meine Würde zu behalten. Für denjenigen, der mir das eingebrockt hatte, empfand ich nur Verachtung. Was für eine Art der Auseinandersetzung war das? Er war nicht Manns genug, mir ins Gesicht zu sagen, was er von mir hielt. Er dachte, er könne mich strafversetzen und es mir zeigen. Aber, so hatte ich mir geschworen, auf diese Weise würde er mich nicht kleinkriegen. Ich hatte mich dagegen entschieden, den Psychiater anzulügen, und dafür, die Konsequenzen für meine Handlungsweise in Kauf zu nehmen. Wenn jetzt für mich Zahltag war, ich nun die Quittung bekam dafür, dass ich meine Kompanie in

Kabul vor den quälenden Übungen beschützt hatte, so würde ich jetzt eben zahlen. Ich dachte an die Münze des Generals. Genau dafür hatte ich sie bekommen. Dafür, dass ich für meine Untergebenen und für meine Überzeugung eingetreten war. Dass der General es so gesehen hatte, gab mir Kraft. Die Münze wurde zum Symbol, und ich sollte sie brauchen in den nächsten Monaten.

Feyzabad war für mich von noch größeren Gegensätzen geprägt als Kabul. Die Landschaft war traumhaft schön, noch viel schöner als in der Kabuler Gegend, aber der Einsatz an sich war ein Albtraum. Ich wurde von einer merkwürdigen Stimmung empfangen, und mir war gleich klar, dass es hier bereits Gerede über mich gegeben hatte. Ich drückte das Kreuz durch und hielt den Kopf oben. Ich sah auf die hohen schneebedeckten Berge um mich und versuchte, nicht nachzudenken. Wir waren mitten im Ort in einem alten afghanischen Gehöft untergebracht, oder besser in zwei verschiedenen Gehöften, die ungefähr zwanzig Minuten voneinander entfernt lagen. Ob zu Fuß oder im Auto, war egal. Es gab keine asphaltierten Straßen, und man konnte nur Schritttempo fahren. Bei Regen waren sie schlammig, bei trockenem Wetter fraßen wir Staub. Wenn die Sonne schien, war es brüllheiß, nachts wurde es schneidend kalt. Kabul war ein Witz dagegen gewesen. Ich wurde in der einzigen Frauenstube untergebracht, zu fünft teilten wir den zwölf Quadratmeter großen Raum. Es gab kein Fenster, und anfangs glaubte ich, nachts in dem stockdunklen Loch ersticken zu müssen, aber ich gewöhnte mich daran. Ich gewöhnte mich auch an die eisige Kälte, die nachts über uns hereinbrach, daran, dass die Heizung oft nicht funktionierte und es kein heißes Wasser zum Duschen gab, und ich lernte etwas, von dem ich nie geglaubt hätte, dass ich es können würde. Ich lernte, mit eiskalten Füßen einzuschlafen.

Es gab nur zwei Notärzte in diesem Einsatz, und ich fuhr jeden Tag auf Patrouille. Der Sanitätspanzer war zu breit für die schmalen Wege hier im Hochgebirge, und wir benutzten einen geländegängigen Zweitonner. Wenn ich darin auf den holprigen Wegen acht Stunden lang wie ein Sack Kartoffeln hin und her geflogen und ordentlich durchgeschüttelt worden war, dachte ich daran, dass ich wegen eines Bandscheibenvorfalls die Wehrfliegerverwendungsfähigkeit beim letzten Mal nicht bekommen hatte und mit meinen Piloten in ihren geräumigen und bequemen Hubschraubern nicht mehr hatte mitfliegen dürfen. Das war Deutschland, und dies war Feyzabad. Zwei Welten. Manchmal wusste ich nicht mehr, welches die richtige war.

Es war Winter. Nachts fror die Erde, und morgens mit den ersten Sonnenstrahlen taute sie auf. Ich benutzte einen Teil meiner Ausrüstung, für den ich vorher nie Verwendung gehabt hatte, die großen Gummiüberschuhe, die über die Kampfstiefel gezogen wurden. Mit dem Schlamm, der an ihnen klebte, trug jeder Fuß ein Gewicht von ein bis zwei Kilo, und ich gewöhnte mich auch daran.

Es wurde Weihnachten. Ich vermisste meine Kinder schrecklich und sie mich auch, das sagten die wenigen Briefe oder die Tatsache, dass eben selten oder gar keine Briefe kamen. Meine Kommandierung war für sechs Monate gültig. Sie war ausgestellt worden, als ich noch Kompaniechef hatte werden sollen. In Feyzabad blieb niemand so lange. Meine Kollegen wurden nach acht, manche schon nach sechs Wochen abgelöst. Einer blieb drei Monate, mit ihm hatte ich mich angefreundet, und als er heimflog, fühlte ich mich von Gott und der Welt verlassen. Mit ihm hatte ich in Ermangelung von Dosenbier versucht, mich mit Mon chéri zu betrinken, was uns nicht gut bekommen war und auch nicht funktioniert hatte. Als er heimflog, vermachte er mir den kleinen Kater, dessen Mutter überfahren worden war und den er heimlich mit Bundeswehrdosenwurst großgezogen hatte. Er hatte ihn geimpft und entwurmt, vor dem Kommandeur versteckt und ihm ein Katzenklo gebaut. Erwin hieß er, und er war mein großer Trost, nachdem der Kollege weg war. Er kletterte, kaum hatte ich meinen Container betreten, an mir hoch, setzte sich auf meine Schulter und knabberte an meinen Haaren. Irgendwann, als er größer geworden war und lautstärker miaute, ließ er sich auch nicht mehr vor dem Kommandeur verstecken, und irgendwann reichte auch Erwin nicht mehr als Hilfskrücke gegen das Heimweh und die Frustration.

Inzwischen hatten vier meiner Kinder ihren Geburtstag ohne mich verbracht, und Weihnachten und Silvester waren auch vergangen. Ich hoffte, ich würde wenigstens zu Ostern zu Hause sein. Ich rief in Deutschland an, versuchte, meine Kontakte spielen zu lassen, um nach Hause zu kommen. Überall erhielt ich die gleiche Auskunft. Es gäbe keinen Nachfolger für mich, ich müsse noch bleiben. Rettungsmediziner seien rar in der Bundeswehr, und sie seien sehr froh, dass eine so erfahrene Notärztin wie ich sich in diesem abgelegenen Einsatz befände. So versuchten sie mir die bittere Pille ungeschickt zu versüßen. Der mächtige Mann musste noch viel mächtiger sein, als ich gedacht hatte. Ich dachte an die Münze des Generals und beschloss wieder und wieder, so würden sie mich nicht kleinkriegen.

Manchmal weinte ich nachts, manchmal betrank ich mich heimlich mit den Kameraden der Schutzkompanie. Sie hatten andere Gründe, sich zu betrinken. Jeder hat seine eigene Geschichte. Wir bestellten T-Shirts in Deutschland und ließen sie auf der Rückseite mit einer Landkarte von Afghanistan bedrucken, einem roten Punkt für den Ort, an dem wir uns befanden und dem Spruch »Wir sind zwar nicht am Arsch der Welt, aber wir können ihn von hier aus deutlich sehen!«.

Wenn er eine Transportmöglichkeit fand, besuchte uns manchmal der Pfarrer aus Kunduz und hielt eine Messe ab. Er war nicht mein Typ, und ich suchte nicht das Gespräch mit ihm. Einmal schaffte es ein Psychologe, uns zu besuchen. Mit ihm versuchte ich es. Er kam vorbei und fragte, wie es mir gehe. »Beschissen«, sagte ich. Er war überrascht. Anscheinend war man ihm überall mit höflicher Zurückhaltung begegnet.

»Gefällt es Ihnen hier nicht?«, fragte er mit einem anerkennenden Blick auf die hohen Berge ringsum.

»Nein«, sagte ich. »Ich will heim, und ich dachte, Sie können mir helfen.«

»Das wollen Sie nicht, dass ich Sie heimbringe«, sagte er lakonisch und wiederholte: »Sie wollen nicht von mir repatriiert werden.«

Ich wusste, was er meinte. »Doch. Meine Karriere ist mir scheißegal, ich will heim zu meinen Kindern. Ich bin seit fast sechs Monaten hier, die Kollegen kommen und gehen, und mich hat man hier vergessen. Ich will heim.« Er sagte, ich solle noch mal darüber nachdenken.

Am nächsten Tag brachte er mir eine Tüte Gummibärchen. »Erste Stufe der Therapie für deprimierte Oberstabsärztinnen.« Ich hätte sie ihm am liebsten um die Ohren geschlagen. Aber das konnte ich nicht. Wegen des schlechten Wetters kam kein Nachschub. Wir hatten keine Zahnpasta mehr, kein Bier, kein Duschgel und natürlich auch keine Süßigkeiten. Ich konnte es mir nicht leisten, sie zu verschmähen. Auch wenn ich sie nicht mochte, die Rettungssanitäter würden mir das nicht verzeihen. Am nächsten Tag kam der Psychologe wieder vorbei und fragte, wie es mir ginge und ob die Gummibärchen geholfen hätten.

»Ich mag keine Gummibärchen, aber meine Sanitäter haben sie mir begeistert aus der Hand gerissen.«

»Wollen Sie immer noch heim?«

»Natürlich will ich immer noch heim. Es hat sich nichts geändert seit gestern. Ich bin immer noch diejenige, die am längsten hier ist.«

»Dann kommt jetzt Stufe zwei meiner Therapie für belastete Oberstabsärztinnen.« Er gab mir seine Visitenkarte. Ich könne ihn jederzeit anrufen, wenn ich ein Problem hätte. Ich begann ihn zu hassen.

Am nächsten Tag kam er wieder vorbei. Ob es mir bessergehen würde. »Nein. Ich habe die Visitenkarte angesehen, angefasst, versucht, sie zu essen, aber geholfen hat das nicht«, sagte ich sarkastisch.

Er lachte. Dann müssen wir demnächst zu Stufe drei übergehen.

»Und die wäre?«

»Sex natürlich.«

Ich starrte ihn an, konnte es nicht glauben.

Ich stand auf und ging weg, ließ ihn da sitzen. Ich hasste ihn nicht mehr. Er tat mir leid. Ich hasste die, die solche wie ihn in den Einsatz schickten, um uns zu helfen. Natürlich hätte ich eine Beschwerde einreichen können. Er hätte großen Ärger bekommen, und vielleicht wäre er durch jemand ersetzt worden, der uns ernst nahm. Ich tat es nicht. Ich war zu müde. Stattdessen bekam ich Fieber. Ich hatte mich auf den stundenlangen Patrouillen im Schnee erkältet. Aufgrund des schlechten Wetters waren keine Versorgungsflugzeuge durchgekommen, und wir hatten kein Antibiotikum mehr. Im Bett bleiben konnte ich auch nicht. Es gab zwei Aufträge für die BATs, und mein Kollege und ich mussten beide raus in die Kälte und den Schnee. Ein Soldat der Schutztruppe trug mein Gewehr zum Auto. Ich hätte es allein nicht geschafft. Die schweren schusssicheren Platten hatte ich aus meiner Splitterschutzweste herausgenommen und durch Handtücher ersetzt. Ich war so schwach, ich hätte mit der schweren Weste keinen Schritt gehen können. Das hatte ich schon öfter getan, und niemand hatte es bisher bemerkt. Nur der Mitarbeiter des Bundesnachrichtendienstes, der in unserem Lager untergebracht war. Er hatte nur gelacht. Ab und zu hatte er mir von da an abends geraten, am folgenden Tag solle ich besser die Handtücher herausnehmen und die Platten wieder einbauen. Er tat immer sehr geheimnisvoll und wollte mir nie sagen, warum, sagte immer nur, er hätte entsprechende Informationen, es könne gefährlich werden am nächsten Tag. Ich habe zwar immer auf ihn gehört, es ist aber nie etwas passiert. Es war wie immer. Mir passierte nichts. Es gab einen Raketenangriff auf das Lager. Meine Zimmergenossin sprang aus dem Bett, kroch unter den Tisch, kam wieder heraus, rannte im Schlafanzug aus dem Gebäude, schrie hysterisch in ihrer Panik. Ich fing sie wieder ein, beruhigte sie, brachte sie dazu, sich anzuziehen, setzte sie auf einen Stuhl. Es würde uns nichts passieren. Sie ließ sich überzeugen von meiner Sicherheit, meinem Vertrauen darin, dass es uns nicht betraf. Ohne es jemandem erzählt zu haben, war ich in diesem Vertrauen bestärkt worden und fand mehr denn je, es sei nicht unbegründet.

Ich war mit zwei deutschen Polizisten in der Stadt gewesen. Sie hatten mich gebeten, die Schutzweste auszuziehen, es sei Teil ihrer Arbeit, Vertrauen aufzubauen, und die Weste würde diesen Eindruck zerstören. Ich fand, dass sie recht hatten. Was hatte es uns gebracht, die Westen, die Stahlhelme und die Maschinengewehre? Die einzige Zeit, in der es keine Anschläge gegeben hatte, war die während meines ersten Afghanistaneinsatzes, als wir noch gewinkt und gelächelt hatten. Die Zeit, zu der es noch nicht verboten war, auf den Patrouillen den Kindern Kekse und Wasser oder den Kranken Aspirin zu geben. Damals hatten die Patrouillen mich manchmal gebeten, mit ihnen eine hochgestellte Persönlichkeit des afghanischen Militärs oder der Polizei aufzusuchen und zu behandeln. Ich hatte das nicht immer vermocht, aber allein unsere Bemühungen waren immer hoch geschätzt und dankbar angenommen worden.

Einmal war ich zu einem General in einem afghanischen Militärstützpunkt in der Kabuler Innenstadt gebracht worden. Einer seiner Lieblingsmitarbeiter hatte ein Problem. Es handelte sich um seine Frau, die nur gesunde Töchter bekam. Alle männlichen Babys, die sie zur Welt brachte, starben direkt nach der Geburt. Die Frau war natürlich bei dem Gespräch nicht zugegen. Es hätte sich nicht geschickt. Die meisten Frauen wurden damals noch in Abwesenheit behandelt, nur aufgrund der Beschreibungen ihrer Ehemänner. Ich dachte nach. Es war eine verzwickte Situation, und ich verstand sein Problem. Söhne hätten ihn und seine Frau in diesem Land, in dem es keine Rentenversicherung gab, im Alter versorgt. Töchter mussten eine große Mitgift bekommen und halfen dann, die Schwiegereltern zu versorgen. Wer in diesem Land keine Söhne hatte, den erwartete ein elendes Alter in Armut und Hunger. Dennoch würde ich nicht helfen können. Es handelte sich vermutlich um eine Erbkrankheit, es würden teure und aufwendige Untersuchungen erforderlich und eine Therapie wenig erfolgversprechend sein.

Aber sie erwarteten Hilfe von mir, und ich war nicht sicher, wie sie reagieren würden, wenn ich ihnen mitteilte, dass ich nicht vermochte, ihnen zu helfen. Langsam und bedächtig begann ich zu reden. Ich würde diese Krankheit kennen, sagte ich, sie wäre auch bei uns in Deutschland verbreitet. Sie vernahmen die traurige Nachricht mit Ausrufen des Bedauerns und Mitgefühls. Leider, fuhr ich fort, gäbe es in Europa keine Heilung. Enttäuscht ließen sie die Köpfe sinken. Sie hielten sehr viel von deutschen Ärzten. Es sei Gottes Wille, und ich benutzte das Wort Allah. Ich habe nie geglaubt, dass sich Götter dafür interessieren, wie man sie nennt. Sie nickten, ja, Allah il Allah, Gott ist groß. Auch wenn sich keiner vorstellen konnte, was Allah damit bezwecken mochte, eine Frau nur mit Töchtern zu segnen und damit sie und ihren Mann in die Armut zu treiben. Es war ein harter Schicksalsschlag.

Aber, sprach ich weiter, und sie hoben ihre Köpfe und sahen mich erwartungsvoll an, die westliche Medizin sei gut, aber nicht die einzige, und ich hätte auch sehr großes Vertrauen in die orientalische Medizin. Man müsse tolerant und aufgeschlossen sein. Sie stimmten zu. Es war ihr großes Bestreben in dieser Nachkriegszeit, aufgeschlossen zu sein, den Anschluss an die westliche Welt wiederzubekommen. Aber die Kabuler Ärzte hätten dem Mann und seiner Frau keine Hoffnung machen können, und wieder stimmten wir überein, es müsse Allahs Wille sein.

Ich ergriff noch einmal das Wort. Wir wüssten auch in Deutschland, dass es mehr Dinge zwischen Himmel und Erde gäbe, als wir uns vorstellen können. Und abschließend sagte ich, es sei nach reiflicher Überlegung mein Rat, dass die Frau einen Mullah aufsuchen und um ein Amulett bitten solle. Sie waren begeistert. Es kam ihrer Händlerseele entgegen. In diesem Land konnte man über alles verhandeln. Auf dem Bazar war es eine Beleidigung, wenn man es nicht tat. Vielleicht ließ Allah sich überzeugen und änderte seine Meinung.

Ich sei ein weiser Arzt, ließ mich der General gnädig wissen, einer der weisesten, die er je gesehen habe, und er habe nicht gewusst, dass Deutschland so weise und kluge Ärzte hervorbrächte. Seinem Untergebenen befahl er, meinen Rat anzunehmen, mit seiner Frau unverzüglich einen Mullah aufzusuchen. Damit nicht genug. Nun zeigte sich, warum er General geworden war. Mit fester Stimme sagte er, er würde ihnen ein Jahr Zeit geben. Wenn die Frau nach Ablauf eines Jahres keinen gesunden Sohn zur Welt gebracht hatte, solle sich der Mann eine zweite Frau nehmen. Der Mann war verzweifelt. Er versuchte zu diskutieren, er liebe seine Frau und wolle keine zweite.

Ich wusste, dass das nicht der Grund war. Eine zweite Frau wäre teuer und unbequem. Sie hätte das Recht auf ein eigenes Haus und auf seine nächtlichen Besuche. Seine erste Frau hätte das gleiche Recht, und er würde nachts zwischen ihnen hin- und herpendeln müssen, kein Zuhause mehr haben und keine Ruhe und keinen Frieden mehr. Was, wenn auch sie keine Söhne bekäme? Obwohl uns das Dilemma zu Herzen gegangen war, lachten wir auf dem Heimweg und bedauerten, dass wir das Ende der Geschichte wohl nie erfahren würden.

Hier in Feyzabad führten wir keine Sprechstunden im Ort und keine Hausbesuche durch. Ich hatte es vorgeschlagen, aber es war als zu gefährlich erachtet worden. Keiner hatte meinen Geschichten zugehört. Stattdessen trat die Schutzkompanie wie eine Besatzungsarmee auf. Als Erstes hatten sie Lafetten auf die Wölfe geschraubt und Maschinengewehre angebracht. An einem Sonntag, als sie von den Ältesten eines Dorfes, durch das sie täglich patrouillierten, gebeten wurden, ihr Dorf einmal auszulassen, weil wegen des großen jährlichen Bouzkashi-Turniers nur Frauen und Kinder im Dorf sein würden, hatten sie nur gelacht und gesagt, sie würden immer noch selbst entscheiden, wohin sie fahren würden. Als sie in ihrer Arroganz das Dorf dennoch durchquerten und mit Steinen beworfen wurden, waren sie, so schnell sie konnten, verängstigt ins Lager zurückgekehrt. Es war niemand verletzt worden, dennoch musste einer von ihnen repatriiert werden. Angst ist relativ, und sie hatten Dummheit mit Mut verwechselt. Sie waren denen auf den Leim gegangen, die an Gerechtigkeit glauben und denen der Tod gleichgültig ist, weil sie selbst nie in Gefahr sind. Sie waren denen ins Netz gegangen, die den Krieg gern haben und die glauben, dass Mut immer etwas Gutes ist, weil er die Überwindung von Angst bedeutet, und die sich nicht die Mühe machen, vorher herauszubekommen, ob die Angst vernünftig ist.

Während ich also mit den beiden Polizisten verbotenerweise, aber überzeugt, sicherer zu sein als auf den maschinengewehrbewehrten Jeeps, ohne Schutzweste durch die Stadt ging und meine einzige Befürchtung war, dass mich jemand aus dem Lager sehen und verraten könnte, sprach mich ein einheimischer Teppichhändler an, der in seinem Laden auf einem Stapel roter handgeknüpfter Teppiche saß.

»Hallo, Daktar!«, rief er mit diesem mit der Zungenspitze produzierten rollenden Geräusch am Ende. »Hallo, Doktor!«

Ich sah ihn erstaunt und forschend an. Kannte ich ihn? Ich war überzeugt, ihn nie zuvor gesehen zu haben. »Woher kennst du mich?«, fragte ich ihn. Dazu reichte mittlerweile mein Dari. Die Antwort übersetzte mir unser Dolmetscher.

»Ich habe schon gehört, dass die blonde Ärztin aus Kabul hier ist.« Und lächelnd winkte er mir zu. Die Polizisten waren erstaunt, ich nicht. Zu viel hatte ich gesehen in diesem Land, war in zu vielen Familien zu Gast gewesen, hatte mit zu vielen Frauen gesprochen, um mich zu wundern. Ganz allgemein hatte ich immer gefunden, die Afghanen würden von den westlichen Politikern unterschätzt, behandelt wie ein Dritte-Welt-Land. Dieses Land hatte schon eine Kultur, als wir in Europa noch auf den Bäumen geturnt sind. Hier hatten die Frauen schon an Universitäten studiert, als unsere Ahninnen noch nicht wussten, woher die Babys kamen. Nur weil sie seit zwanzig Jahren im Krieg waren, waren sie nicht degeneriert. Ihr Land war zerstört, sie nicht. Im Gegenteil, ich habe sie immer für ihre Zähigkeit, Entschlossenheit und Leidensfähigkeit bewundert. Die Menschen, die mich persönlich betrafen, waren die, die es auszubaden hatten, die Kranken und Schwachen, die Frauen und Kinder. Sie konnten nichts dafür, und für sie hatte ich nicht nur humanitäre Hilfe geleistet, sondern manchmal auch einige von unseren, wie ich fand, gedankenlosen Vorschriften, nun ja, zumindest gebeugt. Dafür wurde ich jetzt belohnt, mit Sicherheit, die mir die Bundeswehr vielleicht nicht garantieren konnte.

O nein, sie waren ganz und gar nicht mittelalterlich, auch wenn die Lehmhütten und Feuer aus Kameldung es implizierten. Über so viele Kilometer funktionierte ihr Nachrichtensystem. Kein Wunder, dass selbst die russische Armee bei diesem ausdauernden, entschlossenen und gewitzten Volk versagt hatte. Auch sie hatte die Intelligenz und Heimatliebe der Afghanen unterschätzt. Kein Detail war ihnen zu gering. Eine kleine, unbedeutende deutsche Ärztin, die viel Zeit in Kabul verbracht hatte, war Monate später in dieses riesige Land zurückgekehrt, zwei bis drei Tagereisen von Kabul entfernt, und sie wussten es. Sie kannten mich, sie wussten von mir, vielleicht wussten sie sogar von meinem geheimen Doktor in dem Dorf in der Nähe von Kabul. Bereits als ich das zweite Mal nach Kabul gekommen war, war ich von einem Händler, der einen kleinen Stand im Lager hatte, mit großer Freude und ähnlichen Worten begrüßt worden. Auch er hatte gesagt, er habe gehört, die blonde Daktar sei wieder zurück, und hatte mir Tee angeboten. Ich hatte ihn angenommen, obwohl es damals verboten war. Nein, ich hatte keine Angst. Ich war willkommen in diesem Land und fühlte mich heimisch.

Ich war auch froh, dass man mich im Lager auf der Evakuierungsliste vergessen hatte. Rückzug ist wohl für jede Armee schwierig, nicht vorgesehen eigentlich und darum schwer planbar. Ich hatte bemerkt, dass mein Name nicht auf der Liste stand, aber nichts gesagt. Wenn es hier zum Schlimmsten kommen würde, hatte ich ohnehin kein Vertrauen in die Armee. Mit den Flugzeugen würden zunächst die Zivilisten der Hilfsorganisationen ausgeflogen werden. Falls die Flugzeuge durchkamen. Wir würden mit unseren Fahrzeugen fahren, so weit das Benzin reichte. Darauf hatte ich keine Lust. Nicht weil ich dachte, dass es keine Tankstellen geben würde. Ich hatte die Täler gesehen, in denen die Mujaheddin die Russen abgeschlachtet hatten. Sie hatten oben auf den Bergkämmen gesessen und geduldig gewartet, bis die riesigen russischen Konvois in die Täler gefahren waren. Dann hatten sie die Straße am Beginn und am Ende des Tals und damit den einzigen Eingang und Ausgang gesprengt und die Russen Fahrzeug für Fahrzeug, Kopf für Kopf erschossen.

Ich hatte keine Angst, aber vorsichtig war ich doch. Und ich hatte nicht vergessen, dass manchmal alle gleich werden, und alle hassen alle anderen. Ich würde ungern durch diese Täler fahren, und oben auf den Bergkämmen würden die anderen sitzen, denen die blonde deutsche Ärztin dann auch egal sein würde. Hier in der Stadt kannten sie mich, und wenn überhaupt dann noch jemand einen Unterschied machen würde, wären sie es. Ja, ich war froh, nicht auf der Evakuierungsliste zu stehen. Ich würde einfach in die Stadt hinuntergehen und bei den Einheimischen um Gastfreundschaft bitten. Dann würde ich mich Richtung Osten nach China durchschlagen, dort einen Bus besteigen und dann ein Flugzeug. Meine goldene Kreditkarte hatte ich extra zu diesem Zweck mitgenommen und trug sie immer bei mir. Meine Kinder vertrauten mir, ich würde überleben und nach Hause kommen, was auch geschehen würde.

Jetzt, da ich diese Zeilen schreibe, merke ich selbst, wie theatralisch sie sich anhören. Vielleicht ist es das auch, aber Tatsache ist, dass ich überzeugt war, meine goldene Kreditkarte, die Münze des Generals und der heilige Christophorus, den mir Paul einmal geschenkt hatte, seien mein wertvollster Besitz und würden mich schützen. Sie und meine vier Schutzengel. Und es ist ja eine Tatsache, dass ich hier sitze, sicher, warm und satt, und schreibe.

Ostern und Pfingsten vergingen. Ich hatte es aufgegeben, früher heimzukommen, hatte mich in mein Schicksal gefügt. Die politische Lage hatte sich geändert und damit unsere Sicherheitsstufe. War ich in den ersten vier Monaten täglich mit auf Patrouille gefahren, verließ ich nun das Lager überhaupt nicht mehr. Ich hätte darüber nachdenken können, welchen Sinn der Einsatz überhaupt noch machte. Ich tat es nicht. Auch wenn die Langeweile noch schwerer zu ertragen war als die körperliche Anstrengung der Monate davor. Ich las, saß in der Sonne, schrieb in mein Tagebuch. In zwei Wochen lief meine Kommandierung ab, dann müssten sie mich heimschicken. Ich bekam einen Anruf. Es war der Spieß aus Kunduz. Es hätte sich leider kein Nachfolger für mich gefunden, ich müsse den Einsatz verlängern.

»Bis wann?« Ich fand meine Frage überaus berechtigt.

»Das weiß ich nicht«, sagte er, und es täte ihm leid.

»Mir tut es auch leid, und zwar verdammt leid«, schrie ich ihn an und verlor die Fassung. »Ich will Ihnen mal was sagen. Ich bin länger hier als irgendjemand anders. Ich war Weihnachten hier und Ostern und Pfingsten. Ich habe vier Geburtstage meiner Kinder verpasst, meinen Hochzeitstag und den Tanzstundenabschlussball meiner einzigen Tochter. Ich habe jetzt genug, und ich will nach Hause.«

»Ich kann es leider nicht ändern. Und ich kann auch nichts dafür. Ich habe nur den Auftrag, Sie anzurufen.« Er sprach mit mir geduldig wie mit einem kleinen Kind, aber auch ein wenig konsterniert. Es brachte mich noch mehr auf. Ich war wütend.

»Dann richten Sie bitte dem, der Ihnen den Auftrag gegeben hat, die folgende Botschaft aus: Morgen kommt der Staatssekretär Kolbow zu uns zu Besuch. Sie wissen, dass er nach unseren Problemen fragen wird. Ich werde ihm mein Problem vortragen. Richten Sie das bitte aus.« Erzürnt knallte ich den Hörer auf die Gabel.

Den Staatssekretär bekam ich nicht zu Gesicht. Ich hatte kaum Zeit, zu packen, keine Zeit, mich zu verabschieden. Ich stieg in das gleiche Flugzeug, mit dem der Staatssekretär ankam. Ich war sofort und ohne Nachfolger abgelöst worden.

Was mir am meisten weh getan hatte, war der Tanzstunden-abschlussball meiner Tochter, den ich verpasst hatte. Alle meine Kinder hatte ich in die Tanzstunde geschickt, und alle hatten sich gesträubt. Sie hatten sich gefügt, aber ich wusste, es waren einmalige Gelegenheiten, die sich nicht wiederholen würden, und so hatte ich es genossen, sie zum Abschlussball zu begleiten, sie in dieser festlichen Atmosphäre zu beobachten und stolz auf sie zu sein. Ich hatte nur diese eine Tochter. Ich hätte so gerne mit ihr ein schönes Ballkleid ausgesucht und sie bewundert, wie sie schlank und elegant und wunderschön darin aussieht. Eine verpasste Gelegenheit, die nicht wiederkommen würde. Irgendwie habe ich das am meisten bedauert.

Zu Hause angekommen, betrachtete ich dankbar die Münze des Generals und verstaute sie in einem kleinen Plastikkästchen, bettete sie liebevoll auf den blauen Samt. Ich hatte überlebt, war daheim. Was war dagegen der Abschlussball einer Dorftanz-schule?

9

Deutschland, 2005

Ich saß wieder im Büro. In demselben, aus dem ich das letzte Mal geflohen war. Dieses Mal aber hatten sie mich gefragt. Sie hatten mir eine Beförderung angeboten. Anscheinend war ich wieder gesellschaftsfähig geworden. Dieses Mal wusste ich genau, auf was ich mich einließ. Und dieses Mal ging ich bewusst dorthin. Nicht wegen der Beförderung, die übrigens dann doch nicht stattfand. Auch nicht weil ich plötzlich den Papierkram so spannend fand. Dieses Mal tat ich es wegen meiner Kinder und wegen meiner Ehe, die wir noch einmal zu retten versuchten. Ich wollte jeden Abend nach Hause fahren können. Ich war es meiner Familie schuldig nach all den Trennungen, all der Angst um mich. Mit dieser Einstellung gelang es mir besser. Ich arbeitete mich ein, und wieder einmal gewöhnte ich mich. Ich gewöhnte mich an das Büro, an den Stuhl, auf dem ich nun sitzend den Tag verbrachte, an den Computer, das Telefon, an das viele Papier. Ich erkannte sogar, dass es selbst hier sinnvolle Tätigkeiten gab, Menschen, denen man helfen konnte. Ich lernte meine neuen Kameraden kennen, knüpfte Kontakte, fand ein paar Freunde. Hier hatte ich keinen Nachtdienst, keinen Wochenenddienst, sogar Zeit zum Dienstsport hatte ich, und ich begann, diese Zeit zu genießen.

Auch die Kinder schienen es zu genießen. Mein Mann und ich allerdings taten uns schwer, stagnierten. Noch sah ich es gelassen, war bereit, uns und ihm Zeit zu geben. Ich begann, mich zu entspannen, mich wieder einzufügen in mein Leben in Deutschland. Manchmal kamen mir die hinter mir liegenden Einsätze vor wie ein Traum, und ich fühlte mich darin bestätigt, dass das nicht meine richtige Welt gewesen war. Die war hier, hier im Büro und abends bei meiner Familie.

Eines Tages erhielt ich einen Anruf von einer Journalistin. Sie wollte einen Film drehen über unsere Einsätze in Afghanistan. Wie wir damit umgingen, wie wir darauf vorbereitet würden und wie wir anschließend betreut würden. Die überlebenden Opfer des Bombenanschlages auf den Bus hatten ihr von mir erzählt, und sie hatte nach mir gesucht. Wieder einmal holte es mich ein. Ich fragte meinen Kommandeur, was ich tun sollte. Er sagte, ich sei doch eine lebenserfahrene Frau und ein loyaler Sanitätsoffizier, ich solle das Projekt unterstützen, er sei sicher, ich würde das Richtige sagen. Ich überlegte, ob ich mich geschmeichelt oder allein gelassen fühlen sollte.

In Vorbereitung auf die Dreharbeiten verbrachte ich viele Stunden im Gespräch mit der Journalistin. Immer wieder fragte sie, wie man mit den Erlebnissen von Tod und Sterben, Gewalt und Terror fertig wird, wie ich persönlich mit dem Tag des Busanschlages umgegangen bin. Sie bat mich, einen Text zu schreiben, den sie vielleicht in ihrem Film benutzen könne. Ich tat es.

Wie wird man damit fertig? Ich glaube, eigentlich nie wirklich. Während der Patientenversorgung hat man diesen Tunnelblick, macht seine Arbeit, seine Routineabläufe so wie tausendmal zuvor bei anderen Unfällen auch. Als ich dann mit den Leichen am Unfallort zurückblieb, denn auch um diese musste sich ja gekümmert werden, setzte langsam das Denken und Fühlen wieder ein. Angesichts derer, denen nicht mehr zu helfen war, empfand ich neben Traurigkeit auch eine große Ohnmacht und Hilflosigkeit, aber auch Wut und Zorn, und die Frage stellte sich: »Was tun wir eigentlich hier? Warum das Ganze?«

Als ich mir vergegenwärtigte, dass wirklich alles Menschenmögliche für die Verletzten getan worden war, verschwand nach und nach das Gefühl der Hilflosigkeit. Auch die Wut und der Zorn ließen nach. Viele Afghanen haben sich bei uns entschuldigt für das, was uns einer ihrer Landsleute angetan hatte.

Die Traurigkeit bleibt. Aber die Momente, in denen man sie spürt, werden seltener und seltener, bis es endlich wieder Tage gibt, an denen man gar nicht mehr daran denkt. Und irgendwann konnte ich den Kopf wieder heben und habe wahrgenommen, dass die Sonne scheint und Blumen blühen. Ich habe mich wieder auf das besonnen, was ich in meinem Leben noch tun möchte, und auf die, die mich noch brauchen. Ich habe nach vorne gesehen und neue Ziele gefunden.

Ich habe akzeptiert, dass das Leben weitergeht, unser Leben aus Höhen und Tiefen besteht und Erlebnisse und Verletzungen manchmal eben Narben am Körper und an der Seele hinterlassen.

Letzten Endes sind es ja gerade unsere Erfahrungen und Erinnerungen, die uns zu dem einzigartigen Menschen machen, der wir sind.

Ich habe viel mit Freunden und Kameraden und meinem Spieß gesprochen. Die Angebote der Psychologen und Psychiater habe ich zunächst nicht in Anspruch genommen, weil ich das Gefühl hatte, ein »Fremder«, der nicht dabei war, kann mich sowieso nicht verstehen. Nach einigen Monaten habe ich dann doch die professionelle Hilfe eines Psychologen in Anspruch genommen, der mich von bestimmten Triggersituationen befreit hat. Zum Beispiel davon, dass ich mich bei großer trockener Hitze wieder an diesem Unglücksort gesehen habe. Oder davon, dass bestimmte Geräusche oder Gerüche die Bilder von dem Ereignis wieder hervorrufen. Jetzt kann ich mich manchmal meinen Erinnerungen hingeben und die Fotos und Briefe aus den Einsätzen betrachten. Dann verspüre ich wieder diese Traurigkeit, aber ich kann die Fotos wieder in die Kiste packen und weiterleben. Und ich habe gelernt, dass es in Ordnung ist, dass ich wieder fröhlich sein und lachen darf.

Der Kamerad aus dem Einsatz, mit dem sie mich zusammenführte, ihr anderer Protagonist, er hatte es nicht gelernt. Wir trafen uns ohne die Journalistin, um zu besprechen, was wir ihr erzählen wollten. Wie viel und was wir bereit waren preiszugeben. Fünf Stunden saßen wir in meinem Arbeitszimmer und redeten. Fast zwei Jahre waren vergangen, und er war noch immer krankgeschrieben. Nicht wegen der körperlichen Verletzungen, die er als Passagier in dem Bus erlitten hatte. Er hatte Narben im Gesicht, trug ein Hörgerät, aber das war es nicht. Er konnte nicht schlafen, konnte sich nicht konzentrieren. Tagsüber war er dann müde, abgeschlagen und deprimiert.

Er sah die Bilder des Unglücksortes täglich vor sich, hörte die Geräusche, roch die Gerüche. Er hatte versucht, arbeiten zu gehen, aber er fühlte sich in der Kaserne von seinen eigenen Kameraden unverstanden. So war er wieder daheim geblieben, lag bis mittags im Bett, konnte sich nicht aufraffen, aufzustehen, konnte sich außer zu kleinen Gartenarbeiten zu gar nichts aufraffen. Er war in der Depression, die ihn nach dem Einsatz befallen hatte, stecken geblieben. Den Moment, in dem ich den Kopf gehoben und die schönen Seiten des Lebens wieder gesehen habe, hatte er irgendwie verpasst. Noch hielt seine Frau zu ihm. Anderen ging es noch schlechter, so erzählte er mir. Fünf andere Kameraden, die in dem Bus gesessen hatten, seien ebenfalls noch immer krankgeschrieben. Zwei seien mittlerweile in Pension gegangen. Beide waren noch keine vierzig Jahre alt. Bei einigen hatten die Frauen genug, hatten ihre Männer verlassen. Einer war zum Alkoholiker geworden. Er war als Reservist im Einsatz gewesen, danach zum Hartz-IV-Empfänger geworden.

Ich konnte es nicht verstehen. Wollten sie denn für immer so depressiv, so unselbständig bleiben? Warum kämpften sie nicht? War es wirklich dieses eine Ereignis, das ihr Leben zerstört hatte, wie sie behaupteten? Oder war es die anschließende Reaktion der Vorgesetzten? Fühlten sie sich ignoriert, missverstanden, falsch behandelt und verharrten darum in ihrer Lethargie? Oder war es ihre Persönlichkeitsstruktur? Musste man vielleicht aus ganz besonderem Holz geschnitzt sein, um es überhaupt in einer Armee auszuhalten? Musste man die Tendenz besitzen, nicht selbst nachdenken zu wollen? Ich hatte diesen Gedanken nie wahrhaben wollen. Aber sie, schoben sie nicht die Verantwortung für ihr Leben den anderen zu? Ihr habt mich verletzt, krank gemacht, nun seht zu, wie ihr mich wieder gesund macht, oder bezahlt wenigstens dafür?

Ich rief einen befreundeten Psychiater an. Einen lebenserfahrenen, grauhaarigen, drahtigen Mann mit viel gesundem Menschenverstand. »Warum sind alle diese Kameraden immer noch so krank? Es ist jetzt zwei Jahre her, sollten sie nicht darüber hinweg sein?«

Ich hörte, wie er sich an der anderen Seite der Telefonleitung eine Zigarette ansteckte. Das hatte er immer getan, wenn ich ihn etwas gefragt hatte, und mir oft erstaunliche Antworten gegeben. Das tat er auch jetzt. »Pass auf, es ist doch so«, sagte er. »Wir Deutschen haben jetzt ein Veteranenproblem. Das hat noch keine Nation gelöst. Die Amerikaner haben es nicht gelöst, und sie sind uns in allem immer zwanzig Jahre voraus gewesen. Warum sollten wir es lösen können?« Das war mir zu einfach, das wollte ich so nicht akzeptieren.

Er sagte: »Die meisten Dinge im Leben sind ganz einfach. Und manche Lösungen sind ganz pragmatisch. Denk mal an die Trümmerfrauen nach dem Zweiten Weltkrieg. Haben sie gejammert, sind sie zum Psychiater gegangen? Sind sie im Bett liegen geblieben und wollten nicht aufstehen? Nein. Das konnten sie sich gar nicht leisten. Sie mussten sich um ihre Kinder kümmern, die Häuser wieder aufbauen, und Geld verdienen mussten sie auch. Ihre Männer waren ja nicht da, sie waren tot oder in Gefangenschaft. Unser Veteranenproblem ist in Wahrheit ein gesellschaftliches Problem. Ein Problem, das wir uns leisten können.«

Das erschien mir seltsam, aber auch vertraut. War es mir im Leben nicht auch immer so ergangen? Egal, wie schlecht es mir ging, da waren immer irgendwelche Zwänge gewesen, die mir nicht erlaubt hatten, aufzugeben. Die Kinder mussten versorgt werden, es musste gegessen und geheizt werden. Ich musste mein Examen bestehen, Arbeit finden. Es muss ja weitergehen, so hatte meine Großmutter immer gesagt.

Aber wer weiß, wenn es mir angeboten worden wäre, zwei Jahre bei vollem Gehalt daheim zu bleiben, und ich einen liebenden Ehemann gehabt hätte, der sich um den Haushalt und die Kinder kümmert, vielleicht wäre ich dann auch den halben Tag im Bett liegen geblieben und hätte keine Notwendigkeit gesehen, mich aus dem Sumpf der Hoffnungslosigkeit zu befreien? Hätte ich das wirklich? Ich war nicht sicher. Wäre das denn ein schönes Leben? War ich nicht zu lebenshungrig, um meine Zeit derart zu vergeuden?

»Frauen sind immer stärker«, sagte mein Bekannter am Telefon. »Stärker und mutiger.«

Seine Worte klangen mir noch im Ohr, als es Babsi erwischte. Meine starke, mutige Kameradin Babsi, sie, die sich niemals unterkriegen ließ, mit der man Pferde stehlen konnte, sie war in der Psychiatrie gelandet. Ich konnte es nicht glauben. Sie hatte in einem Einsatz einen Auftrag bekommen, der ihr unsinnig, ja gefährlich erschienen war. Sie hatte eine Meldung geschrieben, um ein etwaiges Übernahmeverschulden auszuschließen. Ihre Bedenken hatte sie damit begründet, dass sie erlebt habe, was passieren könne, und daher wisse, wie man darauf vorbereitet und dafür ausgerüstet sein müsse. Nach einigen Diskussionen führte sie den Auftrag dennoch aus, und als sie zurückkehrte, vergoss sie vor Erleichterung, dass alles gutgegangen war, Tränen. Daraufhin wurde sie wegen einer akuten Belastungsreaktion umgehend nach Deutschland repatriiert und direkt vom Flughafen in eine psychiatrische Klinik eingewiesen.

Am nächsten Morgen reichten sie und ihr Mann eine Eingabe an den Wehrbeauftragten ein, und im Rahmen der Beschwerdebearbeitung wurde ich zu einer Stellungnahme aufgefordert, die ich umgehend ablieferte.

Gemäß Weisung nehme ich wie folgt Stellung:

Ich beschrieb Babsi so, wie ich sie kannte. Eine patente, starke Frau, fachlich äußerst kompetent und menschlich warm und mitfühlend. Emanzipiert und belastbar, aber auch sanft und weich. Lebenslustig, humorvoll, zielstrebig und energisch.

Unter sich ständig ändernden, oft gefährlichen Einsatzbedingungen im jahrhundertelang fixierten soziokulturellen Umfeld Afghanistans, in dem gerade in der Situation eines Unglücks das leitende Management durch eine Frau als unpassend erachtet wurde, begegnete sie der ihr oftmals entgegengebrachten offenen Ablehnung und Aggression geradlinig und nach außen scheinbar unbeeindruckt und trug damit zur Akzeptanz berufstätiger Frauen und Soldatinnen in bewundernswerter Weise bei. Sie diente damit letztendlich natürlich auch dem Ansehen der Bundeswehr und dem politischen Auftrag.

Ich beschrieb, wie sie mit mir bei den Leichen zurückgeblieben war, wie wir die Erkennungsmarken durchgebrochen hatten, wie sie keine Ruhe gegeben hatte und unbedingt hatte helfen wollen, wie wir dem Soldaten die Hände auf die Schulter gelegt hatten und ihm gesagt hatten, dass sein Freund tot war. Ich erzählte, wie sie bei dem Hinterbliebenenbesuch unaufdringlich mit Herz und Verstand Trost gespendet hatte, so wie sie immer für alle und jeden da gewesen war. Wie sie mit ihrer Wärme Hoffnung gegeben hatte. Ich schrieb, dass sie für das Ehrenzeichen der Bundeswehr in Silber vorgeschlagen worden war, man aber in unserem Führungsstab in Kabul den Antrag nicht weitergeleitet habe mit der Bemerkung, »für Sanis würde man solche Auszeichnungen nicht vergeben«. Dass sie ohnehin jede Auszeichnung abgelehnt hatte, sie hätte ja nur ihre Arbeit gemacht.

Bewertung

Zweifelsohne hat die MedEvacKp Kabul ISAF in mehr als einer Weise traumatische Ereignisse erlebt. Jeder ging in eigener Weise damit um und war doch in vieler Weise aufgefangen. Nicht zuletzt führte der Einsatz des Sanitätsdienstes zu einer Akzeptanz in der Truppe, die nicht nur von uns allen als wohltuend empfunden wurde, sondern mir persönlich weder in meinen Einsätzen noch im Heimatland je begegnet ist.

Unsere Entwicklung führte über Fassungslosigkeit angesichts der Tragik der Ereignisse, über Ohnmacht und Hilflosigkeit angesichts derer, denen nicht mehr zu helfen war, über Wut angesichts der Grausamkeit und Ungerechtigkeit des hinterhältigen Anschlages allmählich zu einer Akzeptanz der »Wunden auf der Seele«, die langsam zu Narben wurden, mit denen wir heute leben. (…)

Angesichts meines letzten Einsatzes über 6 Monate im ersten Kontingent Feyzabad unter einsatzunerfahrener Führung kann ich das, was OStArzt Dr. … und ihren Mann zu dieser Eingabe veranlasste, nachvollziehen und verstehen. Es geht um die Hilflosigkeit der erfahrensten Rettungsmediziner der Bundeswehr. Die auch etwas von »Zeiten« wissen und nicht nur 4 Wochen, wie viele unserer Fachärzte (wenn auch aus gutem Grund) im Einsatz verbringen. Es geht um die Erfahrungen von SanOffzÄrzten, die erlebt haben, was eigentlich alles passieren kann. Die mit den Hinterbliebenen persönlich konfrontiert wurden und Rede und Antwort stehen mussten, die erklären mussten, warum der Sohn, der Ehemann, der Freund sterben mussten. Die genau wissen, was notwendige Voraussetzung sein muss an Ausbildung, Ausrüstung und Personal, um diesen teilweise sehr jungen, erst 19-jährigen Soldaten helfen zu können. Die Überlegung, dass sie unsere Söhne sein könnten, unterscheidet meiner Meinung nach den guten Arzt vom Arzt.

OStArzt Dr. … hat noch keine Kinder, aber ebendiese Einstellung. Sie lebt die Überzeugung, das Beste sei für die uns im Falle eines Falles anvertrauten Soldaten gerade gut genug. Hierfür setzt sie sich ein, und hierfür geht sie selbst den Gang zum Psychiater, um nach Ausschöpfung aller anderen Möglichkeiten und Erkenntnis der eigenen Limitation und der ihrer Vorgesetzten zu demonstrieren, dass sie hier nicht mithalten kann und will. Nicht weil sie ausgebrannt, sondern weil sie maximal engagiert ist. Dass sie, wie durch die Repatriierung impliziert, behandlungsbedürftig traumatisiert ist, glaube ich in Kenntnis ihrer Person keinen Augenblick.

Ich halte es vielmehr für sehr wahrscheinlich, dass sie entschieden hat, nachdem ihr die Unterstützung ihrer Führung versagt blieb, zumindest keinen Anteil mehr an einer in ihren erfahrenen Augen unzureichenden sanitätsdienstlichen Versorgung zu haben. Hierbei handelt es sich meiner Meinung nach um die Verwechslung eines Posttraumatischen Stress-Syndroms mit einer ganz normalen und gesunden reaktiven Frustration.

Ja, sie hat geweint. Beim Abfallen der Anspannung nach Ausführung eines Befehls in Erfüllung ihrer Pflicht wider besseres Wissen hat sie geweint. Angesichts des Gefühls, mit der Verantwortung allein gelassen zu werden von denen, die eigentlich auftragsgemäß Träger dieser Verantwortung sind, wären sicherlich auch andersartige Reaktionen vorstellbar. Man möge sich fragen, welche hier die gesündeste, normalste und für alle Beteiligten unschädlichste ist.

Sicher wäre es sinnvoll, in unseren Auslandseinsätzen auf die Erfahrungen hervorragender SanOffzÄrzte wie OStArzt Dr. ... zurückzugreifen, von ihnen zu lernen, zu profitieren und auf sie zu hören.

Darum und weil es sich nach meiner Meinung in der Sache um keinen Einzelfall handelt, in der persönlichen Reaktion um eine normale und in der Konsequenz der Repatriierung um eine Groteske, erfolgte diese Stellungnahme in dieser persönlichen und emotionalen Weise gewissermaßen als Plädoyer.

Ich hatte den Text geschrieben und abgeschickt. Natürlich hatte ich darüber nachgedacht, ob es richtig oder falsch war, was ich da tat. Es war mir bewusst, dazu hatte ich nun lange genug Stabsarbeit verrichtet, dass man so keinen militärischen Schriftverkehr abfasst. Man bleibt sachlich. Man beschränkt sich auf Fakten. Immerhin war es eine Tatsache, dass die Auszeichnung für Babsi verweigert worden war. Aber natürlich würden sie offiziell nicht zugeben, dass sie gesagt hatten, an Sanis würden sie keine Medaillen vergeben. Sie würden sagen, mein Vorwurf sei nicht zu beweisen und so nicht nachzuvollziehen. Ich war emotional geworden, hatte Gefühle beschrieben. Das tat man nicht. Ich hatte es satt, zu tun, was man tat, zu sagen, was erwartet wurde, sachlich zu bleiben.

Hier ging es ja um Gefühle, oder warum landet man sonst in der Psychiatrie? Und sind Gefühle eigentlich keine Fakten? Ich wollte emotional werden. Ich bin Soldat. Ich bin Arzt. Aber ich bin auch eine Frau. Und Frauen gehen mit Dingen anders um. Die Bundeswehr stellt seit über zwanzig Jahren Frauen ein. Ich dachte, es sei an der Zeit, sie einmal damit zu konfrontieren, dass Frauen anders sind. Was natürlich in meinen Augen nichts Schlechtes ist. Ich glaube vielmehr, dass in uns Frauen viele Ressourcen schlummern, die die Bundeswehr nicht ausnutzt, nicht benutzt aus – ja warum eigentlich nicht? Aus Angst vielleicht? Wovor? Ich wollte ihnen sagen: Ihr wolltet uns, nun habt ihr uns. Nehmt uns endlich wahr und nehmt uns ernst, so wie wir sind. Und profitiert von uns. Lasst uns einander ergänzen, um insgesamt besser zu werden. Und natürlich konnte ich einfach nicht glauben, dass Babsi zusammengebrochen war, aufgegeben hatte. Ich rief sie an und besuchte sie. Und ich stellte fest, dass ich recht hatte.

Sie war verletzt, aber ungebrochen. Sie hatte Blessuren, aber sie kämpfte. Sie erzählte. Sie hatte den unsinnigen Auftrag ausgeführt. War tagelang unterwegs gewesen. Als sie ins Lager zurückkam, hatte sie tief durchgeatmet und gemerkt, wie die Anspannung von ihr abgefallen war. Es war nichts passiert, alle waren gesund zurück. Trotz allem. Erleichtert merkte sie, dass ihr Tränen die Wangen herunterströmten. Ein besorgter Kollege, der sie beobachtete, brachte sie in Erkenntnis seiner eigenen Grenzen und Hilflosigkeit zum Truppenpsychologen. Es war nicht derselbe, der mir begegnet war, aber viel klüger war er auch nicht. Er fragte Babsi freundlich, ob sie nicht gerne nach Hause wolle. Natürlich wolle sie nach Hause, das wolle doch jeder, hatte sie geantwortet. Er malte ihr aus, wie schön es wäre, daheim bei ihrem

Mann zu sein, und fragte, warum sie sich eigentlich so engagieren würde. Plötzlich erschien es ihr sehr verlockend, nach Hause zu fahren. Sie fühlte sich müde, erschöpft und abgekämpft. Ihr Moment der Schwäche wurde ausgenutzt und ihr Einverständnis zur Repatriierung eingeholt. Mit Einverständnis war es leichter.

Am Flughafen wurde sie von einem Krankenwagen erwartet, der sie in ein Stunden entferntes Bundeswehrkrankenhaus transportierte. Sie wurde in die psychiatrische Abteilung gebracht und untersucht. Noch immer hatte sie nicht verstanden, dass man erwartete, dass sie über Nacht blieb. Ob man nicht verstehen konnte, dass sie heimwolle, heim zu ihrem Mann? Immerhin sei das ja der Sinn der Repatriierung gewesen. Zuerst müsse sie begutachtet werden, erklärte man ihr. Sie hätten doch ein zweistündiges Gespräch geführt, sei das nicht genug, fragte sie. Es war nicht genug. Sie solle stationär aufgenommen werden. Babsi wollte das nicht und fragte, ob man sie für suizidal halte. Das täte man ganz und gar nicht, wurde ihr versichert. Aber sie habe als Soldat die Pflicht, sich auf ihre Diensttauglichkeit begutachten zu lassen, und in diesem Fall handle es sich eben um eine stationäre Untersuchung. Sie ist ein guter Soldat, sie blieb über Nacht.

Am nächsten Morgen weckte sie die Schwester um sieben, sie solle sich anziehen und am allmorgendlichen Walking der anderen psychiatrischen Patienten teilnehmen. Als sie mir erzählte, wie sie darauf reagiert hatte, wusste ich, dass sie noch die alte Babsi war. Sie sagte, dass würde sie auf gar keinen Fall tun. Sie habe zugestimmt, sich untersuchen zu lassen, weil es als Soldat ihre Pflicht sei. Das morgendliche Walking aber, man dürfe bitte nicht vergessen, dass sie selbst Ärztin sei, das morgendliche Laufen also, das sei bekanntlich Bestandteil der Therapie. Einer Therapie habe sie aber bisher nicht zugestimmt. Außerdem, so fuhr sie fort, würde sie jetzt nach Hause fahren. Warum, fragte die Schwester. Weil, so antwortete Babsi freundlich, es bestimmte Regeln in der Medizin gäbe. Zuerst kommt die Untersuchung, dann die Diagnose und zum Schluss die Therapie. Da ihre Therapie jetzt offenbar begonnen habe, sei die Untersuchung ganz offensichtlich abgeschlossen. Somit könne sie jetzt das Krankenhaus verlassen. Die Schwester rief den Stationsarzt. Babsi erklärte ihm das Gleiche. Der Stationsarzt rief den Oberarzt und dieser den Chefarzt. Man wolle sie noch ein wenig dabehalten, erklärten ihr alle gemeinsam. Warum, fragte Babsi höflich. Um sie noch ein wenig zu untersuchen, erklärten sie. Wenn sie das ablehne, müsse sie unterschreiben, dass sie das Krankenhaus auf eigene Verantwortung gegen ärztlichen Rat verlasse. Man möge ihr doch bitte die Vorschrift zeigen, in der es heißt, dass ein Soldat verpflichtet ist, eine stationäre Untersuchung in einer psychiatrischen Abteilung zu dulden, verlangte Babsi daraufhin.

Die weißbekittelte Brigade wurde unsicher. Aber erst nachdem sie das Wort Freiheitsentzug hatte fallenlassen, durfte sie gehen, ohne Unterschrift, versteht sich. Sie fuhr nach Hause, schlief eine Nacht darüber, wie es vorgeschrieben ist, und verfasste eine Beschwerde, eine Eingabe an den Wehrbeauftragten des Deutschen Bundestages. Nicht weil sie verbittert war, nicht weil sie Genugtuung wollte, sondern weil sie hoffte, anderen, die nach ihr kommen würden, könne es helfen.

10

Deutschland, 2007
Kunduz, 2007

»Frau Oberstabsarzt, haben Sie einen Moment Zeit?« Es war der
Oberstarzt, Chef des Stabes des Sanitätskommandos, in dem ich
im Büro saß, der mich nach dem Antreten zu sich rief. »Wollen
Sie nicht doch nach Kunduz fahren?« Es ging um eine Stelle als
Rettungsmediziner dort, die eigentlich ein Kollege aus meiner
Abteilung hätte besetzen sollen. Dann aber musste er operiert
werden und lag noch im Krankenhaus.

»Nein, Herr Oberstarzt, das will ich nicht. Das habe ich Ihnen
doch schon vor vier Wochen gesagt.« So lange war er nämlich
schon krank, der Kollege.

»Dann fragen Sie bitte die Kollegin aus Ihrer Abteilung noch
mal.«

»Nein, Herr Oberstarzt, das brauche ich nicht. Sie geht dort
auch nicht freiwillig hin.«

Wir hatten es uns genau überlegt. Wir würden uns nicht freiwillig melden. Nicht einmal, um unseren Kollegen zu vertreten.
Wir würden uns nicht freiwillig in Gefahr begeben, und der kranke Kollege hatte das auch nicht gewollt. Er war entsetzt gewesen,
als wir es ihm vorgeschlagen hatten, und wir hatten erkannt, dass
er nicht gesund werden würde, wenn er wüsste, dass wir seinetwegen in den Einsatz gehen müssten. Die Kollegin war vor vier
Monaten erst aus ihrem letzten Einsatz zurückgekehrt, und mein

Dienstzeit-Ende stand kurz bevor. Wenn uns etwas passieren würde, damit würde er nicht fertig werden, hatte er gesagt.

»Herr Oberstarzt, Sie können nicht erwarten, dass wir uns freiwillig melden, und dann vielleicht für den Rest unseres Lebens mit einem Arm oder einem Bein herumlaufen und damit leben müssen, dass wir auch noch selbst dran schuld sind. Dafür muss schon irgendjemand anderes die Verantwortung übernehmen.«

Er fackelte nicht lange. Zwei Stunden später bekamen wir den Befehl. Per E-Mail: »Frau Stabsarzt Kupfer und Frau Oberstabsarzt Groos besetzen BAT Kunduz ab sofort für zwei Monate.« Ins Gesicht sagen konnte er es uns wohl doch nicht.

Der Gang zum Psychiater wurde wieder ein Thema. Dieses Mal war es irgendwie anders. Dieses Mal hatte ich kein gutes Gefühl. Dieses Mal hatte ich so etwas wie Angst. Dieses Mal hatte ich nicht das tranceartige Gefühl, mir würde schon nichts passieren. Dennoch entschied ich mich wiederum gegen den Psychiater. Gerade weil ich Angst hatte, konnte ich mich nicht drücken. Ich musste mich stellen, die Angst überwinden. Sonst würde ich sie nie wieder loswerden. Ich sollte als Erste fliegen. In drei Tagen.

Über der Hektik der Vorbereitungen vergaß ich meine Angst. Ich hatte nicht eine Minute Zeit, darüber nachzudenken. Impfen, packen, Versicherungen überprüfen und anschreiben, Testament machen, es den Kindern erklären, mich von Freunden und Verwandten verabschieden, und ich musste noch die Tropenuniform empfangen. Die hatte ich allerdings noch daheim, ich hatte sie nach dem letzten Einsatz nicht abgegeben. Als ich das jedoch erzählte, drehte der Hauptmann im Lagezentrum fast durch. »Das hätten Sie nicht gedurft«, tobte er, »damit haben Sie gegen einen Befehl verstoßen!« Er konnte sich überhaupt nicht beruhigen.

»Na gut«, sagte ich, »aber wie praktisch! Denn jetzt habe ich sie schon und muss sie nicht noch abholen. Da sparen wir Zeit.«

»Natürlich müssen Sie die Tropenuniform empfangen wie jeder andere auch. Was Sie daheim haben, interessiert mich nicht. Das dürften Sie gar nicht haben.«

»Ja, aber ich habe es nun mal!«

»Das ist mir egal«, schrie er.

Ich sah ein, dass es schneller ginge, wenn ich zur Kleiderkammer fahren würde. Dort empfing ich noch einmal einen kompletten Satz Tropenuniform, legte ihn zu Hause ordentlich hin und gab ihn später genau so wieder ab. Nicht, dass ich die Bekleidung einfach so bekommen hätte. Im gesamten Kommando waren die Server ausgefallen, und wir hatten nicht drucken können. So konnte ich auf der Kleiderkammer keinen Einplanungsvermerk und keinen Marschbefehl vorzeigen. Und so, erklärte mir der zuständige Mitarbeiter, könne ich keine Tropenuniform bekommen, nachdem ich eine Dreiviertelstunde gewartet hatte, um überhaupt angehört zu werden. So könne ich überhaupt nichts empfangen. Er sagte es nicht einfach, er schrie gleich. Was wir für ein Sauhaufen wären, so könne er nicht arbeiten.

Es war mir gleich. »Hören Sie«, sagte ich, »es war nicht meine Idee, in diesen Einsatz zu fahren, und wenn es nach mir geht, brauche ich die Klamotten nicht. Fahre ich eben nicht, ist mir sowieso viel lieber. Geben Sie es mir nur bitte schriftlich, dass ich hier keine Tropenausstattung bekommen kann. Ich brauche es schriftlich, Sie wissen doch, wie wichtig Papiere sind.« Sein Gesicht verfärbte sich bläulich, und er schnappte nach Luft. Er verschwand, um zu telefonieren, kam zurück und erklärte, dass ich die Sonderbekleidung empfangen dürfte. Die anderen Soldaten, die schon lange auf dem Flur warteten, klatschten Beifall. Geht doch, sagten sie und freuten sich. Offenbar hatte es hier vor mir auch schon Diskussionen gegeben.

Ich bekam alles. Hosen, Blusen, Jacken, Stiefel, Sommerschlafsack, Winterschlafsack, einen extra Seesack. Ob ich noch ein Koppel wollte und die Halstücher und das Klappmesser, fragte er. Er war sehr freundlich jetzt. Die angebotenen Winterhandschuhe lehnte ich ab. Es war Juli, und sie standen an den Fingerspitzen zehn Zentimeter über. Auf kleine Frauenhände waren sie nicht eingestellt, sagte er. Die schwarze Wollmütze nahm ich. Sie gefiel mir.

Nur drei Tage bis zum Abflug. Ich versuchte, an alles zu denken, nichts zu vergessen, und kam mir vor, als sitze ich in einem dieser riesigen Karussells auf dem Jahrmarkt, in denen sich die Gondeln um sich selbst drehen, und die große Drehscheibe, auf der sie befestigt sind, dreht sich auch. Zwei Tage vor Abflug stoppte das Karussell plötzlich.

Ich hatte den Anrufbeantworter abgehört. Die junge Frau, deren Stimme darauf war, hatte wohl nicht damit gerechnet, dass ich tagsüber daheim war. Sie hinterließ eine Nachricht für meinen Mann. »Ich liebe dich, mein Schatz.« Er hatte eine Freundin. In mir fror alles zu Eis. Nicht wegen der Freundin, sondern weil er mich angelogen hatte. Wir hatten uns nach Kabul, nach Feyzabad immer wieder schwergetan, trotz aller Bemühungen nicht wieder zueinandergefunden. Im letzten Jahr, in dem ich zu Hause gewesen war, hatte er sich immer weiter von mir entfernt, war immer seltener zu Hause. Immer und immer wieder hatte ich ihn gefragt, was los sei, ob er sich in jemand anderen verliebt hätte. Und immer und immer wieder hatte er mich angelogen, das war mir jetzt klar. Ich stellte ihn zu Rede, er wollte ausweichen, dann platzte irgendein Knoten, und wir konnten reden. Endlich, zum ersten Mal seit Jahren konnten wir wieder vertrauensvoll miteinander reden.

Am nächsten Morgen fuhr ich zum Psychiater. Eine sehr nette Kollegin, die ich aus meiner Zeit im Bundeswehrkrankenhaus kannte und die ich für äußerst kompetent hielt, hatte Zeit für mich. Viel Zeit.

Was ich tun solle, fragte ich sie. Soll ich in diesen Einsatz gehen oder wäre es nicht besser, zu Hause zu bleiben, und zu versuchen, meine Ehe zu retten? Ich hatte noch mehr Fragen. Ich hatte das Angebot bekommen, meine Dienstzeit zu verlängern, befördert zu werden. Eigentlich hatte ich schon beschlossen, abzulehnen. Mein Mann und ich wollten nach Neuseeland auswandern, Deutschland verlassen. Jetzt wollte er das anscheinend nicht mehr. Sollte ich unter diesen Umständen das Angebot der Bundeswehr nicht doch in Betracht ziehen? Gerade wenn er mich verlassen würde, sollte ich nicht zumindest in der wirtschaftlichen Sicherheit der Bundeswehr bleiben? Wir redeten drei Stunden lang. Von meiner Angst, meinem unguten Gefühl sagte ich ihr nichts. Nicht weil ich sie hereinlegen wollte, sondern weil ich es über den neuesten Ereignissen total vergessen hatte und es schlagartig wieder wie immer war. Mir würde nichts passieren. Die Psychiaterin bestärkte mich darin, herauszufinden, was ich wirklich wollte. Ich, nicht meine Kinder, nicht mein Mann. Es wurde schnell klar, dass ich das in den wenigen Stunden bis zum Abflug nicht schaffen würde. Dann sagte sie etwas Erstaunliches.

»Es ist ja vollkommen klar, dass es jeden Grund geben würde, dich von dem Einsatz zu befreien. Aber ich denke, ich werde dich hinschicken. Du brauchst jetzt Zeit, und die hast du hier nicht. Dort wirst du Zeit haben und auch genügend Abstand von allem. Dort wirst du herausfinden können, was du wirklich willst. Es ist ein Risiko, aber ich werde dich dabei begleiten. Ich werde dir meine Telefonnummer geben, und ich werde dich regelmäßig anrufen. Wenn du das Gefühl hast, es geht nicht mehr, oder ich habe es, werde ich dich sofort repatriieren lassen.« Wir schlossen den Handel ab. Ich flog am nächsten Morgen.

Meine Erstarrung hatte sie nicht lösen können, und ich war noch immer wie in Trance, als ein Oberfeldwebel mich am nächsten Morgen abholte und in Köln ins Flugzeug setzte. Nach dem Start ging ich im Flugzeug auf die Toilette und wusch mir die Hände. Das warme Wasser auf meiner Haut war wohltuend. Ich ließ es ein paar Minuten über meine Finger rinnen, warm und weich und glatt, beobachtete, wie es hinunterlief und in das Waschbecken tropfte, seifte mir die Hände ein, spielte mit dem Schaum und genoss die Wärme, die sich über meinen ganzen Körper ausbreitete und einen Teil der Erstarrung löste. Ich kehrte auf meinen Sitz zurück und schrieb in mein Tagebuch, versuchte meine Gedanken zu sortieren, überlegte, ob ich daheim alles geordnet, nichts vergessen hatte. Immerhin wären es nur vier oder fünf Wochen, ich würde es überleben. Fast begann es sich wie ein Abenteuer anzufühlen, auf das ich mich eingelassen hatte. Nur dieses Mal war es ein Abenteuer mit mir selbst. Wie würde ich mich entscheiden, was würde ich herausfinden in diesen Wochen? Wie würde mein Leben nach meiner Rückkehr weitergehen? Ein wenig zuversichtlicher stieg ich in Usbekistan in das nächste Flugzeug um und war am nächsten Morgen um fünf Uhr in Kunduz.

Der Spieß hatte mich auf eine Bank vor dem Rettungszentrum gesetzt, mir eine Tasse Kaffee in die Hand gedrückt und mir gezeigt, wo die Toilette war. Es war schon jetzt furchtbar heiß, fast dreißig Grad, und ich schwitzte. Ich wusste nicht, wo ich sonst hätte hingehen können, also blieb ich sitzen. Ich hatte erwartet, die Hitze besser ertragen zu können. Ich war schon so oft in diesem Land gewesen, ich dachte, ich wäre es gewöhnt und würde es von Mal zu Mal besser aushalten. Aber das Gegenteil war der Fall, und ich sollte es auch bei anderen Gelegenheiten noch spüren. Die Erlebnisse, die ich in diesem Land gesammelt habe, haben mich nicht stärker und härter gemacht, sondern meine Haut dünner. Vernarbte Haut ist immer empfindlicher und verletzlicher. Meine Grenzen schienen näher, dichter, enger herangekommen zu sein. Ich wunderte mich darüber, ich hatte es anders erwartet. Dass ich irgendwie der erfahrene alte Hase wäre, dem das alles nichts ausmachen würde. Aber das tat es. Und ich kam auch gar nicht damit klar, plötzlich innerhalb von drei Tagen ans andere Ende der Welt versetzt worden zu sein. Es fühlte sich merkwürdig an. Mein Körper war da, saß auf der Bank in der brütend heißen Schwüle des gegenüber Kabul feuchten und dampfigen Kunduz. Der Rest von mir schien irgendwo stecken geblieben zu sein, hatte nicht so schnell reisen können.

Es lag nicht nur an der Hitze, der Müdigkeit, dem Durst, dass es sich anfühlte, als ob ich schwebte, noch nicht vollständig angekommen war. Ich holte mir eine Flasche Wasser und setzte mich wieder hin. Das Lager schien wie ausgestorben zu sein. Allerdings war es auch erst sechs Uhr morgens. Es sollte sich aber auch später nicht ändern. Die Atmosphäre war ganz anders, als ich sie von meinen vorherigen Einsätzen her kannte. Immer wieder fragte ich: »Wo sind denn hier alle?«

Alles war so ruhig, eine Stimmung fast wie auf dem Friedhof. Keine Menschen auf den Wegen, keine Fahrzeuge, keine Musik, nichts. Sonst war doch immer alles voller Leben gewesen! Immer wieder habe ich mich darüber gewundert. Alle waren sehr verhalten und still. Man kam kaum ins Gespräch. Erst nach ein paar Tagen begann ich langsam zu begreifen und kam dahinter, was los war.

Ein Hauptfeldwebel der Schutzkompanie kam zu uns in den BAT-Container, unser Vorratslager und Aufenthaltsraum für die Zeiten zwischen den Patrouillen. Er setzte sich, und wir kamen langsam ins Gespräch. Es stellte sich heraus, dass er bei einem Selbstmordattentat in der Stadt vor einigen Wochen einen Freund verloren hatte. Das ist die Meldung, die bundeswehrintern veröffentlicht wurde:

Am 17.5.2007 ereignete sich im Stadtgebiet Kunduz ein Selbstmordanschlag, bei dem drei deutsche Soldaten getötet, zwei schwer verletzt und drei weitere deutsche Soldaten sowie der afghanische Sprachmittler leicht verletzt wurden. Bei dem Anschlag wurden auch fünf afghanische Zivilpersonen getötet und 16 weitere verletzt. Die Patrouille bestand aus 10 Soldaten, einem deutschen Polizisten und dem afghanischen Sprachmittler. Einer der Toten ist Angehöriger des Bundesamtes für Wehrverwaltung.

Nicht viel, wenn man wissen möchte, warum man mit seinem Freund nicht mehr reden kann, keine Abende mehr mit ihm verbringen, keine Feste feiern und keine Hobbys teilen kann. Der Hauptfeldwebel sprach nicht viel, er blickte nur vor sich auf den Boden und sagte leise: »Ich frage mich immer wieder, warum das passiert ist.« Er hob den Blick, sah mich an und wiederholte: »Warum? Warum nur?« Er dachte einen Moment nach und fügte hinzu: »Warum er, warum überhaupt jemand und wofür eigentlich?« Er hatte Tränen in den Augen und konnte nicht mehr weitersprechen.

Es gab nichts zu sagen.

Jetzt verstand ich diese merkwürdige Stimmung hier im Lager. Alle standen noch unter dem Eindruck des Attentates. Der erste Schock war vorbei und alle, die unmittelbar betroffen waren, längst ausgeflogen. Aber die Erinnerung war noch frisch. In Anerkennung der medizinischen Versorgung brachte man uns Respekt, fast Ehrfurcht entgegen und ein Vertrauen, ein fast zutrauliches Entgegenkommen, das wir sonst nicht erfahren. Meistens werden wir Mediziner ja ein wenig geringschätzig betrachtet. Die Sanis, die sich auch für Soldaten halten, aber nicht schießen, nicht kämpfen. Ansonsten waren alle sehr zurückhaltend. Das Lager wurde kaum verlassen, es wurden nur wenige Patrouillen durchgeführt, und wenn, dann unter Aufbietung aller möglichen Sicherheitsmaßnahmen. Auch wenn afghanische Gäste das Lager besuchten, war die Stimmung angespannt und überdurchschnittlich viele Sicherheitskräfte involviert.

Das Attentat war ungefähr sechs Wochen her. Es war kein Psychologe hier, kein Psychiater. Mit uns neuen Ärzten, die nicht dabei gewesen waren, mochte man nicht oder nur wenig reden. Ich nahm an, dass direkt nach dem Anschlag psychologisches Personal eingeflogen wurde, ich fragte nicht und bekam auch nichts gesagt.

Natürlich habe ich mich gefragt, warum dieses Afghanistan für uns so schwer zu ertragen ist. Sind wir zu weich? Wir sind doch Soldaten, wir müssen doch damit rechnen, dass es Tote gibt und Verwundete. Ein ehemaliger Soldat hat mir erklärt, wie er es sieht. Er sagte: »Als wir damals im Kosovo waren, die Kindergräber geöffnet und im Rahmen der Entwaffnung auch auf Menschen geschossen haben, haben wir bestimmt Schrecklicheres gesehen als in Afghanistan. Aber das war eben der Krieg. Im Krieg ist es eben so, dass wir schießen und Menschen sterben. Aber nach Afghanistan hat man uns auf eine friedensbewahrende Mission geschickt. Dort sollte niemand sterben. Und zusätzlich dürfen wir uns gemäß der ›Rules of Engagement‹ nicht wehren. Wir werden in einer Friedensmission feige aus dem Hinterhalt angegriffen und dürfen uns nicht mal wehren! Das ist doch unerträglich, das ist doch grotesk!« Mir wurde klar, dass er recht hatte, mehr als recht.

Die »Rules of Engagement« für ISAF sahen vor, dass wir einen potentiellen Angreifer erst ansprechen, dann einen Warnschuss abgeben mussten, bevor wir auf ihn tatsächlich zielen durften. Vollkommen blödsinnig erschien uns das. Oft fragten wir uns, was wir eigentlich rufen sollten? Und in welcher Sprache? Ich verstand auch nicht, warum ich als Ärztin hier wieder, wie zuvor schon in Feyzabad, eine Pistole und ein Gewehr mit mir tragen musste. Dazu Munition, um ein ganzes Bataillon auszulöschen. Nach Ansprache und Warnschuss natürlich. Ich schloss das Gewehr auf meiner Stube ein und nahm es nur mit auf Patrouille.

Ungefähr zur gleichen Zeit, zu der ich angekommen war, begann man wieder mit den Patrouillen. Wieder hatte ich keine Zeit, mich zu akklimatisieren. Schon am dritten Tag ging es los. Die Lage wurde immer noch als gefährlich eingeschätzt, und ich musste unter Luke fahren, im hinteren Teil des Panzers sitzen, alle Luken und Fenster geschlossen halten. Mein Fahrer und mein Rettungsassistent saßen vorne, ich war über Kopfhörer mit ihnen verbunden. Bei der ersten Zigarettenpause stieg ich aus. Ich hatte nicht sehen können, wohin wir gefahren waren. Wir standen mitten in der Wüste, um uns herum Sand, so weit das Auge reichte. Am Horizont zog ein einsamer Afghane mit seinen Kamelen vorbei. Ich blieb hinter dem Panzer stehen, ging nicht zu den anderen. Ich fühlte mich so einsam, so allein, so hilflos. Ich brach in Tränen aus.

So fanden mich mein Fahrer und mein Rettungsassistent vor, als sie kamen, um nachzusehen, wo ich war und ob alles in Ordnung war mit mir. Ich konnte nicht aufhören zu weinen, geriet in Panik, begann zu hyperventilieren, konnte mich überhaupt nicht beruhigen. Die beiden waren entsetzt. Sie waren Fallschirmjäger, beide um die dreißig Jahre alt, durchtrainierte, starke, zähe Männer, die sich vor wenig oder nichts fürchteten. Mit dieser Situation aber waren sie vollkommen überfordert, waren total hilflos. Sie boten mir eine Zigarette an, klopften mir verlegen auf die Schulter, fanden sogar ein Stück Toilettenpapier, damit ich mir die Nase putzen konnte. Ich tat es.

»Mein Mann hat eine Freundin, eine Fünfundzwanzigjährige«, schluchzte ich, in der Annahme, ich schulde ihnen eine Erklärung. Das war ihnen noch viel peinlicher.

»Shit happens«, sagten sie und klopften mir noch einmal auf die Schulter. Es rührte mich, wie sie versuchten, mich zu trösten, und plötzlich erkannte ich die Komik der Situation. Zwei harte Soldaten, für die wohl eine weinende Frau das Schlimmste auf der Welt sein musste. Noch dazu ich, ihre Chefin. Ich nahm mich zusammen.

»Passt auf«, sagte ich und wischte mir endgültig die Tränen vom Gesicht. »So etwas wird nicht noch einmal passieren. Ich kriege das schon hin. Oder ich bitte noch heute Abend um meine Ablösung. Ihr braucht keine Angst zu haben, dass ich euch in eine gefährliche Situation bringe, weil ich hysterisch werde.«

Sie waren beruhigt. Und sie taten, was Männer tun, die ein kleines Kind trösten wollen. Sie sagten, ich dürfe für den Rest des Weges vorne sitzen. Ich glaube nicht, dass sie verstanden, warum ich nun, die ich eben noch in Tränen aufgelöst war, nicht mehr aufhören konnte zu lachen. Aber ich setzte mich dankbar nach vorne, und mein Fahrer unterhielt sich den ganzen langen Weg mit mir, erzählte von zu Hause, erzählte alles Mögliche, um mich abzulenken und um mich auf andere Gedanken zu bringen. Ich beruhigte mich langsam, aber ich dachte den ganzen Tag darüber nach. Sollte ich wirklich zum Kommandeur gehen und darum bitten, nach Hause geschickt zu werden? Sollte ich zugeben, dass ich es nicht schaffte? Dass ich zu schwach war? Nein, beschloss ich trotzig. Auf keinen Fall würde ich aufgeben. Ich blieb.

Die Psychiaterin hielt Wort. Regelmäßig rief sie mich an und fragte, wie es mir gehe. Immer nahm sie sich viel Zeit, um mit mir zu reden, mindestens eine Stunde jedes Mal, eine richtige therapeutische Sitzung, nur eben am Telefon. Ich tat alles, was sie sagte. Machte Listen dafür und dagegen. Schrieb alles auf, was mir am Herzen lag, um es loszuwerden. Las ein Buch, das sie mir empfohlen hatte. Dachte über die schlauen Dinge nach, die sie zu mir sagte. Dass ich herausfinden solle, was ich wirklich wolle. Das ich alles tun könne, was ich wirklich wolle, es kein Richtig oder Falsch gäbe. Dass ich das Recht habe, zu lieben, wen ich will. Und wenn es auch jemand ist, der mich betrügt. Dass ich bei der Bundeswehr bleiben darf, wenn es mir Spaß macht, und es nicht tun solle, wenn ich es nicht wolle.

Ich telefonierte mit meinen Kindern, mit meinem Mann. Versuchte, mich mit ihm auseinanderzusetzen, mich mit ihm auszusprechen. Er schien gar nicht zuzuhören, irgendwann ging er gar nicht mehr ans Telefon. Zu irgendwelchen Entscheidungen fand ich nicht. Die Zeit verging, und ich überlegte, was ich tun sollte, wenn sich der Einsatz dem Ende näherte und ich immer noch nicht herausgefunden hatte, was ich wollte? Ich wusste es nicht.

Ich fuhr auf die Patrouillen, ging zum Antreten, zum Essen, zum Sport, las Bücher, schrieb in mein Tagebuch. Mit meinen beiden Fallschirmjägern, meinen beiden Buben, wuchs ich zu einem eingeschworenen Team zusammen. Sie nannten mich Mutti, und wir tranken abends manchmal ein Bier zusammen. Ich ging zu den Besprechungen im Stab und trank Espresso mit dem Kommandeur. Ich dachte an die Getränketheorie meines Spießes, und wenn ich abends mit meiner Stubengenossin vor der Tür saß, trank ich Wasser. Nichts Ungewöhnliches oder Spektakuläres passierte für einige Wochen. Außer wohl, dass ich heilte.

Heilte, wie es die Psychiaterin vorhergesehen hatte. Heilte in dieser merkwürdigen Umgebung. In dieser Umgebung, in die sie mich geschickt hatte wie auf eine Insel. Ein Krisengebiet voller Tod und Krieg, aber auch ein Lager voller Kameradschaft. Ein Leben, das ich kannte. Ein Land, das ich liebte. Heilte. Manchmal muss man Wunden in Ruhe lassen, damit sie heilen können. Eines Morgens wachte ich auf und wusste, es war vorbei. Es war, als ob ich blind gewesen war und plötzlich wieder sehen konnte. Ich rief meinen Mann an und sagte, er solle ausziehen, ich wolle die Scheidung, die Kinder und den Hund. Er schien erleichtert zu sein, dass ich ihm die Entscheidung abgenommen hatte und es ihm so einfach machte.

Ich rief das Personalamt an und lehnte die Beförderung und die Verlängerung meines Vertrages ab. Die Referentin war eine Nette, und sie war eine Frau. Sie sagte, sie könne meine Entscheidung verstehen und sich die Gründe dafür vorstellen. Ihre persönliche Lösung sei es allerdings, einen Platz in der Bundeswehr zu finden, an dem sie etwas ändern und verbessern könne. Wer bitte solle etwas ändern, wenn alle Guten weggingen? Ich sagte, diese Einstellung ehre sie, aber ich würde sie, mit Verlaub, für sehr naiv halten. Immerhin wären wir doch alle, bis hinauf zum obersten Befehlshaber, nur Erfüllungsgehilfen der Politiker und ich würde nicht mehr daran glauben, etwas verändern zu können. Ich könne zurückkommen, sagte sie. Ich wäre jederzeit willkommen, wenn ich es mir anders überlege.

Ich fand das sehr nett und sagte es ihr. Aber ich fragte auch, warum sie mir das anböte: »Ich habe Ihnen doch gerade erklärt, dass ich nicht mehr die erforderliche Loyalität besitze! Was wollen Sie mit Soldaten, die nicht loyal sind? Es ist wie mit unserer Ausbildung. Sie lassen uns studieren, bilden uns aus zu kompetenten Notfallmedizinern, wollen, dass wir gebildet sind und intelligent und fleißig. Wenn wir gut ausgebildet und selbständig geworden sind, fangen Sie an, uns wie kleine Kinder zu behandeln. Wenn wir unsere Loyalität verloren haben, gewinnen wir plötzlich an Interesse für Sie. Nein, selbst mit zwei Beförderungen wäre das

Schweigegeld nicht hoch genug.« Sie war nicht beleidigt, und wir wünschten uns gegenseitig alles Gute. Obwohl ich offiziell die Fronten gewechselt hatte, schienen wir irgendwie noch immer auf derselben Seite zu stehen.

Ich rief das Reisebüro an und wollte Flüge für meine Kinder und mich buchen. Dann würden wir eben alleine auswandern, ohne meinen Mann. Alle Flüge im September waren ausgebucht. Nur am elften waren noch Plätze frei. Niemand hatte am Jahrestag des Angriffs auf die Vereinigten Staaten einen Interkontinentalflug wagen wollen. Auch die nette Dame im Reisebüro bot es mir nur zögernd an. »Ich hätte da noch etwas«, sagte sie vorsichtig. »Ich weiß nicht, ob Sie das wollen, aber am 11. September, da ist noch alles frei, vor allem auf der Route über Nordamerika.« Zuerst verstand ich nicht, was sie meinte. »Sie wissen doch«, sagte sie, »die Türme, der Terroranschlag, niemand will an diesem Tag über Amerika fliegen. Nur ganz wenige haben sich das getraut, und alle Maschinen sind halb leer.«

Ich konnte es nicht glauben. »Was für ein Blödsinn«, sagte ich. »Sie glauben doch nicht, dass diese Terroristen quasi einen Gedenktag abhalten wollen?«

Mir war es egal. Ich buchte. Ich hatte keine Angst.

11

Neuseeland, Juni 2008

Ich konnte nicht mehr schlafen. Es war erst sechs Uhr morgens. Draußen stürmte es, das Meer tobte, der Wind pfiff ums Haus, es war noch immer Vollmond, seit drei Nächten schon. Dauerte er auf dieser Insel länger als anderswo? Ich ging auf die Terrasse. Die Luft war wider Erwarten lau und mild, aber es war sehr windig, die Palmwedel neben dem Haus bogen sich tief hinunter zur Erde.

Ist es das, was ich immer getan habe? Habe ich mich nicht immer unter den Stürmen, die über mich hinweggebraust sind, gebeugt wie diese Palmwedel, um mich danach, in der Stille nach dem Sturm, immer wieder ungebrochen aufzurichten? Würde mir das auch jetzt wieder gelingen? Oder hatte es mich gebrochen, zerbrochen, endlich erwischt? Noch war ich gebeugt. Noch war ich zu kraftlos, zu schwach, um mich aufzurichten. Dies war noch nicht die Stille nach dem Sturm.

Ich fühlte mich so einsam. Die Kinder schliefen noch. In Momenten wie diesen wünschte ich, ich wäre in Afghanistan, in Kabul im Camp. Dort würde ich jetzt sicher jemanden finden, mit dem ich reden könnte. Irgendjemand hat immer irgendwo Dienst, ist wach und freut sich über Gesellschaft. Oder jemand kann auch nicht schlafen. Ich bin aber nicht nur auf der Suche nach irgendjemandem. Es soll jemand sein, der versteht. Die Erlebnisse dort haben uns zusammengeschweißt. Auch wenn wir nie wirklich darüber gesprochen haben, es nicht in Worte fassen konnten. Wir brauchten nicht viele Worte damals.

Selbst bei Petrus, der mir so geduldig viele Tage und Nächte lang zugehört hatte, hatte ich manchmal das Gefühl, er versteht nicht richtig, kann es nicht. Er war nie Soldat, war nie in Afghanistan. Es war, als säße ich auf einer einsamen kleinen Insel, ganz allein und abgeschnitten und weit weg vom Festland, auf dem das Leben pulsierte. Vier Monate waren vergangen, seitdem ich angefangen hatte, Petrus meine Geschichte, all die Geschichten zu erzählen. Nie hat er sie bewertet, nie ein Urteil abgegeben. Als ob er wusste, dass es nicht darauf ankam, einen Schuldigen zu finden. Als ob er wusste, dass es nur darauf ankommt, zuzuhören. Er war wie ein Ventil, durch das ich den Druck ablassen konnte. Alles erzählen, alles ans Tageslicht lassen. Manchmal gab er einen Kommentar ab, der mich alles in einem anderen Licht sehen ließ. Die Betrachtung im Licht nahm Schritt für Schritt den Ereignissen ihren Schrecken.

Noch immer war ich wie erstarrt. Ich saß stundenlang auf der Terrasse und starrte aufs Meer. Wenn die Kinder aus der Schule kamen, erschreckte ich mich und sah, wie schmutzig das Haus war und dass ich nichts zu essen eingekauft und nichts gekocht hatte. Sie nahmen es mir nicht übel. Sie nahmen mich in den Arm und sagten: »Geht es dir nicht gut, Mama? Wir essen einfach Cornflakes, das ist schon okay.«

Dann gingen sie mit ihren Freunden spielen. Manchmal fragten sie, ob sie bei mir bleiben sollten. Ich unterdrückte die Tränen, die mir in die Augen stiegen, aber ich ließ sie ziehen. Wenigstens sie sollten fröhlich sein, sie hatten das nicht verdient. Sie hatten keine Mutter verdient, die immer traurig war, die sich nicht um sie kümmerte.

Hatte ich es denn verdient? Dieser Gedanke war der erste kleine Schritt auf dem Weg zurück ins Leben. Die Therapeutin hatte mich darauf gebracht, auch wenn ich damals gedacht hatte, dass sie mir nicht sehr geholfen hatte. Du musst kein Opfer sein, hatte sie gesagt. Du musst die Kontrolle über dein Leben zurückgewinnen. Es war schwer. Ich war so müde. Mein Verstand sagte mir, natürlich hatte ich es nicht verdient. Aber die Kraft reichte nicht, um es in mein Herz zu lassen.

Ich saß allein auf meiner kleinen einsamen Insel, niemand außer mir war da, und es kam auch kein Schiff vorbei. Kein Telefon, kein Funkgerät, niemand konnte mich erreichen, und ich schon gar nicht jemand anderen. Petrus schien der Meinung zu sein, ich hatte zumindest verdient, dass sich irgendjemand um mich kümmerte, dass es der Mühe wert war, sich immer wieder auf meine Insel durchzuschlagen. Doch wenn ich überhaupt wahrnahm, dass er es versuchte, so konnte ich nicht reagieren.

Ich saß nur da und starrte aufs Meer. Petrus fragte nicht mehr nach Afghanistan. Stattdessen schlug er vor, einen kleinen Spaziergang am Strand zu machen. Seit Wochen hatte ich das Haus nicht verlassen und allein der Gedanke, eine Jacke anziehen zu müssen, erschien mir als große Herausforderung, als riesige Anstrengung. Ihm zuliebe tat ich es. Wir gingen nur zehn Minuten, kehrten zum Haus zurück, setzten uns gemeinsam auf die Terrasse, sahen gemeinsam aufs Meer hinaus.

Nachts war ich in diesem merkwürdigen Zustand der Betäubungslosigkeit, tagsüber war ich wie erschlagen. Als würde ich nur aus rohem Fleisch bestehen, hätte keine Haut, keinen Schutz, war ständig den Tränen nahe. Wenn jemand nur freundlich »Hallo« zu mir sagte, strömten sie sofort die Wangen herunter. Ich war empfindlich wie noch nie.

Eines Nachmittags hütete ich die kleine Tochter meiner Freundin. Ich war mit ihr zum Strand gegangen, wir hatten im Sand gespielt. Die ganze Zeit über war ich unruhig, aber ich wusste nicht, warum. Ich hatte das sichere Gefühl, gleich würde etwas Schlimmes passieren. Irgendwann hielt ich es nicht mehr aus, ging mit ihr nach Hause. Wenig später gab es ein schweres Erdbeben, das stärkste in der Gegend seit zwanzig Jahren, Richterskala acht. Die Kinder hatten Angst, und wir stellten uns, wie man es uns beigebracht hatte, unter den Türrahmen. Es geschah uns nichts. Andere wurden verletzt, Gebäude stürzten ein. Uns, mich, hatte es wieder einmal verschont. Wie hatte ich es vorausahnen können? Ich sah im Internet nach. Vielleicht konnte man elektromagnetische Aktivität spüren? Ich fand eine Menge Unsinn, esoterische und parapsychologische Artikel, die mich noch mehr verwirrten. Ich fragte eine Freundin, Toni, eine Maori. Sie fand es völlig normal, wunderte sich nicht. »Hier gibt es viele Menschen mit dem zweiten Gesicht«, sagte sie. »Du musst dich nicht fürchten, es ist eine Gabe, die dich beschützt. Dies ist ein spirituelles Land, solche Dinge sind hier ganz natürlich.«

Ich war nicht sehr getröstet. Ich war nicht sicher, ob es mir Angst machte. Angst war ein Gefühl, das ich nicht sehr gut kannte. Vielleicht hatte ich wirklich das zweite Gesicht. Ich erinnerte mich. Vor zwanzig Jahren in Deutschland, als ich noch in meinen Lehrjahren war, hatte mich ein Kollege auf einen Hausbesuch mitgenommen. Ich hatte es im Haus des Patienten nicht aushalten können. Mir war eiskalt geworden, ich hatte Gänsehaut und Beklemmungen bekommen. Ich war hinausgegangen und hatte draußen auf ihn gewartet. Als er fragte, was los gewesen sei, erzählte ich es ihm. Wie selbstverständlich hatte er gesagt: »Ja, das ist ein böser Ort. Ich weiß es, aber ich hatte keine Ahnung, dass du es auch merken würdest, dass du auch diese Gabe hast.«

Auch ihn hatte ich gefragt, was es zu bedeuten hatte, und auch er hatte mir erklärt, dass es eine Gabe sei, die mich beschützen würde, mich auf Gefahren aufmerksam machen würde. Ich schien aber keine besonders ausgeprägte Gabe zu haben, denn es wiederholte sich nicht. Nur, dass ich wusste, ob ein Patient sterben würde oder nicht, wenn ich ihn berührte. Das fand ich irgendwann heraus, und es stimmte immer. Ich perfektionierte es, und irgendwann konnte ich schon erkennen, wenn ein Patient zur Tür hereinkam, ob es ihm gutging oder nicht, ob er psychotisch war oder todkrank. Ich habe es aber nie jemandem erzählt. Ich bin Arzt und kein Wunderheiler. Nur manchmal, wenn mir

Patienten besonders am Herzen liegen, lege ich ihnen meine Hand auf die Brust, den Bauch oder die Schulter, wie unabsichtlich, und immer wieder entspannen sie sich, der Herzschlag wird langsamer, Herzrhythmusstörungen oder Bauchkrämpfe verschwinden, und es geht ihnen besser.

Jetzt aber wiederholten sich solche unerklärlichen Phänomene. Ich sah Dinge, die an anderen Orten geschahen und Freunde betrafen. Dinge, die ich nicht wissen konnte. Wenn sie mir wenig später davon erzählten, war es genauso, wie ich es gesehen hatte. Es war merkwürdig, aber ich hatte keine Angst. Nur vielleicht davor, dass es jemand merken könnte und versuchen würde, mir Medikamente zu geben.

Eines Morgens wachte ich auf, weil jemand meinen Namen rief. Wieder und wieder, bis ich die Augen aufschlug und im Halbdunkel schemenhaft einen Mann im Schneidersitz neben mir auf dem Bett sitzen sah. Ich kannte ihn nicht. Als ich versuchte, herauszufinden, wer es war, ihn näher ansehen wollte, verschwand er. Ich hatte keine Angst. Ich wollte wissen, wer das gewesen war und was er von mir wollte. Nachts konnte ich nicht mehr schlafen. Es war zu laut auf der Terrasse. Leute saßen dort und unterhielten sich. Ich nahm allen Mut zusammen, ging hinaus und sagte, sie sollen verschwinden, sie seien zu laut, ich wolle schlafen. Ich konnte sie nicht sehen, aber ich wusste, sie waren da. Da waren Lichter, die sich bewegten, zu groß für Glühwürmchen. Es war windstill, aber die Hollywoodschaukel bewegte sich, schwang langsam hin und her. Die Stimmen ignorierten mich, sprachen weiter. Wurden leiser, wenn ich hinausging, und wieder lauter, wenn ich mich wieder ins Bett gelegt hatte. Ich hatte keine Angst vor ihnen. Sie störten mich nur, weil sie so laut waren, und ich fand sie rücksichtslos.

Die Psychiaterin und ich hatten Freundschaft geschlossen und den Kontakt aufrechterhalten. Auch jetzt rief sie mich noch immer an und fragte, wie es mir ging. Ich traute mich nicht, ihr von den Geistern, meinen Vorahnungen und Visionen zu erzählen.

221

Eines Tages fasste ich mir ein Herz und erzählte es Petrus. »Bin ich verrückt, psychotisch? Drehe ich jetzt vollkommen durch?«, fragte ich ihn.

»Es gibt mehr Dinge zwischen Himmel und Erde, als wir sehen können«, sagte er ruhig. »Im Moment bist du verletzlich und dadurch sehr sensibel. Verrückt kommst du mir nicht vor. Du würdest nicht fragen, ob du psychotisch bist, wenn du es wärst.«

Es beruhigte mich ein wenig. Verstehen konnte ich es nicht. Und langsam war ich wirklich erschöpft. Ich suchte meine Maori-Freundin erneut auf und erzählte ihr von den Geistern auf meiner Terrasse. Wieder war sie nicht erstaunt. »Du musst ihnen nur ganz entschieden sagen, sie sollen weggehen. Dann werden sie es tun«, riet sie mir.

»Aber wer ist es, was wollen sie von mir?«

»Sie wollen gar nichts von dir. Es sind die Geister von Menschen, die früher in deinem alten Strandhaus gelebt haben. Sie spüren, dass du durcheinander bist, sind neugierig und wollen dich vielleicht sogar beschützen.« Sie wurde ruhig, sah mit leerem Blick vor sich auf den Boden, schwieg, schien ganz weit weg zu sein. Dann belebte sich ihr Blick wieder, sie sah mich an, und ihr schwarzes Haar glänzte in der Sonne.

»Es gibt niemand Böses in deinem Leben im Moment«, sagte sie dann mit fester Stimme. »Du musst dich nicht fürchten. Du hast fünf Schutzengel.«

Ich starrte sie an.

»Woher weißt du das?«

»Ich sehe sie. Sie sind immer bei dir. Es sind vier junge Männer und eine alte weißhaarige Dame.«

Ich hatte ihr nie von Afghanistan erzählt. Nichts von den vier toten jungen Soldaten, nichts von dem Gedenkstein, nichts davon, was der Pfarrer gesagt hatte. Das sie jetzt unsere Schutzengel wären. Sie hatte es nicht wissen können.

»Ich weiß, wer sie sind«, sagte ich langsam und verwundert.

»Jedenfalls vier davon, aber wer ist die Dame, ist es meine Groß-mutter?«

»Ja.«

Das hatte ich mir gedacht. Sie schien mir, obwohl sie schon lange tot war, manchmal so nah zu sein. »Und warum spricht sie nicht mit mir? Warum höre ich die Stimmen von Fremden auf meiner Terrasse, wenn meine eigene Großmutter die ganze Zeit da ist?«

»Sie kommt nicht zu Wort. Nicht wegen der anderen, sondern wegen der Unruhe, die in dir selbst ist. Wenn es Zeit dafür ist, wird sie mit dir reden.«

Ich fuhr nach Hause. Nachts ging ich hinaus und sagte ihnen, sie sollten verschwinden. Sie taten es nicht. »Was wollt ihr von mir?«, rief ich erschöpft. Sie antworteten nicht. Ich schlief nicht. Es war zu laut.

Ein paar Tage später fragte Toni, ob es geklappt habe, ob sie verschwunden seien.

»Nein«, sagte ich. »Ich glaube, ich bin nicht entschieden genug. Im Grunde will ich wissen, was sie reden, will wissen, was sie von mir wollen. So bin ich wahrscheinlich nicht sehr glaubhaft, wenn ich sage, sie sollen gehen.«

»Du bist zu neugierig«, sagte Toni, und irgendwie hielt ich das für ein gutes Zeichen. Neugier, das war Leben. Vielleicht war ich auf dem Weg zurück ins Leben, zurück zu meinem alten Selbst.

»Aber du musst schlafen. Ich werde mich darum kümmern«, sagte meine Freundin. »Fahr nach Hause, nimm eine heiße Du-sche und leg dich ins Bett. Heute Nacht wirst du schlafen, ich verspreche es dir.«

In der Nacht wachte ich auf und lauschte. Alles war still. Fast zu still. Irgendwie hatte ich mich an sie gewöhnt. Aber sie wa-ren verschwunden und kamen auch nicht wieder. Nicht einmal, als es mir besserging, ich mich langweilte und einsam fühlte und wünschte, sie wären da und ich könnte sie wieder hören.

Ich schlief nun wieder, aber träumte immer noch nicht. Ich

war noch immer müde und traurig. Freunde wollten mich besuchen. Ich konnte sie nicht ertragen, nicht atmen in ihrer Nähe, hatte das Gefühl, ersticken zu müssen, schickte sie weg. Petrus war der einzige Mensch außer meinen Kindern, den ich aushalten konnte, den ich auf meiner Insel haben wollte. Täglich wartete ich auf ihn. Er brauchte sich nur neben mich zu setzen, und schon fühlte ich mich besser. Manchmal brachte er mich zum Lachen.

Die Spaziergänge, zu denen er mich überredete, wurden länger. Wie ich in meinem kleinen Text für die Journalistin geschrieben hatte, hob ich gelegentlich den Kopf und sah, dass die Sonne schien. Aber immer wieder ließ ich ihn sinken und starrte auf den dürren, ausgetrockneten Rasen.

Petrus kaufte ein, kochte. Er brachte Filme mit, und wir sahen sie an. Er baute ein Brettspiel auf, und wir spielten mit den Kindern. Schritt für Schritt, geduldig, führte er mich ins Leben zurück.

Einmal fuhr er übers Wochenende weg, und ich wusste nicht, wie ich die drei Tage allein überstehen sollte. Natürlich gab ich das nicht zu, und auch er sprach das Thema nicht an. Er schien es gar nicht für ein Problem zu halten. Ich schaffte es.

Ein paar Wochen später musste ich meine Tochter zum Flughafen nach Auckland bringen. Eine Fahrt von einigen Stunden. »Wenn du schon da oben bist«, hatte Petrus vorgeschlagen, »warum bleibst du nicht übers Wochenende und machst dir ein paar schöne Tage? Nimm dir ein nettes Zimmer, verwöhn dich mal. Geh spazieren, geh schwimmen, ruh dich aus, sieh mal etwas anderes.« Er schien der Meinung zu sein, ich wäre bereit für den nächsten Schritt, das war mir schon klar. Auch wenn er es nicht aussprach. Ich war nicht sicher. Mutig versprach ich, ich würde darüber nachdenken. Als ich meine Tochter abgeliefert hatte, fuhr ich zurück nach Hause. Nach einer Stunde überlegte ich es mir plötzlich anders, bog spontan von der Hauptstraße ab und fuhr in Richtung der Coromandel-Halbinsel. Ich wollte sie durchqueren und zum Strand fahren. Wenn ich kein schönes Zimmer fand, könnte ich immer noch nach Hause fahren.

Ich fuhr und fuhr, und irgendwann wurde mir klar, dass ich auf dem falschen Weg war. Hier würde ich nicht ans Meer kommen. Ich sah auch kein einziges Schild, das auf eine Pension oder ein Gasthaus hinwies. Es gab keine Häuser, keine anderen Autos, kein Mensch war weit und breit zu sehen. Es war der falsche Weg zum Meer, aber es fühlte sich für mich richtig an, ihn weiterzufahren. Ich hatte keine Landkarte dabei, ich konnte weder herausfinden, wo ich war, noch hätte ich es korrigieren können. Es war mir auch egal. Ich fuhr weiter.

An einem kleinen Laden hielt ich an und kaufte Käse, Kekse und Bier. Ich öffnete eine Dose Bier, stellte sie in den Dosenhalter im Auto und fuhr weiter. Noch nie in meinem Leben hatte ich beim Autofahren Bier getrunken, und ich kam mir sehr verwegen vor. Während ich fuhr, nahm ich langsam kleine Schlucke. Ich konnte nicht richtig nachdenken, die Straße war schmal und kurvig, und ich musste mich ganz aufs Fahren konzentrieren. Ich geriet in einen ähnlichen Zustand wie morgens zwischen Schlaf und Erwachen. Wenn man noch keine Kontrolle über sein Denken hat. Gedanken schwebten wie auf einem fliegenden Teppich an mir vorbei, durch mich hindurch, Gedanken, die nicht meine waren. Gedanken, die sich anhörten wie die meines Mannes. Ich konnte ihn sagen hören, er sei nie glücklich mit mir gewesen. Und ich antwortete: »Ja, aber warum nicht?« Ich drehte den Spieß herum. »Hast du mich nicht immer kontrolliert? Ist nicht alles immer nach deinen Bedingungen geschehen? Wir taten, was du wolltest, wann du wolltest. Mir war es nie erlaubt, dich zu brauchen.«

Ich begann mit ihm zu reden, während ich immer weiterfuhr. Ich erzählte ihm, was ich für ihn gefühlt hatte, was mit mir in den letzten Monaten geschehen war. Dass ich manchmal auf ihn böse gewesen war. Dieses Klischee von der Verschwendung der besten Jahre im Leben, traf es auf mich zu? Während ich noch auf ihn wartete, hatte er längst eine Freundin. »Sie gibt mir das Gefühl, gut genug zu sein«, schien er zu sagen.

»Warum hast du gelogen?«, fragte ich.

Ich wusste, dass er es nicht mit Absicht getan hatte. Jeder versucht immer, alles so gut zu machen, wie er kann. Nur manchmal, da versuchen wir, jemand anderen verantwortlich zu machen.

»Ich konnte mit deinem Beruf nicht umgehen, deine Auslandseinsätze nicht ertragen«, antwortete er.

»Hast du je darüber nachgedacht, dass dein Leben immer nur das sein kann, was du daraus machst? Was haben wir aus unserem gemacht?«

Der Gedanke, dass auch mein Leben das war, was ich daraus gemacht hatte, tat weh. Langsam begann es mir zu dämmern, warum dieser Schmerz der letzten Wochen so groß und gewaltig war. Der gegenwärtige Schmerz rührte an alte Verletzungen, erinnerte an sie. Schmerzen und Situationen aus der Vergangenheit wurden wieder lebendig und taten genauso weh wie damals. Die Bilder kamen gegen meinen Willen.

Ich saß am Küchentisch und wartete, dass mein zweiter Mann nach Hause kam. Es war Weihnachtsabend, das Essen fertig und roch verführerisch, der Tisch war gedeckt und sah wunderschön aus. Die Kinder und ich hatten dafür tagelang Sterne aus Goldpapier ausgeschnitten. Jetzt warteten sie auf das Christkind, auf ihre Geschenke.

Er kam nicht. Er saß in der Kneipe an der Ecke und ließ sich volllaufen. Die Enttäuschung und Traurigkeit von damals war jetzt wieder da, fühlte sich genauso an wie damals. Auch die körperlichen Schmerzen spürte ich, die blauen Flecke und die aufgeplatzte Lippe, als er spät in der Nacht nach Hause kam und wütend war, dass die Bescherung ohne ihn stattgefunden hatte. Ich schmeckte das Blut. Als wäre es jetzt.

Ich fühlte den Schock, als ich bei der Frau, von der ich vermutete, dass sie eine Affäre mit meinem ersten Mann hatte, vor der Tür stand und sie fragte, weil er mir nicht geantwortet hatte.

Die innerliche Kälte, als sie mich ansah und sagte: »Ja, es ist wahr, ich habe eine Affäre mit Ihrem Mann.«

Die Verzweiflung, als ich herausfand, dass mein jetziger Mann über ein Jahr lang eine Freundin hatte und mich die ganze Zeit angelogen hatte. Die Leere, als ich feststellte, dass er sich nie für mich interessiert hatte, sondern nur die soziale Akzeptanz, mit einer Ärztin verheiratet zu sein, genoss und natürlich das Geld, das ihm erlaubte, einen Lebensstil zu führen, den er für erstrebenswert hielt. Die Einsamkeit, die ich in all meinen Beziehungen gespürt hatte. Die Hoffnungslosigkeit angesichts all der toten unschuldigen jungen Männer in Afghanistan. Die Ohnmacht, dem Terror und der Gewalt hilflos ausgeliefert zu sein.

All diese Gefühle, die ich jemals hatte, wenn ich mich vernachlässigt, missbraucht, misshandelt gefühlt hatte, sie alle waren jetzt da. Alle auf einmal, jetzt, als würde es gerade passieren, sie verschmolzen miteinander zu einer einzigen großen Masse von Schmerz, und ich erkannte, dass nichts je geheilt war. Alles war nur abgelegt worden, verstaut in einer Schublade. Jetzt, da ich schwach war, ohne Schutzreflexe, mich nicht wehren konnte, überfielen sie mich, griffen an. Das war das Tier in mir. Ein schwarzer Panther. Schwarz, mit glänzendem Fell, muskulös, stark und gleichzeitig graziös, elegant. So, dass man sich von seiner Schönheit blenden lassen kann. Man könnte ihn bewundern, wenn man es nicht selbst wäre, den er angreifen will. Wenn man ihn von weitem gefahrlos betrachten könnte, könnte er einen beeindrucken mit seiner Stärke, seiner Schönheit. Er hatte nur geschlummert die ganzen Jahre. Jetzt hatte ihn jemand gefüttert, genährt, und er war wiederauferstanden. War mächtiger und stärker als je zuvor.

Alte Wunden, die ich längst vergessen hatte, brachen auf. Alle Verletzungen, die ich ignoriert hatte, bluteten, als wären sie mir gerade erst zugefügt worden. Als hätte er mich gerade mit seinen scharfen Krallen zerfetzt. Er muss wohl abgelenkt worden sein, denn er hatte mich nicht getötet. Nur beinahe. Ich wusste nicht, wie ich diese Wunden versorgen, wie das Blut stillen, die Verletzungen heilen könnte. Meine Mechanismen von früher ließen mich im Stich. Ich war in einem fremden Land. Ein Land, in dem mir nichts vertraut war, in dem ich nichts kannte, in dem ich keine Schutzräume hatte, in denen ich mich jetzt verstecken könnte. In Afghanistan hatte es Bunker gegeben. In Deutschland hatte ich Gewohnheiten. Da würde ich jetzt durch den Wald laufen, dort wo ich immer gelaufen war. Ich würde nachts in meinem Bett schlafen, am offenen Fenster und auf den Ahornbaum sehen, der vor dem Fenster stand. Ich würde zur Arbeit fahren, nach der Arbeit einkaufen gehen, immer in den gleichen Geschäften, in denen ich wusste, wo alles steht. Dann würde ich heimfahren, kochen, mit den Kindern essen, fernsehen, lesen, wieder schlafen gehen, wieder auf den Ahorn sehen und die kleinen grünen Nasen beobachten, wie sie in der Dämmerung langsam nach unten schwebten. Meine Freundin wohnte um die Ecke, meine Mutter in der nächsten Stadt. Hier in Neuseeland hatte ich noch keine vertrauten Wege, nichts, an dem ich mich festhalten konnte. Selbst meine Arbeit war Schichtdienst, keine Routine. Das Haus gemietet, das Mobiliar auch, es gab nichts, das mir gehörte oder sich anfühlte wie ich. Keine Erinnerungsstücke, keine Kinderfotos an den Wänden. Nicht einmal die Sprache war die meine.

Aber Trigger, die gab es auch hier. Das ganze friedliche Land war voller Schalter, die meinen Schmerz anknipsten. Mütter, die Kinderwagen schoben. Schwangere Frauen mit ihren dicken Bäuchen. Alte Paare, die Hand in Hand spazieren gingen. Sie alle schienen zu verkörpern, was ich immer gewollt hatte. In Frieden leben und nicht allein sein, nicht immer wieder die Menschen verlieren, die ich liebte und mochte. Das war alles, was ich immer wollte, und habe es doch nie erreicht. Wieder und wieder habe ich es versucht, aber am Ende doch versagt. Verbittert war ich nie. Ich hatte keine Angst vor neuen Verletzungen. Ich habe es einfach immer wieder versucht. So wie ich in Afghanistan keine Angst hatte. Immer wieder bin ich hingegangen, immer wieder habe ich riskiert, dass ich verletzt werde. Dass ich tatsächlich verwundet wurde, habe ich gar nicht gemerkt. Jetzt war ich überrascht und erstaunt, wie weh es tat.

»Warum hilft mir denn niemand, warum muss ich das alles allein durchstehen, warum liebt mich niemand?« Laut hatte ich diese Worte ausgesprochen. Noch immer saß ich hinter meinem Lenkrad und folgte der schmalen Straße durch den Busch. Ich hätte nicht abbiegen können, es hatte keine Kreuzung gegeben. Zum Meer war ich nicht gekommen. Es war nur immer geradeaus gegangen, helle Büsche und dunkle Bäume rechts und links neben der kleinen Straße.

Plötzlich war sie da, meine Großmutter. »Ich bin doch da, alles wird gut. Zu Weihnachten ist alles wieder gut.« Ja, das war sie. Das hatte sie immer gesagt, wenn ich als kleines Kind hingefallen war und mir weh getan hatte. Sie pustete auf die Wunde, sang das kleine Lied: »Heile, heile Gänschen, es wird bald wieder gut. Heile, heile Mäusespeck, in hundert Jahren ist alles weg.« Und dann hatte sie jedes Mal gesagt: »Du wirst sehen, zu Weihnachten ist alles wieder gut.«

Jetzt war sie da, neben mir in meinem Auto. Sie hatte sich nicht verändert, sah aus wie immer. Dick, gemütlich, mit weißem glänzendem Haar, zum Dutt zurückgesteckt, wie es sich gehört. In ihrer alten Kittelschürze. Und sie roch wie immer. Nach Niveacreme, Kaffee und Ziegenfutter. Ich weinte. Dann sagte sie: »Lass uns einen Spaziergang am Strand machen.«

Jetzt lachte ich. Unter Tränen, aber ich lachte. »Ich dachte immer, ich fahre mit dir einmal in deine alte Heimat nach Schlesien, als du noch gelebt hast. Ich hätte mir nie träumen lassen, dass du mit mir einmal einen Strandspaziergang machen würdest. Du, die du in deinem ganzen Leben das Meer nie gesehen hast!« Und da war das Meer. Direkt vor meinen Augen erstreckte sich plötzlich der Strand. Ein langer gelber Sandstrand.

Ich parkte am Straßenrand, stieg aus dem Auto und ging ihn entlang. Jedenfalls ist es das, was ein Beobachter gesagt haben würde. Sie geht allein am Strand spazieren, würde er gesagt haben.

Ich wusste es besser. In Wahrheit waren es meine Großmutter und ich, die da entlanggingen. Langsam, denn sie konnte nicht mehr so schnell laufen. Ohne zu reden, wanderten wir, bis wir an die Klippen kamen. Ich setzte mich auf einen Felsen und dachte darüber nach, wie unfair das Leben zu mir gewesen war. Ich erinnerte mich, wie einsam ich mich als Kind schon gefühlt hatte. Ich sah mich auf den Stufen vor dem Haus sitzen, weil sie sich drinnen wieder mal stritten, mit sich selbst beschäftigt waren, sich um das Kind, das sie produziert hatten, nicht kümmerten.

Alle Schmerzen, die ich je in meinem Leben erlebt hatte, sie schienen auf diesem Felsen über mich hereinzubrechen. Ich bedauerte die Zeiten, die ich verschwendet hatte. All die Zeiten, in denen ich hätte glücklich sein können. Ich merkte, wie mir Tränen übers Gesicht strömten. Dann öffnete sich mein Mund, und ein Schrei kam heraus. Und noch einer. Ich erinnerte mich daran, dass die Psychologin mir empfohlen hatte, zum Strand zu gehen und alles herauszuschreien, was in mir war. Die ganze Traurigkeit und Wut. Falls da Wut war. Ich hatte es nicht gewusst und hatte auch ihren Vorschlag belächelt und gleich wieder vergessen. In Deutschland, so hatte ich gedacht, verwendeten wir diese Art von Therapie vor zehn Jahren. Heute tat man das nicht mehr. Ich würde mich doch nicht lächerlich machen und am Strand herumschreien wie eine Irre. Ich, eine Akademikerin, wohlerzogen und erwachsen, würde doch nicht zum Strand gehen und schreien wie ein Baby.

Nun tat ich es.

Ich kam mir in der Tat lächerlich vor, sehr sogar, und ich vergewisserte mich, dass niemand in der Nähe war und mich hören konnte, aber ich schrie. Anfangs klang meine Stimmer unsicher, brach und krächzte. Dann wurde es leichter, meine Stimme wurde lauter und stärker, und der Schmerz in meiner Brust wurde schwächer. Ich konnte nicht aufhören zu schreien, schrie immer weiter, musste schreien, der ganze Schmerz wollte heraus. Ich konnte es anders nicht mehr ertragen. Ich dachte an das kleine Mädchen auf der Treppe vor dem Haus und schrie. Ich dachte an die Frau mit den blutigen Lippen und dem zugeschwollenen Auge, und ich schrie. Ich dachte an die Mutter mit ihren zwei kleinen Kindern, deren Mann zu Weihnachten nicht nach Hause kam, und schrie. Ich dachte an die Ärztin, die die Leichen der toten Soldaten wusch, und schrie.

Nur einmal in meinem Leben hatte ich vor Schmerz geschrien. Als ich meinen letzten Sohn zur Welt brachte. Überraschenderweise war es für eine fünfte Geburt sehr schlimm gewesen. Es war meine schwerste Entbindung, es tat sehr weh und dauerte sehr lange. Irgendwann war ich erschöpft, wollte aufgeben und nur noch sterben. Die Hebamme hatte mich nicht gelassen. »Gib nicht auf! Steh es durch. Schrei!«, hatte sie gesagt. »Schrei es heraus und mach weiter.« Und ich hatte den Schmerz und das Baby herausgeschrien, und auf diese Weise hatten wir beide überlebt.

Das tat ich auch jetzt. Schrie und wusste noch nicht, ob ich überleben würde. Ich wollte nicht, aber konnte nicht anders. Ich kam mir lächerlich vor, aber ich konnte es nicht ändern. Es musste heraus, endlich. Alle Schmerzen und Enttäuschungen meines Lebens. Irgendwann ließ es nach. Ich weinte noch ein wenig, dann hörte auch das auf. Ich kletterte über die Felsen zu einer Höhle, ließ die Wellen um meine nackten Füße spielen und atmete tief. Ich fühlte mich erschöpft, ausgelaugt, aber besser. Frei. Befreit.

Das Krokodil hatte seine Fesseln abgestreift. Ich hatte überlebt.

Als ich am Strand zurück zum Auto ging, überlegte ich. Was würde der nächste Schritt sein? Wie würde es weitergehen?

»Verzeihen«, sagte meine Großmutter. Taktvoll hatte sie mich am Felsen allein gelassen, nun war sie wieder da.

»Vergib ihnen allen. Sie alle haben ihr Bestes gegeben.«

Sie hatte recht. Ich hatte immer zu viel von allen verlangt. Was ich verlangte, konnte keiner erfüllen. Ich musste mich selbst um

mich kümmern, selbst die Verantwortung für mein Leben übernehmen. Wenn mich meine Großmutter liebte, vielleicht konnte
ich es dann auch?

Ich fuhr weiter, und plötzlich waren da viele Schilder, die auf
Pensionen hinwiesen. Ich mietete ein kleines Häuschen an einem
Fluss. Ich saß in der Sonne, sah auf die grünen Bäume und das
saftige Gras um mich herum. Die Blumen blühten wieder für
mich. Ich ging im Fluss schwimmen. Als ich mich abtrocknete,
merkte ich, wie kalt meine Haut war. Ich hatte weder die Kälte
des Wassers noch dessen Klarheit wahrgenommen. Ich hatte wieder an andere Dinge gedacht. Ich hatte wieder nicht den Augenblick erlebt, gefühlt.

Ich ging wieder hinein. Ich wollte nicht mehr taub sein. Ich
wollte fühlen. Ich wollte leben. Dieses Mal spürte ich die Kälte.
Ich fühlte das eiskalte klare saubere Wasser, ließ es durch meine
Finger rinnen. Ich tauchte unter und holte einen Stein herauf.
Ich fühlte, wie glatt er war und wie angenehm er sich in meine
Hand schmiegte. Ich fühlte den weichen Sand unter meinen Füßen und den kühlen Wind in meinem nassen Gesicht. Ich hob
den Blick und sah den Fluss hinauf und hinunter, betrachtete
die grünen Bäume, die ihn einsäumten, und den blauen Himmel
darüber, die vereinzelten weißen Schäfchenwolken. Als ich zum
Haus zurückging, fühlte sich das Gras unter meinen nackten Füßen feucht, kalt und frisch an. Die Vögel sangen in den Bäumen,
und die Luft roch nach Salz und Jasmin und Holzfeuer. In dieser
Nacht träumte ich zum ersten Mal wieder. Schöne, angenehme
Träume waren es mit viel Licht und Wärme und einer bunten
Blumenwiese. Am nächsten Morgen wachte ich auf und machte
mich bereit für den Schmerz wie jeden Morgen. Er blieb aus. Da
war nur ein leises Ziehen, und es fühlte sich an wie Nachwehen
nach einer Geburt.

12

Neuseeland, Juni 2008
Deutschland, Juli 2008

Wenn meine Großmutter mich liebte, vielleicht konnte ich es
dann auch. Dieser Gedanke erschien mir fast so wichtig wie der
der Therapeutin, dass ich kein Opfer zu sein brauchte. Vielleicht
hatte ich es wirklich nicht verdient, so traurig zu sein. Ein klein wenig Zufriedenheit, das war wohl nicht zu viel verlangt vom Leben?

Petrus schien es zu glauben. Er nahm es auf sich, immer wieder
zu mir herüber auf meine kleine einsame Insel, auf der ich gefangen war, zu schwimmen, um mir zu zeigen, dass ich es wert
war, dass es sich lohnte, eine Brücke zu bauen. Eine Brücke, auf
der ich ins Leben zurückkehren konnte. In das Leben der anderen
und in mein eigenes. Eine Brücke, die ich selber bauen musste.
Das tat er nicht für mich. Aber er zeigte auf subtile Weise, dass es
erstrebenswert wäre, dass es gut sei, diese Brücke zu bauen. Mit
seiner Geduld, seinem Interesse, seiner Fürsorge, seiner Beharr-
lichkeit durchdrang er immer wieder die Einsamkeit, überwand
den Abstand, und ich sah, dass es gut war. Auch wenn er nicht
alles verstand, auch wenn er anders war, auch wenn ich anders
war, wenn wir verschieden waren. Er erschuf ein neues »wir«. Ein
»wir«, in dem jeder verschieden sein darf, so sein muss, wie er
ist. In diesem neuen »wir«, in dem ich sein durfte, wer ich wirklich war, tauten langsam die eingefrorenen Gefühle wieder auf,
wurden fühlbar, durften es sein.

Und zum ersten Mal in meinem Leben verstand ich, dass ich nur bei mir finden konnte, was ich brauchte. Dass es alles in mir war und daher in anderen Menschen oder bei meinen Männern nie gefunden werden konnte. Weil es in mir war. All die Jahre war alles schon da gewesen, alles was ich gesucht hatte im Leben. Nur dass es eingefroren war oder gefesselt. Wie das Krokodil. Eingefroren, um zu überleben? Gefesselt und dennoch überlebt?

Als ich Petrus später einmal sagte, ohne ihn hätte ich es nicht geschafft, versuchte, ihm zu danken, wollte er nichts davon hören, sagte, das sei nicht wahr. »Es war, als ob ich einen Schmetterling dabei beobachtete, wie er sich entfaltete«, sagte er. »Man darf ihm dabei nur zusehen, muss ihn in Ruhe lassen, darf ihn nicht anfassen. Fasst man ihn an, gehen seine zarten empfindlichen Flügel kaputt, und er wird nie fliegen können.«

Ich hatte mich manchmal gewundert, warum er mich nie berührt hatte. Nicht einmal, wenn ich in Tränen aufgelöst war, hatte er mich in den Arm genommen, wie man es tut, wenn ein Freund weint. Manchmal hatte ich mir gewünscht, er würde es tun, hatte gedacht, es würde mich trösten. Aber gleichzeitig hatte ich auch immer Angst, dann würde ich vollkommen zusammenbrechen. So wie ich am Kühlcontainer des toten jungen Soldaten gewünscht hatte, jemand würde meine Hand halten, und doch wusste, es kann nicht sein.

Und jetzt erzählte er mir zum ersten Mal eine Geschichte. Wie immer kommentierte er nichts, erzählte nur die Geschichte und ließ sie für sich selbst sprechen.

Von dem Mann, der die Raupe beobachtete

Eines Tages erschien eine kleine Öffnung in dem Kokon. Ein Mann beobachtete den zukünftigen Schmetterling Stunde um Stunde, wie dieser kämpfte, um seinen Körper durch jenes winzige Loch zu zwängen. Dann plötzlich schien er nicht mehr weiterzukönnen. Es schien, als ob er so weit gekommen war, wie es ging, aber nun aus eigener Kraft nicht mehr weiterkonnte.

Der Mann beschloss, ihm zu helfen. Er nahm eine Schere und schnitt den Kokon auf. Der Schmetterling kam dadurch sehr leicht heraus. Aber er hatte einen verkrüppelten Körper, er war winzig und hatte verschrumpelte Flügel.

Der Mann beobachtete das Geschehen weiter, weil er erwartete, dass die Flügel sich jeden Augenblick öffnen, sich vergrößern und entfalten würden, um den Körper des Schmetterlings zu stützen und ihm Spannkraft zu verleihen. Aber nichts davon geschah. Stattdessen verbrachte der Schmetterling den Rest seines Lebens mit einem verkrüppelten Körper und verschrumpelten Flügeln. Niemals war er fähig zu fliegen. Was der Mann in seiner Güte und in seinem Wohlwollen nicht verstanden hatte, war, dass der beengende Kokon und das Ringen, das erforderlich ist, um den Schmetterling durch die kleine Öffnung zu zwängen, der Weg der Natur ist, um Flüssigkeit vom Körper des Schmetterlings in seine Flügel zu befördern und ihnen Stärke und Spannkraft zu verleihen. Dadurch wird er auf den Flug vorbereitet, sobald er seine Freiheit aus dem Kokon erreicht.

Man kann sich immer nur selbst ändern, selbst befreien. Durch manche Täler muss man ganz alleine gehen, um sich dann gestärkt wieder erheben zu können. Wie der Phönix aus der Asche.

Doch noch ging es mir nicht gut. Zwar war ich auf dem Weg, aber gut war es noch nicht. Ich ging zur Arbeit, kochte Mahlzeiten, und auch das Haus war wieder sauber. Ansonsten blieb ich allein, wollte nur Petrus und meine Kinder sehen. Sie mussten auch einkaufen gehen. Das traute ich mich noch nicht. Ich traute mir nicht. Da waren zu viele Menschen, und allein die Vorstellung verursachte mir ein beklemmendes Gefühl.

Ich versuchte, zu leben, zu fühlen. Ich konzentrierte mich darauf, das heiße Wasser der Dusche auf meiner Haut zu spüren, die wohltuende Wärme zu genießen und zu spüren, wie mit dem warmen Wasser auch alle Anspannung von mir abgespült wurde. Ich ließ den feinen Sand am Strand durch meine Finger rieseln, sah den Körnchen nach, wie sie auf den Boden fielen. Ich grub tiefe Löcher, merkte, wie der Sand kühler wurde und feuchter. Ich sammelte die Muscheln auf, berührte sie, folgte ihren Kurven, sah, wie fein sie gearbeitet und wie glatt sie waren. Roch an ihnen, roch den Geruch des Salzes, des Meeres, des Seetangs.

Ich tat auch sehr praktische Dinge. Ich hatte fünfzehn Kilo abgenommen, endlich, und trotz all der Traurigkeit freute mich das diebisch. Ich kaufte mir ein paar neue Kleidungsstücke. Nichts Großartiges, das brauchte ich hier nicht. Ein paar neue T-Shirts, einen Rock, eine Strickjacke. Ja, ich konnte irgendwann auch wieder in die Stadt gehen, ein Geschäft betreten. Es könne so nicht weitergehen, hatte mein zweitjüngster Sohn gesagt. Wahrscheinlich hatte er genug davon, dass ich ihn mit seinem Motorroller immer zum Einkaufen geschickt hatte. Petrus und er waren mit mir gegangen, hatten den Bann gebrochen. Nur sehr zögernd hatte ich das Lebensmittelgeschäft betreten, hatte zunächst nur zugesehen, wie sie auswählten, die Waren in den Korb legten. Gemüse hatten sie gekauft, Obst, Käse, Milch. Dann griff ich nach einer Tafel Schokolade, legte sie dazu und merkte, welchen Spaß mir das machte. Ich war so dünn geworden, ich konnte es mir erlauben. Ein gutes Gefühl. An der Kasse konnte ich schon wieder mit der Kassiererin reden, sogar scherzen und lachen. Als ich Petrus ganz stolz darauf hinwies, dass ich mit jemand Fremdem hatte reden können, gab er wie immer keinen Kommentar ab, lächelte nur und erzählte mir eine zweite Geschichte.

Der Tempel der tausend Spiegel

Vor langer Zeit machte sich ein Hund auf einen weiten, weiten Weg, um den Tempel der tausend Spiegel zu suchen, von dem er schon so oft gehört hatte. Er erklomm die höchsten Berge, marschierte durch die tiefsten Täler und durchforstete die dunkelsten Wälder. Im Dickicht des Dschungels entdeckte er endlich den Tempel. Er ging vorsichtig die endlosen Stufen empor und öffnete zögernd den Eingang. Als er hineinging, waren dort tausend Spiegel im Inneren, und der Hund erschauderte. Er schaute in tausend Hundeaugen, begann, seine Zähne zu fletschen, bis sich sein Fell sträubte, und fing gleichzeitig an zu knurren. Tausend Hundeaugen erwiderten seinen Blick, fletschten ebenso ihre Zähne, und ihr Fell sträubte sich gleichfalls tausendmal. Da bekam der Hund Angst, machte auf dem Absatz kehrt und flüchtete panikartig aus dem Tempel. Als er wieder draußen war, schwor er sich, dass er niemals wieder diesen Tempel betreten werde, der ihm so feindlich gesonnen war.

Jahre später machte sich ein weiterer Hund auf den langen Weg zu dem Tempel der tausend Spiegel. Auch er hatte einen langen und beschwerlichen Marsch hinter sich, bis er den Tempel erreichte. Er ging gutgelaunt die Stufen empor und öffnete neugierig das Eingangstor. Er war kaum drinnen, schon sah er in tausend Hundeaugen. Freudig fing der Hund an zu lächeln. Sofort lächelten tausend Hundeaugen liebevoll zurück. Als es an der Zeit war, Abschied zu nehmen, ging er frohgelaunt hinaus und dachte für sich, dass dies ein ganz wunderbarer Ort sei, an den er gerne zurückkehren würde.

Ich baute den Computer wieder auf. Ich hatte eine Menge E-Mails zu beantworten, Schreibschulden aus einer langen Zeit. Freunde, die fragten, wie es mir ging, warum ich nicht geantwortet hatte. Nachrichten von alten Kameraden. Denen es immer noch nicht gutging. Manchmal schickten sie nur Links zu Zeitungsartikeln. Es waren Berichte über amerikanische Soldaten, die aus dem Irak heimgekehrt waren, und dann Selbstmord begangen hatten. Sie hatten Abschiedsbriefe hinterlassen, in denen es hieß, sie könnten mit dem Schmerz nicht leben.

Meine Kameraden kommentierten es nicht, sie schickten es einfach wortlos. Ich verstand sie auch so. Auch ich wusste nun von dem Schmerz, und ich wusste, dass sie mir sagen wollten, dass auch sie damit nicht leben konnten. Aber sterben wollten sie auch nicht. Das war ihre Botschaft. Sie waren gefangen zwischen Leben und Tod. Gefesselt, wie das Krokodil, warteten sie, ob sie leben oder sterben würden. Sie riefen nach jemandem, der ihre Fesseln lösen würde.

Das konnte ich nicht. Aber ich musste herausfinden, ob ich selbst wirklich frei war. Aus meiner Erstarrung hatte ich mich gelöst, aber ich musste feststellen, wie tragfähig meine Brücke geworden war, die ich so mühsam errichtet hatte. Ich musste zurück nach Deutschland. So wie Paul musste ich zurück auf das Pferd, musste zurück zu dem Ort, an dem ich verwundet worden war.

Ich beantragte eine Wehrübung als Reservist, als Arzt in meiner alten Position. Von dort würde ich entscheiden, ob es notwendig war für mich, nach Afghanistan zurückzukehren, oder ob es ausreichen würde, einzutauchen in die Welt des Militärs.

Als ich in Deutschland aus dem Flugzeug stieg, lief auf großen Bildschirmen ein Nachrichtensender. Unter den Bildern lief unten ein Text.

Bei einem Selbstmordanschlag, der sich gegen deutsche Truppen in Afghanistan richtete, wurden am Sonntag drei Schulmädchen verwundet. Deutsche Soldaten wurden nicht verletzt. Der Attentäter rammte mit seinem Auto mit einer Bombe darin ein deutsches Militärfahrzeug im Norden von Kunduz. Sein Fahrzeug wurde zerstört, und er wurde getötet, als die kleinen Mädchen vorbeigingen.

Es hatte sich überhaupt nichts geändert. Alles war sofort wieder da. Der Bus, das Blut, die Schreie, der Geruch von Diesel und Verwesung. Fünf Jahre danach war es immer noch gegenwärtig. Aber etwas hatte sich doch geändert, begriff ich langsam und erstaunt, verwundert, dankbar. Da war kein Schmerz mehr. Es quälte mich nicht. Irgendwie schien ich akzeptiert zu haben, dass es einen Platz in mir eingenommen hatte. Einen Platz, der ihm zustand und der nicht einmal sehr groß war. Nur gerade angemessen für das, was geschehen war, aber nicht groß genug, um mich zu überwältigen. Friedlich und zahm ließen sich die Erinnerungen auf den Platz verweisen, der ihnen gebührte.

Ich hatte Glück gehabt, großes Glück, das begriff ich, als ich Kameraden traf, besuchte, von ihnen hörte. Kameraden, die im Einsatz schreckliche Dinge gesehen hatten, verwundet worden waren an Leib und Seele. Jahre danach hatte sich für sie nicht wirklich etwas geändert. Sie standen immer noch still, hatten den Moment verpasst, den Kopf zu heben, wahrzunehmen, dass die

Sonne scheint und die Blumen blühen, den Augenblick versäumt, um weiterzuleben. Sie waren noch immer krankgeschrieben, nach Jahren. Einige waren mittlerweile in Pension geschickt worden, dienstunfähig, keine vierzig Jahre alt. So viele, die noch immer in Therapie waren, noch immer nicht zurück am Arbeitsplatz, noch immer nicht zurück im Leben.

Ich redete mit ihnen, versuchte, zu erfühlen, wie es ihnen ging. Ich fühlte nichts. Da war nichts, das ich spiegeln oder reflektieren konnte. Sie fühlten sich nicht krank an, aber auch nicht gesund. Sie waren leer. Leer und farblos.

»Was siehst du mich so an?«, fragte mich einer von ihnen.

»Ich versuche, herauszufinden, wie krank du bist«, antwortete ich nach einem kleinen Zögern. Ich wusste nicht, ob es gut für ihn war, wenn ich so mit ihm sprach.

»Es geht mir gar nicht gut«, sagte er. »Und es wird auch noch lange dauern, bis es mir bessergeht.«

Ich traute mich nicht, zu antworten.

»Sie haben mich krank gemacht. Jede Nacht höre ich die Geräusche der Explosion.« Und wie zum Beweis hielt er sich die Hände auf die Ohren, presste sie an den Kopf, verzog schmerzvoll das Gesicht.

Ich spürte nichts von dem Druck, den er im Kopf hatte. Aber seine Verbitterung, die spürte ich. »Sie haben mich krank gemacht.«

War das alles, machte er es sich so einfach? Musste man wirklich, um ein guter Soldat zu sein, nicht selber denken wollen, nicht selbst die Verantwortung für das eigene Leben übernehmen? Ich wusste es nicht, aber seine Anstrengung, die konnte ich spüren, die übertrug sich auf mich, und es strengte mich furchtbar an, mit ihm zu reden. Ich war froh, als wir uns trennten.

Ich hatte ihm nicht helfen können. Dieser Schmetterling quälte sich schrecklich, um aus seinem Kokon herauszukommen. Oder quälte er sich nicht vielmehr damit, darauf zu warten, dass ihn jemand herausschnitt?

Etwas hatten alle, die ich traf, gemeinsam, und ich erkannte, dass ich noch viel mehr Glück gehabt hatte, als ich dachte. Ich hatte Glück gehabt, dass ich nicht in Deutschland war, als ich zusammenbrach, sondern in einem Land, in dem man es nicht zu tragisch genommen hatte, in dem man mit menschlichen Schwächen viel toleranter war, ein Land in dem man an Geister und Übersinnliches glaubte. Ein Land, in dem die Seele viel bewusster wahrgenommen wurde und auch mal verletzt sein durfte.

Meine Kameraden hier in Deutschland hatten das nicht erfahren. Sie hatten mir erzählt, wie sie angesehen worden waren, als sie sich bei ihrem Chef abmeldeten, um sich in psychiatrische Behandlung zu begeben. Ein Blick, den sie nicht genau beschreiben konnten. Nicht gerade abfällig, aber doch so, dass sie wussten, ihre Karriere hatte sich erledigt. Niemand hatte sie in der Psychiatrie besucht, keiner wollte auch nur in die Nähe eines solchen Krankenhauses. Soldat in der Psychiatrie, das ging noch weniger als Soldat mit einem Bein.

Ein Kamerad hatte mir erzählt, dass nicht einmal der Truppenarzt fertiggebracht hatte, das Wort ihm gegenüber auszusprechen, und er hatte erst verstanden, dass er in einer psychiatrischen Abteilung gelandet war, als er im Krankenhaus ankam. Kopfschmerzen und Schlafstörungen, darauf war es reduziert worden, und eine stationäre Behandlung sei indiziert. Er hatte die stationäre Behandlung über sich ergehen lassen, geholfen hatte es nichts. Geholfen hatte ihnen allen nichts.

Sie fühlten sich nicht nur krank, sie fühlten sich unverstanden und ausgestoßen aus ihrer Welt. Aus der Welt des Militärs, sie für ihre Familie gehalten hatten und das sie nun, da sie krank waren, nicht mehr brauchen konnte, nicht mehr haben wollte. So sahen sie es.

Sie hatten allen Grund, es so zu sehen. Man hatte ihnen jede Anerkennung verweigert. Falls sie erwartet hatten, zu Hause gelobt zu werden für die Leistung, die sie erbracht hatten, so waren sie enttäuscht worden. Als sie dann in ihrer Hilflosigkeit zum

Truppenarzt gingen, war dieser vielleicht nicht so verständnisvoll gewesen wie meiner. Auch andere hatten nicht geholfen in der Form, in der sie es vielleicht erwartet hatten. Sie hatten monatelang auf Therapieplätze warten müssen, und hatten sie endlich einen Therapeuten gefunden, der zu ihnen passte, dem sie eventuell hätten vertrauen können, wurden die Kosten nicht übernommen. Manchmal ging es dabei um nur fünfhundert Euro. Fünfhundert Euro, damit ein Mensch, der treu gedient hatte, nicht nur ins Leben, sondern auch an seinen Arbeitsplatz zurückfinden konnte.

In der Zwischenzeit hatte man sie kaltgestellt, in Büros versetzt, wo sie Pro-forma-Tätigkeiten verrichteten, aufs Abstellgleis geschoben, wo sie keinen störten. Oder man hatte sie nach Hause geschickt, krankgeschrieben, bei vollen Bezügen, Geld spielt da keine Rolle. Auf einmal. Oder in Pension eben, als anerkannte Wehrdienstbeschädigung zwei Gehaltsstufen über ihrer Dienstgradgruppe.

Nicht dass man sich nicht bei uns bedankt. Wir Soldaten bekommen eine Urkunde. Später. Nachdem wir ausgeschieden sind. Ich hab sie noch irgendwo, ich weiß nicht wo. Sie haben sie mir zu spät gegeben. So spät, dass es mich nicht mehr interessiert hat. Es ist mir auch jetzt nicht der Mühe wert, sie zu suchen, um exakt zu zitieren, was draufsteht. Irgend so etwas wie, Frau Oberstabsarzt Groos hat treu gedient, Dank und Anerkennung des deutschen Vaterlandes sind ihr gewiss und so weiter, unterschrieben von irgendjemandem im Auftrag, irgend so einem Schreibtischtäter, den ich nicht einmal kenne.

Ein paar Tage nachdem ich in Deutschland angekommen war und mich mit einigen Kameraden getroffen hatte, trat ich meine Wehrübung an. Vom ersten Moment an wusste ich, dass es ein Fehler gewesen war, zurückzukommen. Oder auch kein Fehler, denn sonst hätte ich es nie erfahren, nie gewusst.

Um es kurz zu machen, dies war nicht mehr meine Welt. Früher hatte ich einen Sinn darin gesehen, die Welt jeweils an dem Platz, an den das Leben mich gestellt hatte, ein klein wenig besser zu machen. Damit es einen Unterschied machte, ob ich es war oder irgendjemand anders. Jetzt schien das keinen Sinn mehr zu machen. Vielleicht lag es auch an mir, vielleicht passte ich nur einfach nicht mehr hinein in diese Welt. Ich musste an die Hummel denken. Als ich Fliegerarzt wurde, erzählten sie uns bei der technischen Ausbildung von der Hummel.

Die Hummel hat eine Flügelfläche von 0,7 Quadratzentimeter bei einem Gewicht von 1,2 Gramm. Nach den Gesetzen der Aerodynamik kann die Hummel nicht fliegen. Größe, Gewicht und die Form des Körpers im Verhältnis zur Spannweite ihrer Flügel machen das Fliegen unmöglich. Sie ist einfach zu schwer. Die Hummel weiß das alles nicht. Es ist ihr egal. Sie fliegt einfach.

Wäre die Hummel bei der Bundeswehr, würde man ihr das Fliegen verbieten. Weil sie es nicht kann. Dass sie es dennoch tut, ist vorschriftswidrig. Zum Glück für die Hummel ist sie kein Soldat, und es gibt keinen, der ihr etwas befehlen könnte, ohne dass er etwas von ihr versteht. Da ist keiner, den es etwas anginge, ob sie fliegt oder nicht, und so kann sie tun, was ihr passt, und fliegen, wenn ihr danach ist.

Ich traf eine Menge Kommandeure, die mit Hingabe und Gleichgültigkeit über den Tod befahlen, ohne dass er sie jemals etwas angegangen wäre. Voller Verachtung benutzten sie das Wort »Einzelschicksale«, weil sie wussten, dass sie persönlich nie betroffen sein würden, nie ein Einzelschicksal werden würden. Nicht durch Gewalt und Terror jedenfalls. Ich stellte mir vor, dass es im Zweiten Weltkrieg und in den anderen großen Kriegen bestimmt jede Menge Kompaniechefs gab, die Einschusslöcher im Rücken hatten und, wenn sie obduziert worden wären, man die Kugeln der eigenen Armee, der eigenen Untergebenen darin gefunden hätte. Unsere Führer müssen nicht mehr selbst in den Krieg ziehen. Es ist ja nicht mal Krieg, Missionen sind es. Friedensmissionen. Aber außer bei meinem afghanischen Doktor, dem Teppichhändler in Feyzabad und den Frauen, die mich zum Tee eingeladen hatten, hatte ich nie das Gefühl von Frieden verspürt. Was war aus mir geworden, solche Gedanken zu haben? Ich erschrak vor mir selbst.

Nach ein paar Tagen brach ich die Wehrübung ab. Ich musste mir nichts beweisen. Ich musste nicht bis nach Afghanistan zurückgehen. Ich musste überhaupt nichts. Nur sterben, das würde ich irgendwann müssen. Aber jetzt noch nicht. Endlich hatte ich gelernt, auf mich aufzupassen, an mich zu denken. Und ich verstand, dass meine Kameraden hier nicht gesund werden konnten. Aber ich konnte ihnen nicht helfen. Nicht, wenn ich hierblieb und auch nicht, wenn ich ging. So ging ich. Ging und setzte mich hin und schrieb einen Brief und verweigerte den Kriegsdienst. Damit sie mich ja nicht noch einmal heranziehen könnten, nicht einmal zu Reserveübungen.

Ich glaube an die Armee, habe es immer getan. Ich möchte gerne, dass meine Kinder und Enkel in Frieden leben können. Ich war einmal stolz, daran teilhaben zu können, dass dies geschieht. Daran glaube ich immer noch. Und ich weiß, dass man in einem Team manchmal zurückstecken muss, dass manchmal die Interessen des Einzelnen nicht so wichtig sind, hintenanstehen müssen. Ich habe meine Interessen zurückgestellt, meine und die meiner Kinder. Ich habe es nie bereut. Auch wenn es manchmal schmerzhaft war. Ich habe auch nie bereut, dieses fünfte Baby bekommen zu haben, obwohl es weh tat.

Woran ich nicht glaube, ist, dass es keine Einzelschicksale gibt. Es gibt sie. Es gibt mich und Babsi und den Soldaten mit den Kopfschmerzen und die Mutter des toten Jungen, der auf die Mine gefahren ist. Und es gibt die Witwe des jungen Soldaten und die Ehefrau des Kompaniechefs, der nachts nicht mehr schlafen kann. Es gibt so viele, für die jeder, der dort oder in einem anderen Krieg war, einzigartig ist. So wie die Selbstmordattentäter sicher auch für ihre Mütter oder Frauen oder Kinder einzigartig waren.

Und ich glaube daran, dass man etwas von dem verstehen sollte, über das man befiehlt. Dass man den Tod kennen sollte, wenn man mit ihm spielt. Vor Jahren musste ich einen Lehrgang besuchen, Taktik der Marine. Sie hatten Stücke aus Teppichboden ausgeschnitten mit den Umrissen von Ländern und Schiffen und sie auf dem Boden hin und her geschoben wie mein Cousin und ich, wenn wir als kleine Kinder mit Legosteinen gespielt hatten. Sie hatten den fremden Ländern Namen gegeben, Blauland und Gelbland, und sie hatten die blauen Stücke als Feinde identifiziert. Sie sprachen von Feinden und Farben, aber sie waren wie blind. Den eigentlichen Feind erkannten sie nicht. Sie sahen nicht, wie er schwarz und bedrohlich im Türrahmen lehnte, der Tod. Sie reden von Farbe und kennen doch nur olivgrünen Flecktarn. Sie merken ja nicht einmal, wie lächerlich sie aussehen in ihrem hellrosa Schweinchentarn.

Irgendwie will ich nicht mehr mitmachen. Vielleicht bedeutet es einfach nur, dass ich zerbrochen bin, kaputt. Dass der Palmwedel geknickt, das Krokodil verhungert ist und der schwarze Panther gewonnen hat.

Vielleicht auch nicht. Vielleicht will ich einfach nur nicht mehr mitmachen.

Es war ein regnerischer Tag gewesen, und abends lag ich gemütlich auf meinem Bett und sah »La Vie en Rose«, über das Leben von Edith Piaf. Eine Freundin rief an. Wir sprachen über Gott und die Welt und wandten uns dann der Armee zu. Ein Reporter der »Süddeutschen« hatte mich an diesem Tag angerufen. »Das ist ja sehr interessant«, sagte meine Freundin. »Um wie viel Uhr war das?«

»Erreicht hat er mich heute Abend, auf die Mailbox hat er gegen Mittag gesprochen«, antworte ich.

Sie lachte. »Er rief mich heute um die Mittagszeit an und fragte, warum so viele Ärzte die Bundeswehr verlassen. Ich erzählte ihm ein wenig von meinen Erfahrungen, und er wurde recht nachdenklich. Das habe ihm so noch niemand erzählt, sagte er. Ja haben Sie denn gefragt, hab ich gesagt?« Nein, hatte er gesagt, er habe gedacht, sie gehen wegen des schnöden Mammons, da seit den letzten Tarifverhandlungen Ärzte im zivilen Bereich wieder mehr verdienen.

Ich regte mich auf. »Hat er denn nicht zugehört? Hat er nichts verstanden? Er soll mal meine Freundin Diana fragen, sie hat mich zufällig auch heute angerufen. Sie hatte über die Bundeswehr studiert. Jetzt hat sie gekündigt und eine Stelle im öffentlichen Dienst angenommen. Sie hat damit eine Menge Geld verloren. Sie bekommt keine Übergangszahlungen und muss ihr Studium zurückzahlen. All das ist ihr egal. Sie hat fünf Auslandseinsätze hinter sich und wollte nur weg.«

Meine Freundin am Telefon kannte die andere Freundin auch. »Was hat sie gesagt, wie viele sind eigentlich gegangen?«

»Sie persönlich kennt zwanzig Ärzte, die in den letzten Wochen gegangen sind. Hundert Sanitätsoffiziere haben wohl in den letzten drei Monaten die Bundeswehr verlassen.«

»Das ist ja eine ganze Menge, ich wusste nicht, dass es so viele sind.«

»Ja, aber das sind Insider-Informationen, und die sind zuverlässig.«

Meine Freundin staunte, dann sagte sie plötzlich: »Du, ich habe auf einmal so ein Hallen im Ohr. Du weißt ja, ich wohne in Bonn.«

»Du meinst, wir werden mal wieder abgehört?«

Wir kannten das Geräusch aus dem Einsatz. Wir hatten uns oft darüber lustig gemacht und schöne Grüße an die Spione ausgerichtet, bevor wir auflegten.

»Genau«, sagte sie. »Ich leg mal auf, ich ruf dich wieder an.«

Wir legten auf, und ich dachte darüber nach. Was hatten wir gesagt, als das Hallen anfing? Es fiel mir ein. Ich hatte das Wort »Insider« benutzt. Aus den Einsätzen und der Zusammenarbeit mit verschiedenen Aufklärungskompanien wusste ich, wie das funktionierte. Da saßen keine Menschen mit Kopfhörern und hörten uns zu, wie ich mir das in meiner Naivität früher vorgestellt hatte. Es waren Maschinen, die uns abhörten. Sie waren darauf programmiert, bei bestimmten Schlagwörtern eine Aufzeichnung zu starten. Diese wurden dann von Menschen abgehört und bewertet. Das hieß, wir wurden schon länger abgehört und das Hallen bezeichnete nur den Beginn der Aufzeichnung.

Die Angst überfiel mich unvermutet. Mein Herz begann zu klopfen, ich begann schneller zu atmen. Ich konnte es nicht kontrollieren, nicht stoppen. Edith Piaf sang »La Vie en Rose«, es war so laut, ich konnte nichts anderes hören, und sofort hielt ich den Film an. Ich schaute mich um, misstrauisch, aufgeregt. Zum Glück neige ich nicht zur Hysterie. Langsam ging ich ans Fenster, schloss die Rollläden, zog die Vorhänge vor, verschloss die Eingangstür. Angst überflutete mich in Wellen, ohne dass ich etwas dagegen tun konnte. Ich atmete tief, versuchte meinen Herzschlag zu kontrollieren. Ich war Arzt, ich wusste, was vorging. Ein plötzlicher Ausstoß von Adrenalin, der bewirkt, dass der Körper, der Mensch auf die Flucht gehen kann. Das Herz schlägt schneller, damit man rennen kann. Man atmet tiefer, um genug Sauerstoff dafür zu haben. Die Pupillen werden eng, damit man besser beobachten kann.

Plötzlich fiel mir ein, dass ich aus dem Nachbarapartment schon öfter eine orientalisch klingende Stimme gehört hatte. Arabisch oder persisch, ich war nicht sicher. Es war nicht meine Freundin, die abgehört wurde, ich war es. Ich sah zum Nachbarhaus hinüber. Hinter welchem Fenster steckt ihr, fragte ich mich. Die Angst wurde stärker, die Wellen größer, die Abstände kürzer. Ich vergewisserte mich, dass die Fenster und Türen geschlossen waren. Sie waren es noch.

Ich sagte mir, wenn sie mich kriegen wollen, werden sie mich finden. Trotz alledem. Ich muss widerstehen, muss mich wehren. In Ermangelung einer besseren Waffe holte ich mir ein Messer aus der Küche. Ich drehte das Wasser in der Dusche an und ging zurück in das dunkle Wohnzimmer. Wer auch immer mich beobachtete, sollte denken, ich wäre unter der Dusche, während ich in Wahrheit hier im Dunkeln saß und aufpasste. Ich wartete eine lange Weile im Dunkeln.

Nichts passierte, und ich entschloss mich, nicht klein beizugeben. Auch wenn sie während der Zeit die Rollläden einschlagen würden, so würde ich jetzt unter die Dusche gehen. Auch wenn ich dann nackt und hilflos war. Ich würde mir von denen und meiner Angst nichts aufdiktieren lassen. Ich ging unter die Dusche, ließ das Wasser lang und heiß auf mich herabprasseln. Nachdem ich mich abgetrocknet und ein altes Hemd übergestreift hatte, ging ich langsam und vorsichtig ins Wohnzimmer zurück, sah erst vorsichtig um die Ecke, bevor ich hineinging. Es war leer, die Fenster und Läden geschlossen und unberührt. Ich dachte daran, wie oft ich die Fenster schon offen gelassen und in die Küche gegangen war. Die Wohnung war ebenerdig, und die Fenster gingen direkt zur Straße. Kein Problem, hier schnell mal eben eine Wanze anzubringen. Ich würde in diesen Räumen nichts mehr erzählen, das war sicher.

Während ich mich noch überprüfte, um meinen Zustand und den Grad meiner Angst festzustellen, und versuchte, zu entscheiden, ob ich das Fenster wieder öffnen solle oder ob ich mich kleinkriegen lassen würde, erhielt ich eine SMS. Mein Telefon gab dazu einen gruseligen Ton von sich, wie ein seufzender Geist aus dem Grab. Mein jüngster Sohn hatte ihn mir eingestellt und es lustig gefunden. Ich bekam fast einen Herzinfarkt, als unvermittelt dieses Geräusch ertönte. Ich las die SMS, sie kam von meinem Cousin und hatte überhaupt nichts mit Spionen oder Terroristen zu tun. Ich atmete tief durch. Der Bann war gebrochen, und nach ein paar Minuten konnte ich das Fenster wieder öffnen und die frische Abendluft hereinlassen. Niemand schoss auf mich, niemand war auf der Straße. Nur gegenüber vom Altersheim ertönten die Geräusche der wegen der Schwerhörigkeit der Bewohner laut gedrehten Fernseher, wie jeden Abend. Einige Fenster waren dunkel. Ich betrachtete sie alle, aber ich konnte niemanden sehen.

»Der Lauscher an der Wand hört seine eigne Schand«, hat meine Großmutter immer gesagt. Sie hatte recht. Ich habe nichts zu verbergen und kann sagen, was ich will. Und ich bin nicht bereit, so einfach aufzugeben.

Das Fenster stand offen, das hatte ich mich getraut. Aber bei jedem Geräusch draußen zuckte ich zusammen. Einmal gingen Schritte vorbei, die Absätze klackerten laut auf dem Asphalt, das Herz rutschte mir in den Magen, der Magen drehte sich um. Merkwürdige Begriffflichkeiten der deutschen Sprache, dachte ich. Ich betrachtete mich gewissermaßen von außen, wie ein Studienobjekt. Kühl, gelassen. Ich durfte keine Panik bekommen, Panik war lebensgefährlich, trübte den Blick. Angst ist gut, Angst macht vorsichtig, und das schützt. Mut ist dumm, und Angst ist gesund. Ich schluckte. Da war dieser metallische Geschmack in meinem Mund. Es war der Geschmack der Angst. Leicht salzig und irgendwie als hätte man auf Aluminiumfolie gebissen. Keine Zigarette, kein Kaugummi, kein Wein konnte etwas daran ändern. Ich trank ein Glas und damit und mit der frischen Luft und der festen Absicht, mich nicht unterkriegen zu lassen, wurde mein Herzschlag langsamer und die Atmung normal. Nur der metallische Geschmack blieb.

Ich rauchte eine Zigarette und dachte nach. Interessierte es wirklich jemanden, was zwei Frauen sich abends so aus Langeweile am Telefon erzählten? Oder war das eine neue psychotische Episode, ein Nachhallen der Depression? Dieser Gedanke erschien mir vernünftiger und auch irgendwie tröstlicher als der andere. Als die Vorstellung, dass jemand in meine Privatsphäre eindringen könnte und mir so meine Freiheit nehmen könnte. War ich nicht in Afghanistan gewesen, der Freiheit wegen? Freiheit und Frieden, war es das nicht? Oder war es wirklich nur Geld und Öl und Macht?

La Vie en Rose. Das ist das französische Idiom für »das Leben durch die rosarote Brille betrachten«. Hatte ich das getan, wie man es jungen Mädchen nachsagte? War ich nicht wirklich erwachsen geworden, und hatte es mich deshalb so erschüttert, weil ich es nicht erwartet hatte, immer noch auf den Helden in Ritterrüstung wartete und konfrontiert worden war mit Soldaten, die müde waren, schmutzig und verschwitzt waren? Ich hatte genug. Ich ging ins Bett und sah den Film zu Ende. Als ich am nächsten Morgen erwachte, es hell war draußen und die Müllabfuhr vor meinem Haus geräuschvoll die Tonnen leerte, schämte ich mich.

Wann würde das endlich aufhören mit der Angst?

Während ich noch diesen Gedanken hatte, merkte ich, wie falsch er war. Es hatte ja gerade erst angefangen. Gerade erst hatte ich zum ersten Mal Angst gehabt. Ich hatte doch gar nicht gewusst, was Angst ist. Ich hatte doch nie Angst gehabt. Ich hatte mich sogar gefragt, ob ich dumm sei, weil ich keine hatte. Jetzt wusste ich es plötzlich. Ich war nicht dumm gewesen. Mut ist dumm, jedenfalls oft. Mut ist, wenn man etwas tut, obwohl man Angst davor hat. Manchmal kann es gut und richtig sein, aber man muss seinen Verstand benutzen. Vorausgesetzt, man hat Verstand, und vorausgesetzt, man kann ihn benutzen. Angst ist gesund. Angst beschützt. Hätte ich früher Angst gehabt, wäre ich schon eher in der Lage gewesen, mich zu schützen.

Dieses kleine Intermezzo hatte es mir klargemacht. Auch wenn hier wahrscheinlich gar kein Grund zur Angst gewesen war. Auch wenn wir wahrscheinlich gar nicht abgehört wurden, vermutlich nur ein wenig paranoid waren. Ich hatte endlich Angst. Endlich konnte ich mich wieder darauf verlassen, dass meine Instinkte mich schützten. Ich war auf dem Weg. Auf einem guten Weg.

Ich fand den Brief, in dem ich den Kriegsdienst verweigerte, und warf ihn in den Mülleimer. Darüber musste ich noch einmal nachdenken. Vielleicht hatte die Personalreferentin recht gehabt, als sie gesagt hatte, wenn alle Guten weggehen, wer soll denn etwas bewegen? Jetzt, da ich Angst empfinden konnte, musste ich vielleicht nicht mehr weglaufen.

»Das ist das Ende«, dachte die Raupe. »Das ist der Anfang«, sagte der Schmetterling.

13

Neuseeland, September 2008

Ich bin zurückgekehrt. Zurück nach Hause auf meine kleine Insel, die jetzt keine Insel mehr ist. Die auch kein Refugium mehr ist, nicht mehr sein muss. Da gibt es jetzt eine Riesenbrücke hinüber zum Festland. Petrus hat mich am Flughafen erwartete. »Willkommen daheim«, sagte er.

Heute gehe ich fischen. Ich habe mich an den Rat erinnert, den mir damals die Therapeutin gegeben hatte: »Du musst gut zu dir sein, Geduld mit dir haben und Dinge tun, die gut für dich sind. Dinge, die du gerne tust, die dir Spaß machen.« Ein Schaumbad hatte sie damals vorgeschlagen oder eine Massage. Aber ich hatte ja gar keine Badewanne, und ich wollte keine Massage. Darüber hinaus war mir nichts eingefallen, das gut für mich sein könnte, nichts, das ich gerne tat. Vielleicht habe ich in den letzten Jahren vor lauter Arbeit vergessen, was ich eigentlich will? Wenn ich jetzt so darüber nachdenke, habe ich außer Arbeit, Haushalt und Kindern eigentlich nichts getan. Ich weiß nicht mehr, was gut für mich ist, also muss ich es lernen. Wenn der Schmetterling fliegen will, muss er aufhören, als Raupe auf dem Boden zu kriechen und Blätter zu fressen.

Also bin ich in einen Laden gegangen und habe nach einer Angel gefragt, nach einer großen, mit der ich große Fische fangen kann, und nach Ködern. Nachdem ich zwei Stunden am Meer entlanggefahren bin, habe ich endlich eine Stelle entdeckt, von der ich denke, dass sie gut ist. Ein Fluss mündet hier ins Meer. Ich kann nicht bis zum Wasser fahren, parke an der Straße und klettere durch den Busch, wate durch sumpfiges Gebiet bis hinab zum Strand. Weiter vorne, direkt an der Flussmündung, sind eine Menge Leute. Sie fischen, Kinder spielen um sie herum. Frauen haben Feuer angezündet und grillen die Fische, Hunde laufen umher. Es sieht aus, als ob sie großen Spaß hätten.

Ich will lieber allein sein, noch immer machen mich so viele Menschen unruhig. Ich bleibe, wo ich bin. Ich werfe meine Angel aus, probiere es wieder und wieder. Es wird mir sehr schnell klar, hier gibt es keinen Fisch. Er ist da, wo die vielen Menschen sind. Wenn ich Fische fangen will, muss ich dorthin.

Ich denke an die Geschichte des Tempels der tausend Spiegel, fasse mir ein Herz, gehe hinüber zu ihnen. Sie begrüßen mich freundlich und wenden sich wieder ihren Angeln und ihrem Feuer zu. Offenbar haben sie nichts dagegen, dass ich mich da-zugeselle. Ich fange nichts. Der alte Mann neben mir zieht einen riesigen Fisch nach dem andern aus dem Wasser. Ich wechsele den Köder, benutze den gleichen wie er. Er fängt einen Fisch, ich nicht. Er hat Mitleid mit mir. Den nächsten, den er fängt, schenkt er mir. Damit ich nicht mit leeren Händen nach Hause komme und damit meine Kinder etwas zu essen haben. Hier fischt man nicht nur zum Spaß. Das bricht den Bann. Ich habe den Köder kaum ausgeworfen, da beißt einer an. Ich verliere ihn, aber den nächsten ziehe ich heraus. Der alte Mann freut sich fast mehr als ich. Er lacht, klopft mir auf die Schulter, hilft mir, als er sieht, dass ich mich nicht überwinden kann, dem dicken glitschigen Fisch das Genick zu brechen. Ich fange jetzt einen Fisch nach dem an-deren. Jedes Mal ist es eine Riesenfreude für alle.

Manchmal verliere ich einen, manchmal befreit sich einer, den ich schon an Land gezogen habe, und schlüpft glitzernd zurück ins Wasser. Einer der jüngeren Männer rennt hinterher, versucht ihn aufzuhalten. Wir lachen, wenn es nicht gelingt, und freuen uns, wenn er ihn kriegt. Am meisten lachen wir, als dem alten

Mann, dem Könner, einer von der Angel und zurück ins Meer hüpft. Ich lerne, den Fischen das Genick zu brechen und sie zu säubern.

Als ich müde werde, meine Hände wund sind und mein Rücken schmerzt, spornt mich der alte Mann an. »Komm, hol dir noch einen, Mädchen!«, und ich hole noch einen. Am Ende habe ich so viele Fische, dass ich sie kaum den Berg hinauf zum Auto tragen kann. Aber ich würde lieber sterben, als nur einen einzigen zurückzulassen.

Als ich heimkomme, räuchere ich sie, auch das lerne ich. Und noch nie habe ich etwas Köstlicheres gegessen, habe ich mich wohler gefühlt. Nass, schmutzig, verschwitzt, nach Fisch und Rauch stinkend, Fischschuppen an den Händen, aber so lebendig.

Ich habe so viel Fisch, wir können ihn unmöglich allein aufessen. Petrus schlägt vor, die Nachbarskinder einzuladen. Seit Monaten habe ich keinen Besuch außer von ihm gehabt, aber die Kinder, ja, das würde ich ertragen können. Meine Kinder freuen sich, dass sie ihre Freunde einladen dürfen und dass wir endlich wieder ein normales Leben führen. Die Zwillinge, mit denen meine Söhne am häufigsten spielen, bringen ihre Eltern mit. Als sie um die Ecke des Hauses biegen und in den Garten kommen, erschrecke ich. Auf Erwachsene bin ich nicht vorbereitet. Die Kinder haben mich nicht geängstigt, aber nun überkommt mich eine Beklemmung. Ich weiß nicht, ob ich dem gewachsen bin.

Es ist dann ganz einfach. Sie haben eine Flasche Wein mitgebracht und einen Salat, und während die Kinder um uns herum spielen und glücklich sind, unterhalten wir uns angenehm und lachen. Ich bin froh, dass sie mitgekommen sind. Es geht mir gut, und ich fühle mich stark und habe etwas gefunden, das ich gerne tue. Ich bin gerne draußen in der Natur, und ich habe den Kampf mit den großen schweren Fischen genossen und auch die körperliche Erschöpfung hinterher. Und ich habe den Fisch. Aber ich will mehr.

Am nächsten Wochenende gehe ich jagen. Vorsichtig schleiche ich mit zwei anderen Jägern nachmittags durch den Busch. Ich kenne sie nicht, habe mich telefonisch mit ihnen verabredet, habe nicht allein gehen wollen. Es ist ein heißer Tag, aber im Wald ist es kühl und schattig. Wunderschön ist es hier. Wir schleichen, ohne zu reden, um das Wild nicht zu verjagen. Immer wieder bleiben wir stehen und machen uns mit Zeichen auf eine schöne Aussicht, auf eine idyllische Lichtung, einen sprudelnden Bach aufmerksam.

Wir sind ungefähr eine Stunde marschiert, als wir das erste Mal ihre Losung entdecken und über unseren Köpfen die Bäume sehen, deren Blätter die Rehe und Hirsche gerne fressen. Wir folgen ihren Spuren. Leise und vorsichtig setzen wir einen Fuß vor den anderen, ducken uns an den Anhöhen, heben, wenn wir oben angekommen sind, vorsichtig, wie in Zeitlupe, den Kopf, um sie nicht zu erschrecken, falls sie auf der anderen Seite sind. Sie sind es nicht. Stundenlang schleichen wir so, leise, geräuschlos, ohne zu sprechen.

Als wir enttäuscht und frustriert, weil wir nicht einmal ein einziges Tier auch nur von weitem gesehen haben, eine Pause einlegen, loben mich die beiden anderen dafür, wie leise ich geschlichen bin, so dass nicht einmal ein Ast unter meinen Füßen geknackt habe.

»So hat man mir beigebracht, durch ein Minenfeld zu gehen«, sage ich nach einem Zögern und erinnere mich daran, wie ich einmal in Feyzabad mit einer Fußpatrouille im Gebirge unterwegs gewesen war. Langsam, einen Fuß vor den anderen setzend, die Ferse zuerst, dann den ganzen Fuß vorsichtig abrollen, das Gewicht langsam darauf verlagern, dann den nächsten Fuß. Uns war nichts geschehen, aber in einer anderen Patrouille in einem anderen Einsatz war es passiert, dass der Erste unbeschadet durchkam und der Zweite, obwohl er in der gleichen Spur gelaufen war, eine Mine zur Detonation brachte und den Fuß verlor.

Unbewusst bin ich auch hier den Spuren des ersten Jägers

genau gefolgt, und der dritte in unserem Bunde, der hinter mir gegangen ist, hat es gemerkt und teilt mir seine Beobachtungen jetzt mit. »Egal, woher du es kannst und warum du es gelernt hast«, sagt er, »für die Jagd ist es sehr praktisch!«, und es klingt Bewunderung aus seiner Stimme, die mir guttut.

Wir gehen weiter. Jetzt gehe ich vorne. Die beiden anderen haben es so gewollt. Ich müsse es lernen, haben sie gesagt. Ich gehe langsam und vorsichtig, ich will sie nicht enttäuschen. Das Wild muss hier irgendwo sein, die Spuren sind frisch. Ganz deutlich sind sie, scharf begrenzt und noch nicht verwittert oder verwaschen, trotz des feuchten Untergrundes steht noch kein Wasser darin.

Behutsam schleiche ich um eine Ecke und lasse mich langsam auf die Knie sinken. Da ist ein Reh, eine Kuh, direkt vor mir. Wunderschön sieht sie aus. Auf der kleinen Lichtung äst sie in der Sonne, ihr Fell glänzt goldgelb. Ich gebe den anderen ein Zeichen, dass sie sich ducken sollen. Meine Bewegung ist bereits zu viel für die Rehkuh. Sie hat uns bemerkt, hebt den Kopf, dreht sich um und verschwindet.

Ich ärgere mich. Die beiden anderen lachen nur. »Du hättest dich nicht bewegen sollen. Einfach einfrieren musst du, mitten in der Bewegung erstarren und einfrieren. Dann wissen wir schon Bescheid.«

Einfrieren und erstarren, das kann ich. Das habe ich in den vergangenen Monaten geübt, hatte praktisch nichts anderes getan in der letzten Zeit, nur habe ich mir nie vorstellen können, dass daran auch etwas Gutes sein könnte.

Wir gehen weiter. Wir bewegen uns etwas schneller, es sind keine Spuren von Wild zu sehen. Plötzlich sehen wir sie, am gegenüberliegenden Berghang. Eine ganze Herde. Ich erstarre und dann, ganz langsam, behutsam, lösen wir uns aus der Starre, bewegen Muskel für Muskel und verschwinden hinter einem Baum. Ich lege mein Gewehr in eine Astgabel und ziele. Ich atme zu heftig, das Visier zittert und verschwimmt vor meinen Augen. Sie sind zu weit weg, und ich kann das Reh, das ich mir ausgesucht habe, nicht richtig aufnehmen. Es dreht sich langsam mit dem Kopf zu mir, so dass ich die Schulter nicht sehen kann. Ich lasse das Gewehr wieder sinken. Nach einer Weile dreht sich das Reh, und ich ziele auf die Schulter. Ich zögere einen Moment, kann nicht abdrücken. Was, wenn ich es nicht richtig treffe, was, wenn ich es nur verwunde, und es rennt davon, verblutet irgendwo? Die Herde läuft davon, und ich habe den Moment verpasst.

Die beiden anderen sind wiederum nicht verärgert, sondern trösten mich. »Wir finden ein anderes!«, sagen sie und irgendwie scheinen sie sogar froh zu sein, dass die Jagd noch nicht vorüber ist.

Wir gehen weiter. Bergauf, bergab, quer durch den Wald, über Wiesen und Lichtungen, durchqueren kleine Bäche. Anfangs versuche ich, über Steine trockenen Fußes hinüberzugelangen, bald wird es mir egal. Meine Bundeswehrstiefel taugen nicht die Bohne, meine Füße sind nass und voller Blasen. Das Gewehr wird schwer, und die Schultern tun mir weh. Gegessen habe ich auch den ganzen Tag noch nichts, und mit Einbruch der Dämmerung wird es kalt. Der Schweiß des Nachmittages trocknet auf meiner Haut, und ich friere. Ich hätte nichts dagegen, zurückzukehren in die Hütte, am warmen Feuer zu sitzen, eine heiße Suppe zu essen und einen Schnaps zu trinken.

Aber meine Jagdkameraden, sie lassen mich nicht. Wir haben uns an diesem Tag erst kennengelernt, aber wir sind stundenlang zusammen gelaufen, haben die Schönheit der Landschaft und der Tiere gemeinsam genossen, Enttäuschung, Frustration und Schmerzen zusammen erlebt, geteilt. Sie haben meine Unzulänglichkeit akzeptiert, sich aber auch an meiner Gesellschaft erfreut. Wir sind ein Team geworden, und sie lassen nicht zu, dass wir unverrichteter Dinge aufgeben. Sie wollen, dass ich ein Reh bekomme. Sie setzen ihren ganzen Ehrgeiz daran.

Noch einmal sehen wir eine Herde am Horizont. Sie ist weit weg, und ich lege mich hin, um das Gewehr aufzustützen und eine ruhigere Hand zu haben. Dieses Mal schieße ich, aber ich treffe nicht.

Jetzt habe ich genug, will heim. Es kommt nicht in Frage, das zeigt mir der Blick in die entschlossenen Gesichter meiner beiden Gefährten. Und wenn es die ganze Nacht dauert. Ich ergebe mich in mein Schicksal. Je eher ich jetzt so ein verdammtes Reh erlege, desto eher komme ich unter eine schöne heiße Dusche.

Es ist dunkel geworden, die zwei lassen sich nicht beirren. Sie ziehen ein Funkgerät heraus, funken einen Freund an. Er kommt mit einem dreirädrigen Motorrad und zwei riesigen Scheinwerfern, die sie an die Batterie klemmen. Wir quetschen uns auf das Motorrad, fahren langsam durch die Gegend und leuchten mit unseren Scheinwerfern in die Ferne, bis wir die gelben Augen einer Herde in der Dunkelheit sehen. Wir halten an und steigen ab. Ich mache das Gewehr klar, das ich auf dem klapprigen Motorrad gesichert habe, und gehe in Position. Es ist stockdunkel, alles, was wir sehen, sind die gelben Lichter ihrer Augen in der Dunkelheit. Ich sehe durch das Visier, meine Augen gewöhnen sich an die Dunkelheit. Es ist ein gutes Visier. Ich kann die Umrisse der Körper erkennen, ziele auf die Schulter, fühle den Abzug an meinem Finger, atme ein und dann wieder aus, und dann, als ich ganz ruhig geworden bin, drücke ich ab. Das Reh läuft zwei Schritte und fällt um.

Meine beiden Gefährten jubeln, fallen mir um den Hals, gratulieren mir. Wir gehen hinüber zu dem Reh und betrachten es. »Ein sauberer Schuss«, werde ich anerkennend gelobt. »Genau durch die Lunge, da schmeckt das Fleisch besser!«, und sie nehmen, der alten Sitte entsprechend, ein wenig Blut auf ihren Finger und schmieren es auf meine Stirn.

Als wir zurück sind, und ich keine Suppe, sondern ein ordentliches Gulasch und meinen Schnaps bekommen habe, wird mir klar, warum ich mich so gut fühle. Nicht weil ich in angenehmer Gesellschaft von Kameraden gewesen bin. Nicht, weil ich mich durchgebissen habe. Nicht weil ich das erste Reh meines Lebens geschossen habe. Das alles ist gut, aber das ist nicht das Besondere dieses Tages.

Es ist das Gewehr. Das Gefühl des Tragriemens über meiner Schulter, der Anblick des glatten schwarzen Laufes, das helle Klingen der goldenen Patronen in meiner Hand, das Gefühl meines Zeigefingers am Abzug und das Geräusch des Schusses. Das alles ist mir vertraut. Das kenne ich. Zum ersten Mal habe ich in diesem Land etwas gefunden, das mir vertraut ist. Ein Schuss. Ein Schuss, der dieses Mal etwas Gutes bedeutet hat. Jedenfalls für mich. Ich bin kein Vegetarier.

Er bedeutete Nahrung, und zwar gute, wie mir meine Kameraden versichern. Und sie freuen sich. Darüber und über den schönen Tag, den wir gehabt haben, und wir trinken einen Rum zusammen, wie es bei ihnen Tradition ist. Sie können nicht wissen, dass dieser Schuss für mich noch viel mehr bedeutet als Nahrung, Kameradschaft und einen schönen Tag und dass ich darauf mit ihnen anstoße.

Ich habe die besten Jahre meines Lebens nicht verschwendet. Ich bin dem Weg meines Lebens durch Höhen und Tiefen gefolgt. Die verschiedenen Bilderrahmen meines Lebens, es gibt sie nicht mehr. Durch das vertraute Geräusch des Schusses haben sie sich übereinandergeschoben, sind verschmolzen, es gibt nur noch einen Rahmen. Ich trinke darauf mit Rum und denke an den Spieß und seine Getränketheorie und daran, dass ich nur einmal zuvor in meinem Leben Rum getrunken habe – mit dem Kompaniechef der Fallschirmjäger, der harte Kämpfer, der mir gesagt hatte, es sei in Ordnung, wenn ich traurig war.

Ich bin angekommen. Ich bin daheim.

»Der Weg ist das Ziel«, sagt Konfuzius.

Ich bin am Ziel.

»Nur wer sein Ziel kennt, findet den Weg«, sagt Laotse.

Und ich habe herausgefunden, dass diese beiden großen Philosophen in Wahrheit dasselbe meinen. Auch wenn mein Weg noch manchmal im Nebel liegt.

Nachwort

Offener Brief an die Psychiater und Psychologen
der Bundeswehr

Liebe Kollegen,

ich schreibe Euch heute, erstens, weil mir sonst ja keiner zuhört, ich aber etwas sagen möchte, und zweitens, weil Ihr es aushalten müsst von Berufs wegen. Ihr seid Psychiater und Psychologen, Ihr wisst, wie die menschliche Seele funktioniert, Ihr habt gelernt, nichts persönlich zu nehmen, und Ihr wisst, dass man sich im Heilungsprozess befindet, wenn man wieder stark genug ist, Euch anzugreifen.

Nicht dass es überhaupt meine Absicht wäre, Euch anzugreifen. Ihr seid immer nett zu mir gewesen.

Entschuldigt bitte, dass ich jetzt lachen muss, denn ich höre im Geiste meinen Freund Franz, wie er sagt: »Nett ist die kleine Schwester von Scheiße!«, aber so meine ich es gar nicht. Ihr wart wirklich immer nett und freundlich zu mir, Ihr habt Euch redlich bemüht, mir zu helfen, und es ist nicht Eure Schuld, wenn es nicht geklappt hat. Ihr habt es jedenfalls immer gut mit mir gemeint.

Jetzt muss ich wieder lachen und an ein Zitat von Kurt Tucholsky denken: »Das Gegenteil von gut ist nicht böse, sondern gut gemeint.«

Aber so meine ich es gar nicht, doch ich merke schon, ich habe mich verrannt und aus mancher Nummer kommt man einfach nicht mehr raus, und dann hört man besser auf und sagt gar nichts mehr.

Vielleicht glaubt Ihr mir ja, wenn ich Euch sage, dass zwei von Euch wirklich gute Freunde von mir sind, dass ich wirklich nichts gegen Euch habe. Ich habe Euch immer als Kollegen betrachtet.

Aber vielleicht habe ich ja das Recht verwirkt, Euch Kollegen nennen zu dürfen, nachdem ich die Fronten gewechselt habe, ein Patient geworden bin? Aber bin ich das wirklich? War ich wirklich krank? Oder bin es etwa noch? Ich habe mich immer gegen die Bezeichnung »krank« gewehrt, dagegen, ein Patient zu sein.

Es ging mir oft schlecht, sehr schlecht sogar, aber krank habe ich mich nie gefühlt. Aber wir wissen ja, der Schuster hat die schlechtesten Schuhe und Ärzte sind keine guten Patienten.

Mein Kommandeur in Deutschland, ein sehr netter Mann mit Herzenswärme, deshalb konnte er es sich erlauben, sagte einmal zu mir: »Natürlich waren Sie traumatisiert, liebe Frau Oberstabsarzt.«

Er ist auch Arzt, und er betonte es, als wäre ich krank gewesen, als müsse man Verständnis für mich haben, Rücksicht nehmen.

Ich fragte ihn: »Ja meinetwegen, aber ist das krank? Natürlich habe ich grauenvolle Dinge gesehen und erlebt. Aber wäre es nicht schrecklich, wenn ich nicht darauf reagiert hätte? Wäre ich dann nicht erst recht krank, wenn ich angesichts der Toten und Verwundeten, angesichts der Gewalt und des Leides nicht mitgefühlt hätte, unberührt geblieben wäre? Wäre ich dann nicht ein schlechter Arzt? Und widerfahren uns nicht auch andere Schicksalsschläge in unserem Leben, sogar solche, die uns persönlich betreffen? Liebe Angehörige sterben, verlassen uns, wir verlieren unsere Arbeit, unsere Heimat? Ist es denn nicht normal, wenn man dann traurig ist?« Er antwortete nicht, wurde nachdenklich, und so fuhr ich fort. »Immerhin bin ich hier, an meinem Arbeitsplatz. Sie haben mir gerade gesagt, wie zufrieden Sie mit meiner Arbeit sind. Ich kümmere mich um meine Kinder, funktioniere und ich fühle mich gut. Ja, sicher war ich traumatisiert, wenn Sie das so nennen wollen. Ich war einige Zeit traurig, und dann habe ich erkannt, dass das der Lauf der Dinge ist, der Gang des Lebens. Ich habe den Kopf gehoben, konnte wieder lachen und fröhlich sein und habe weitergemacht. Jetzt sagen Sie mir, wann genau war ich krank?« Er konnte die Frage nicht beantworten.

Zweifelsohne war da ein Trauma und unausweichlich sind alle, die ihm ausgesetzt waren, traumatisiert. Wer im Regen steht, wird nass. Aber ist man deshalb krank? Nur weil man zufällig zur falschen Zeit am falschen Ort war, und das nicht einmal freiwillig? Oder hatten wir nicht die richtige Kleidung dabei? Regenjacke, Regenschirm? Weisen die Beteiligten bestimmte Symptome auf, gelten sie als krank, und die Traumatisierung wird zur Diagnose. Die Diagnose zieht eine Therapie nach sich. Wenn die Therapie hilft, war es die richtige Diagnose. Nun ist es bestätigt. Oder ist Euch Psychiatern das zu banal?

Im Bereich des Körpers ist es einfacher zu verstehen. Ein Auto überfährt mich. Das ist ein Trauma. Mein Oberschenkelknochen durchspießt die Haut, ich blute, habe Schmerzen. Das sind die Symptome. Die Diagnose ist klar. Eine Fraktur. Ich brauche Therapie. Eine Operation. Die Therapie stellt mich wieder her. Die Diagnose war richtig. Oder ein kleiner Virus. Er attackiert mich. Das ist das Trauma. Ich bekomme Schnupfen. Das Symptom. Diagnose: grippaler Infekt. Therapie: keine. Warum nicht? Weil es im Winter normal ist und nach einer Woche von allein wieder weggeht. Bin ich nach einer Woche wieder gesund, war auch diese Diagnose richtig.

Die Kunst der Medizin ist es, herauszufinden, wann braucht der Mensch eine Therapie und welche und wann nicht. Aber dafür haben wir ja lange Jahre studiert.

Was mich auch noch ein wenig stört, ist die Stigmatisierung im Bereich der seelischen Verwundungen. Wenn man im körperlichen Bereich akzeptieren kann, dass normale Traumata normale Reaktionen, Befindlichkeitsstörungen auslösen, die von allein wieder weggehen, warum dürfen sie das nicht im Bereich der Seele?

Jetzt werdet Ihr sagen, natürlich dürfen sie das. Die Zeit, die Ihr für eine normale Trauerreaktion ansetzt, habt Ihr relativ genau festgelegt mit ungefähr sechs Monaten. Darüber hinaus habt Ihr Symptome definiert, die Ihr nach Ablauf der vorgegebenen Zeit für inakzeptabel haltet. Schlaflosigkeit, Appetitlosigkeit, Konzentrationsstörungen, Antriebslosigkeit, verminderte Schwingungsfähigkeit, selbstzerstörerische Tendenzen und aggressives Verhalten, Schlägereien, manische Impulse wie Kaufwut.

Dann erst schreitet Ihr ein. Genau wie der Chirurg, wenn mein gebrochenes Bein nicht heilt, wie es sollte, sondern sich entzündet. Oder wenn mein Schnupfen eitrig wird und ich eine Lungenentzündung bekomme. Es handelt sich um eine Sekundärheilung, eine Superinfektion, ich bekomme ein Antibiotikum. Vollkommen akzeptabel im Bereich des Körpers. Ich kann ja schließlich nichts dafür. Warum nicht im Bereich der Seele? Warum ist es akzeptabel, wenn der Körper Schmerzen hat, und warum nicht, wenn die Seele keine Schmerzen fühlen kann?

Warum werde ich im ersten Fall bedauert und im letzteren geschnitten, mit Misstrauen beäugt? Ist sie jetzt verrückt geworden, die Frau Oberstabsarzt? Als ich einmal in der psychiatrischen Ambulanz eines Bundeswehrkrankenhauses anrief und darum bat, mit der Ärztin verbunden zu werden, mit der Psychiaterin, die dann später meine Freundin wurde, hatte die Sekretärin nicht daran gedacht, den Hörer zu bedecken, und ich hörte sie sagen, was ist denn mit der Frau Oberstabsarzt los, was hat die denn jetzt? Was will sie hier? Sie jetzt auch?

Warum diese Stigmatisierung, diese Brandmarkung? Warum die vielen Soldaten, die heimlich zum Psychiater gehen und privat bezahlen, damit es nicht herauskommt, damit es keiner erfährt, damit es der Karriere nicht schadet? Warum das Gefühl der Scham? Warum die fast vorwurfsvolle Bemerkung meines Kommandeurs? Habe ich vielleicht den Bus in die Luft gesprengt?

Habe ich entschieden, wir müssen einen Bundeswehreinsatz in Afghanistan abhalten? Warum die Frage, die ich mir unentwegt stelle. Bin ich zu schwach? Bin ich aus minderwertigem Material gemacht? Würde ich mir diese Frage auch stellen bei meiner entzündeten Wunde, meiner Pneumonie?

Ich habe viel über die Diagnose »Posttraumatisches Stress-Syndrom« nachgedacht. Warum gibt es diese Diagnose, warum nennt man es eine Krankheit, warum wird man in diese Schublade gesteckt?

Unterschätzt mich bitte nicht, liebe Kollegen. Vergesst nicht, dass ich selbst Arzt bin. Weil ich jetzt persönlich betroffen bin, sehe ich es vielleicht ein wenig unklar, aber es macht mich nicht blind. Ich hatte eine Depression, zweifelsfrei. Einhergehend mit psychotischen Episoden und dissoziativen Störungen.

Ich habe darüber geredet, den kratzigen Sessel an meinen Beinen, das warme Wasser der Dusche auf meiner Haut, den Sand in meinen Händen wieder gefühlt. Es geht mir besser, ich fühle mich gut, kann zur Arbeit gehen, mich um meine Kinder kümmern.

Ich erfülle alle Voraussetzungen, um in die Schublade zu passen. Ich hatte alle geforderten Symptome. Ein Zusammenhang zu traumatischen Erlebnissen konnte hergestellt werden. Die Therapie hat geholfen.

Also muss die Diagnose wohl richtig gewesen sein.

Dennoch: Was an meiner Geschichte ist krank und was die normale Reaktion auf unnormale Situationen, für die ich nichts kann, die ich nicht verschuldet habe? So wenig wie ich den Autofahrer gebeten habe, mich zu überfahren, oder den Grippevirus, mich anzufliegen. So wenig, wie ich mich freiwillig ohne Jacke in den Regen stellte.

Sagt Ihr es mir.

Warum habe ich mich zu keiner Zeit krank gefühlt?

Und bitte sagt jetzt nicht, das ist eines der Symptome. Mangelnde Krankheitseinsicht. Das wäre doch zu banal. Versucht auch nicht, mir die Opferrolle anzuhängen. Ich fühle mich nicht als Opfer. Ich hatte mich tatsächlich mit dem Soldatenberuf identifiziert. Auch wenn sich das abgedroschen anhört, ich war gerne Soldat, bin gerne Arzt, ich wundere mich nicht darüber, dass mir in meinen zwei Berufen Sterben, Tod, Blut und Gewalt begegnen.

Aber darf ich dabei kein Mensch bleiben?

Bedeutet Professionalität hier Gefühlskälte, Abgebrühtheit?

Warum, so frage ich Euch, ist denn keiner gekommen und hat zu denen, die verwundet, als Veteranen, aus Afghanistan zurückgekommen sind, gesagt: »Das hast du gut gemacht, du bist ein Held, hier ist ein Verwundetenabzeichen und eine Urkunde, und jetzt helfen wir dir, damit du dich wieder zurechtfindest in deinem Zuhause, deinem Heimatland, dem Frieden. Wir sehen, es geht dir nicht gut, wie auch? Jetzt ruh dich erst mal aus. Tu dir was Gutes. Iss gut, schlafe reichlich, geh spazieren, treibe Sport und erzähl uns deine Geschichte.«

Ich glaube, ich weiß, was Ihr jetzt sagen wollt. Das haben die Amerikaner doch gemacht, und da hat es auch nicht geholfen. Aber das stimmt ja gar nicht. Die Amerikaner haben sich freigekauft mit dem *Purple Heart*, gekümmert haben sie sich nicht. Ihr tut es. Aber Ihr sagt, dass Ihr euch kümmert, weil wir krank sind. Krank geworden, zugegebenermaßen, als normale Reaktion auf eine unnormale Situation. Wenn es eine normale Reaktion ist, warum behandelt Ihr uns dann wie Kranke?

Warum müssen wir ins Krankenhaus, werden krankgeschrieben? Warum müssen wir uns von Kameraden, die nie im Einsatz waren, bei unserer Rückkehr fragen lassen, ob es schön war im Urlaub? Warum uns Vorwürfe anhören, dass daheim die ganze Arbeit liegengeblieben ist? Wenn wir dann wütend werden, uns ärgern, dass wir in einen Einsatz geschickt wurden von Leuten, die gar nicht wissen, was dort passiert, was dort mit uns geschieht, müssen wir zum Arzt.

Warum?

Bitte sagt mir das.

Wer ist hier eigentlich krank?

Habe ich nicht während meiner Ausbildung gelernt, dass ein einzelner Mensch in einer gesunden Umgebung gar nicht dauerhaft psychisch krank sein kann? Dass er Katalysatoren braucht, Ko-Patienten, andere, die ihn bestärken in seiner Krankheit, ihn davon abhalten, gesund zu werden?

Mein eigener Vater war Alkoholiker. Mit dem Tag, als meine Mutter sich von ihm trennte, hat er nie mehr einen Tropfen Alkohol angerührt. Er ist seit langem tot, so wird es ihn nicht mehr stören, dass ich das hier so öffentlich berichte. Und meine Mutter, sie weiß es, sie wird sich nicht gekränkt fühlen. Sie hat jetzt einen neuen Lover, wie meine Kinder sagen, in ihrem Alter, sagen sie, und sie lachen dabei und freuen sich für sie.

Also sagt mir bitte, wer ist hier krank, wer braucht Behandlung? Und welche Art von Behandlung? Das Wort Behandlung kann in unserer Sprache zwei Nuancen haben. Man kann es verwenden zur Betreuung Kranker. Aber man kann es auch in einem positiven Sinn einsetzen. Würdevoller.

Ich behandle meine Kinder.

Nicht weil ich Ärztin bin, wenn sie krank sind. Das auch. Aber ich behandle sie nett, freundlich, manchmal streng, aber immer mit Respekt. So wie ich auch behandelt werden möchte. So wie sie mich behandelt haben, als es mir nicht gutging.

Fürsorglich, verständnisvoll, nachsichtig, so wie man eben ein liebes Familienmitglied behandelt, dem es nicht gutgeht.

Ich frage Euch, liebe Kollegen, Ihr, die Ihr in unserer Militärfamilie offenbar den Platz der Mutter eingenommen habt und für die Betreuung und Behandlung derjenigen eingeteilt wurdet, die traurig aus dem Einsatz zurückgekehrt sind.

Wie behandelt Ihr sie?

Ich will Euch nicht zu nahe treten, liebe Kollegen.

Ihr könnt ja auch nichts dafür. Vielleicht sagt Ihr auch, Ihr seid ja nur das Ende der Nahrungskette und könnt nur noch Scha-densbegrenzung betreiben, und vielleicht ist das ja richtig.

Aber vielleicht könntet Ihr Eure Arbeitsdiagnose überdenken. Vielleicht betrachtet Ihr einmal die ganze Familie, das ganze Biotop? Stellt es Euch vor wie einen Teich, einen Fluss. Vielleicht stellt Ihr dann fest, dass nicht die Frösche krank sind, sondern das Wasser umgekippt ist? Und dass die Frösche sich in gefesselte Krokodile verwandeln mussten, um zu überleben?

Ich bin nicht mehr das gefesselte Krokodil. Und ich bin weit davon entfernt, die Hand zu beißen, die mich gefüttert hat, als ich noch ein Frosch war. Oder die zu identifizieren und mich an denen zu rächen, die mich gefesselt haben. Hat dieselbe Hand aber, die mich gefüttert hat, nicht auch den schwarzen Panther in mir genährt? Dieses wilde Tier in mir, das lauerte, bis es stark genug geworden war, mich anzufallen?

Wer hat es gefüttert? Und wer hat gesagt, dass ich mich dafür schämen muss?

Sagt Ihr es mir.

Und sagt es denen, die nicht so viel Glück hatten wie ich. Die nicht so gute Freunde und Kinder hatten wie ich, die mich hindurchgetragen haben, mir geholfen haben, die Fesseln ab-zustreifen, den schwarzen Panther anzusehen und zu bekämpfen. Denen, die immer noch, nach Jahren, in ihrer Erstarrung gefan-gen sind. Noch immer als Krokodil im seichten Ufer des Flusses gefesselt liegen. Die sich vielleicht noch immer nicht trauen, das Tier in ihnen loszulassen, es anzusehen, umzubringen. Oder in eine kleine weiche Katze zu verwandeln. Eine, mit der man ab und zu spielen kann.

Letztens war ich klettern. Da habe ich bemerkt, dass mein schwarzer Panther nicht tot ist. Er lauert noch immer. Vielleicht wird er das immer tun, bis ans Ende meines Lebens. Aber ich habe ihm gezeigt, bis wohin er sich mir nähern darf. Irgendwie ist er jetzt geschrumpft, kleiner geworden, gezähmt. Ich kletterte in meinem Geschirr, verbunden durch eine Sicherungsleine mit den Händen meines ältesten Sohnes, den Felsen hinauf. Nach nicht einmal der Hälfte war er da, der Panther. Er fiel mich unvermutet an, meine Hände und Füße, mein ganzer Körper wurden schweißnass, ich begann heftig zu atmen, und mein Sohn ließ mich herunter. Ich war ganz sicher an dem Seil und in den Händen meines großen Sohnes, mein Kopf wusste das.

Meine Seele hörte auf den Panther.

Ich ließ es ihm nicht durchgehen.

Ich kletterte erneut. Ein Stück höher als zuvor.

Beim dritten Versuch kam ich noch ein wenig höher, bevor er mich attackierte. Für diesen Tag ließ ich es gut sein, obwohl ich den Gipfel nicht erreicht hatte. Meinen persönlichen Gipfel hatte ich bezwungen. Ich hatte erkannt, dass der Panther noch da ist. Und mit Verwunderung habe ich beobachtet, dass er auch bei meinen Kletterkameraden, bei den Gesunden, Normalen, dass er auch bei ihnen irgendwo lauert. Mit mehr Übung waren sie schon etwas weiter als ich, erfahrener darin, ihn in die Schranken zu weisen.

Aber sie kennen ihn. Sie nennen ihn ihre persönliche Grenze und akzeptieren ihn. Spielen mit ihm. Lassen ihn manchmal ein wenig näher kommen, schieben ihn dann wieder weg. Zeigen ihm, wer der Herr im Hause ist, wer die Kontrolle hat, und verweisen ihn in seine Grenzen. Genau das habe ich getan. Auch wenn ich den Gipfel des Berges nicht erreicht habe. Meinen persönlichen Berg habe ich bezwungen. Mein Instinkt funktioniert, ich erkenne meine Grenzen, überwinde sie. Wenn ich will. Ich habe die Kontrolle wiedererlangt.

Wo genau, an welcher Stelle, so sagt mir, war ich krank, bin ich krank, oder bin ich wieder gesund? In welche Eurer Schubladen steckt ihr mich?

Sagt es mir.

Liebe Kollegen, ich danke Euch, dass ihr mir so geduldig zugehört habt. Ich habe Euch viele Fragen gestellt, aber wenn ich jetzt so darüber nachdenke, stelle ich fest, dass es mir eigentlich vollkommen egal ist, was Ihr darüber denkt.

Es ist mein Leben, und es geht Euch überhaupt nichts an. Mein Leben besteht aus Höhen und Tiefen, Freude und Schmerz, Leben und Tod. Und aus Erinnerungen, die nur ich habe, und die mich zu der machen, die ich bin, zu einer unverwechselbaren, einzigartigen Persönlichkeit. Wie wir alle.

Wie meine Großmutter, die im Zweiten Weltkrieg mit ihren sieben Kindern vor den Russen geflohen ist und schreckliche Dinge gesehen hat. Und doch war sie es, die in meiner Kindheit mit mir gelacht und gespielt hat. Manchmal ist sie wieder da, bei mir, und ich kann sie sagen hören: »Gut gemacht!«

Ich werde jetzt einen schönen, langen Spaziergang am Strand machen und danach mit meinen Kindern zu Abend essen, mit ihnen lachen und spielen und für heute Abend meine Erinnerungen lassen, wo sie sind. Irgendwo in mir, als Teil von mir.

Und wie jeden Tag, seitdem ich mein Leben wiedergefunden habe, werde ich mich an den kleinen Dingen des Lebens freuen, leben, als wäre es mein letzter Tag. Und sollte er es sein, so wäre es ein guter Tag zum Sterben.

Weil es ein schöner Tag ist.

Heike Groos
Neuseeland, Februar 2009

Für meine Kinder

damit sie wissen, wer ihre Mutter ist, und dieses Buch vielleicht später einmal ihren Kindern geben, damit diese wissen, wer ihre Großmutter war.

Im Gedenken

an alle unsere in Afghanistan gefallenen Kameraden, auch an die, die ich nicht persönlich gekannt habe, damit wir sie nicht vergessen.

Gewidmet

allen Afghanistanveteranen, die so wie ich und das Krokodil gefesselt waren und vielleicht noch sind. Damit sie erfahren, dass sie »Einzelschicksale« sind, wie jeder Mensch etwas Besonderes und einzigartig sind, dass sie wahrgenommen und geschätzt werden, dass es jemandem nicht egal ist, was aus ihnen wird, und sei es auch nur eine kleine Frau Oberstabsarzt der Reserve, die von Herzen wünscht, dass sie sich befreien können aus ihrer Erstarrung und die Fesseln abwerfen.

In tiefer Dankbarkeit

für Petrus, Erik, Elena, Robert, Nora, Jonas und Simon, meine Familie, die ihre Herzenswärme mit mir teilte, damit ich auftauen und mein Leben wiederfinden konnte. Und für alle, die mit ihrer Freundschaft und ihrem Vertrauen dafür gesorgt haben, dass dieses Buch entstand, beendet wurde, gedruckt wurde, so bleiben durfte, wie es ist.

Auslandseinsätze der Bundeswehr

Seit 1960 hat die Bundeswehr an mehr als 130 internationalen und nationalen humanitären Hilfsaktionen bei Naturkatastrophen teilgenommen.

Ab 1990 werden Soldaten der Bundeswehr zu *peacebuilding and peacekeeping missions* – friedenserhaltenden und -sichernden Maßnahmen – außerhalb der Bundesrepublik Deutschland eingesetzt.

1999 nahm die Bundeswehr zum ersten Mal in der Geschichte der Bundesrepublik an einem Krieg teil, dem Kosovo-Krieg. Für die einen ein Angriffskrieg, für die anderen eine humanitäre Intervention der NATO.

Seit dem 11. September 2001 ist die Bundeswehr auch im Rahmen der Antiterrorkoalition eingesetzt – in Dschibuti am Horn von Afrika, im Mittelmeer, in Kuwait, den Vereinigten Arabischen Emiraten und in Afghanistan.

Die Bundeswehr umfasst momentan rund 250 000 Soldaten. Davon gehören ungefähr zehn Prozent dem zentralen Sanitätsdienst an.

6700 Soldaten aller Truppengattungen befinden sich derzeit im Auslandseinsatz auf dem Balkan und in Afghanistan, vor den Küsten von Somalia und des Libanon, am Horn von Afrika und auf Beobachtermissionen der Vereinten Nationen in Kriegsgebieten weltweit.

Rund 4400 deutsche Soldaten befinden sich augenblicklich in Afghanistan, davon ca. 200 Frauen (Stand: Juni 2010)

Seit 1993, als ein deutscher Sanitätsfeldwebel in der kambodschanischen Hauptstadt Phnom Penh auf offener Straße erschossen wurde, kamen bisher 90 deutsche Soldaten ums Leben.

7. Oktober 2010: Bei einem Selbstmordanschlag in der Provinz Baghlan wird ein deutscher Soldat getötet, 14 werden verletzt.

15. April 2010: Vier deutsche Soldaten sterben durch Beschuss auf einer Patrouillenfahrt in der Nähe von Baghlan im Norden Afghanistans. Mindestens fünf werden zum Teil schwer verletzt.

2. April 2010: Bei Gefechten gegen Aufständische in der Region Kunduz werden drei Bundeswehrsoldaten getötet und acht verwundet. Irrtümlich erschießen Bundeswehrsoldaten bei diesem Einsatz mindestens fünf afghanische Militärs.

23. Juni 2009: Nach einem Feuergefecht in der Region Kunduz sterben drei Bundeswehrsoldaten. Bei einem Ausweichmanöver kippt ihr Transportpanzer um und bleibt in einem Graben liegen.

29. April 2009: In der Nähe der Stadt Kunduz gerät eine Patrouille der Bundeswehr in einen Hinterhalt. Ein deutscher Soldat stirbt, vier weitere werden verletzt.

20. Oktober 2008: Zwei deutsche Soldaten sterben bei einem Selbstmordanschlag nahe der Stadt Kunduz.

27. August 2008: Ein deutscher Soldat stirbt bei einem Sprengfallenanschlag südlich des Bundeswehrlagers in Kunduz. Drei weitere Bundeswehrsoldaten werden leicht verletzt.

27. März 2008: Bei einem Anschlag auf ein Wiederaufbauteam in der Nähe der nordafghanischen Stadt Kunduz werden zwei deutsche Soldaten schwer und einer leicht verletzt.

5. Oktober 2007: Bei einem Selbstmordanschlag auf einen Bundeswehr-Konvoi in Afghanistan werden drei deutsche Soldaten und ein afghanischer Dolmetscher verletzt.

31. August 2007: In der Nähe des ISAF-Flughafens in Kabul rammt ein Selbstmordattentäter einen deutschen Militärkonvoi, der jedoch entkommen kann. Als er seine Bombe nicht zünden kann, fährt der Attentäter in eine Gruppe von Soldaten. Ein afghanischer Soldat stirbt – ein deutscher, vier belgische sowie vier weitere afghanische Soldaten werden verletzt.

15. August 2007: Bei einer Explosion nahe Kabul werden drei deutsche Polizeibeamte getötet, als ihr Fahrzeug auf einen Sprengsatz fährt. Ein weiterer Beamter wird verletzt.

19. Mai 2007: Bei einem Selbstmordanschlag in Kunduz werden drei Bundeswehrsoldaten und fünf afghanische Zivilisten getötet. Fünf weitere Deutsche werden verletzt.

14. November 2005: Ein deutscher Soldat stirbt, als ein Selbstmordattentäter in Kabul seinen mit Sprengstoff präparierten Wagen in ein ISAF-Fahrzeug rammt. Zwei weitere deutsche Soldaten und drei Zivilisten werden verletzt.

26. Juni 2005: Bei der Explosion zweier mit Waffen und Munition beladener Lastwagen in Rustak sterben zwei Bundeswehrsoldaten und sechs afghanische Zivilisten. Laut Bundesverteidigungsministerium handelt es sich aber um einen Unfall.

7. Juni 2003: Bei einem Selbstmordanschlag auf einen Bus der Bundeswehr sterben in Kabul vier deutsche Soldaten, 29 weitere werden verletzt.

29. Mai 2003: Bei der Explosion einer Mine südöstlich von Kabul stirbt ein Bundeswehrsoldat, ein weiterer wird verletzt.

21. Dezember 2002: Während eines Erkundungsfluges über Kabul stürzt ein CH-53-Transporthubschrauber ab. Sieben deutsche Soldaten werden getötet.

6. März 2002: Bei Vorbereitungen zur Entschärfung von Raketen sterben zwei deutsche und drei dänische Soldaten.

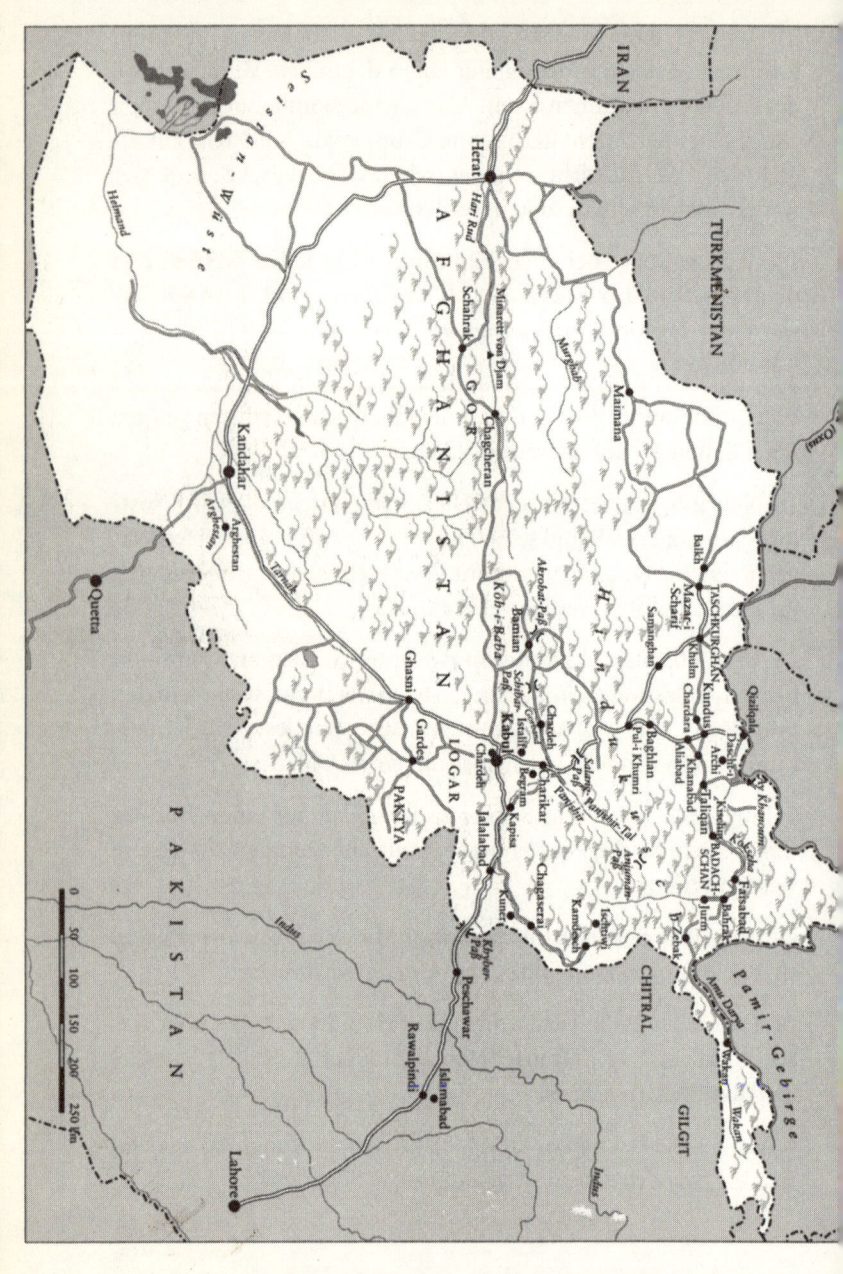